深圳市住房和建设局研究项目"粤港澳中长期发展背景下深圳与全球湾区城市和全球标杆城市公共住房制度对比研究"（项目编号：SZDL2021338161）

欧美城市社会住房
政策变迁研究

操小娟 等著

中国社会科学出版社

图书在版编目（CIP）数据

欧美城市社会住房政策变迁研究 / 操小娟等著.
北京：中国社会科学出版社，2025.3. -- ISBN 978-7
-5227-4908-2

Ⅰ. F299.5；F299.7

中国国家版本馆 CIP 数据核字第 202582B2D4 号

出 版 人	赵剑英
责任编辑	刘晓红
责任校对	王　龙
责任印制	戴　宽

出　　版	中国社会科学出版社
社　　址	北京鼓楼西大街甲 158 号
邮　　编	100720
网　　址	http://www.csspw.cn
发 行 部	010-84083685
门 市 部	010-84029450
经　　销	新华书店及其他书店

印　　刷	北京君升印刷有限公司
装　　订	廊坊市广阳区广增装订厂
版　　次	2025 年 3 月第 1 版
印　　次	2025 年 3 月第 1 次印刷

开　　本	710×1000　1/16
印　　张	16
字　　数	256 千字
定　　价	89.00 元

前　言

　　党中央和国务院高度重视中国住房保障工作，要求加快建立多主体供给、多渠道保障、租购并举的住房制度。社会住房是对政府公共住房、市场商品住房的有益补充。社会住房政策是公共政策研究中的重要领域。在不同的政策背景下，欧美城市出台了形态各异的社会住房政策，不同类型的城市社会住房政策经历了长时间的演进过程，也呈现出一些规律性的变化。

　　我一直从事环境政策、土地政策的教学和研究工作。近几年由于课题研究的关联性，尝试着研究社会住房问题，向公共政策的其他领域扩展。在欧美国家的不同城市，政治体制、经济水平、社会发展等造成的社会住房政策差异很大。在此通过案例研究，尽可能比较客观、真实地阐释全球城市社会住房政策，探索一些共性的问题。

　　本书在全面梳理概念和理论的基础之上，比较分析八个城市三类社会住房政策，包括非营利住房法人政策（阿姆斯特丹、柏林、旧金山）、住房合作社政策（纽约、巴黎）、社区土地信托政策，描述不同社会住房政策变迁的历程，探讨影响社会住房政策变迁的因素，把握未来社会住房政策变迁的趋势，对中国大城市，尤其是特大城市保障性住房政策提出建议。全书共分六章。

　　第一章导论。阐明研究背景和意义，梳理欧美城市社会住房政策的核心概念内涵和理论框架，确立研究思路和研究方法。

　　第二章非营利住房法人政策变迁。对阿姆斯特丹住房协会、柏林国有住房公司、旧金山社区发展公司等政策的变迁历程、变迁的内外部影响因素，以及变迁中的路径依赖和改革创新进行分析，探讨非营利住房

1

法人政策变迁的共同特征和内在机制。

第三章住房合作社政策变迁。对纽约和巴黎的住房合作社政策变迁的历程、变迁的内外影响因素，以及变迁中的路径依赖和改革创新进行分析，探讨住房合作社政策变迁的共同特征和内在机制。

第四章社区土地信托政策变迁。对多伦多、伦敦、芝加哥的社区土地信托政策变迁的历程、变迁的内外影响因素，以及变迁中的路径依赖和改革创新进行分析，探讨社区土地信托政策变迁的共同特征和内在机制。

第五章不同社会住房政策变迁的比较。探讨不同政策环境、政策主体对政策变迁的影响，以及政策变迁中的路径依赖和改革创新。

第六章结论与建议。基于政策环境和政策主体对社会住房政策变迁的影响，以及路径依赖和改革创新，对未来中国大城市，尤其是特大城市住房保障政策的变革提出建议。

本书是深圳市住房和建设局委托研究课题"粤港澳中长期发展背景下深圳与全球湾区城市和全球标杆城市公共住房制度比较"的部分成果。在课题的研究过程中，该局住房改革与发展处王德响处长与我就课题的目标、课题的内容，以及关键问题进行反复切磋和交流，让我进一步明确了住房保障政策的研究方向，对研究问题进一步聚焦，对研究重点有了更深入的思考。该局二级调研员刘轶群女士对课题内容提出了修改意见，给课题研究提供了很多便利。深圳体制改革研究会南岭会长、深圳规划院李江所长、深圳政研室肖中舟处长，以及深圳综合开发研究院的肖盛工程师等，就课题报告提出了很多好的意见和建议。在此表示衷心感谢！

在课题研究过程中，武汉大学博士杨洁、刘庆、杜丹宁、靳婷，硕士王萌婷、张小霞、周雅婷、赵堃、周南、黄唯唯、王晓琳等参与资料的收集、整理和初稿的撰写工作。具体分工情况：第一章由杨洁、刘庆负责编写；第二章第一节由赵堃、张小霞负责编写，第二节由赵堃、周雅婷负责编写，第三节由杨洁、杜丹宁负责编写；第三章第一节、第二节，第四章第二节由杜丹宁、靳婷、王萌婷负责编写；第四章第一节、第三节由刘庆、赵堃、周南负责编写；第五章由刘庆负责编写。此外，赵堃、周南、黄唯唯、王晓琳和刘庆还负责书稿的注释规范和图表绘制等工作。在此一并表示感谢！

在课题研究的过程中，武汉大学政治与公共管理学院、武汉大学中国发展战略与规划研究院的领导和老师给予了很多的支持和帮助，在此表示感谢。本书的顺利出版，还要感谢中国社会科学出版社的刘晓红编辑的支持和指导。

在政策环境的影响下，欧美城市社会住房保障政策出现很大差异。受时间和能力所限，书中难免有疏漏和不妥之处，诚请学界同行给予批评指正。

操小娟

2025 年 2 月

目　　录

第一章　导论 ………………………………………………………… 1

　　第一节　研究背景和意义 ………………………………………… 1

　　第二节　核心概念 ………………………………………………… 4

　　第三节　理论框架 ……………………………………………… 22

　　第四节　研究思路和研究方法 ………………………………… 32

第二章　非营利住房法人政策变迁 ……………………………… 34

　　第一节　阿姆斯特丹住房协会政策变迁 ……………………… 34

　　第二节　柏林国有住房公司政策变迁 ………………………… 61

　　第三节　旧金山社区发展公司政策变迁 ……………………… 85

第三章　住房合作社政策变迁 …………………………………… 106

　　第一节　纽约住房合作社政策变迁 …………………………… 106

　　第二节　巴黎住房合作社政策变迁 …………………………… 129

第四章　社区土地信托政策变迁 ………………………………… 151

　　第一节　多伦多社区土地信托政策变迁 ……………………… 151

　　第二节　伦敦社区土地信托政策变迁 ………………………… 168

　　第三节　芝加哥社区土地信托政策变迁 ……………………… 187

第五章 不同社会住房政策变迁的比较·················· 209

　第一节　政策环境对政策变迁的影响·················· 209

　第二节　行动主体对政策变迁的影响·················· 213

　第三节　政策变迁中的路径依赖和改革创新·················· 216

第六章　结论与建议·················· 219

　第一节　结论·················· 219

　第二节　建议·················· 222

参考文献·················· 237

第一章

导　论

第一节　研究背景和意义

一　研究背景

自 1998 年住房市场化改革以来，中国逐步建立起比较完整的住房保障体系，已经建设各类保障性住房和棚改安置住房共 8000 万余套，改善了 2 亿多困难群体的住房条件与生活品质，有效地解决了城镇困难家庭的住房问题，改善了中低收入人群的住房条件①。然而，由于加速的城镇化进程和扩大的流动人口规模，现有的住房保障与人民的需求还存在一定的差距，面临保障住房覆盖面有待扩展、保障住房配套服务不足、保障住房后期管理落后等诸多问题。

党中央和国务院高度重视中国住房保障工作。党的十九大报告指出："加快建立多主体供给、多渠道保障、租购并举的住房制度，让全体人民住有所居。"2021 年 6 月，国务院发布《关于加快发展保障性租赁住房的意见》，强调加快发展保障性租赁住房，促进解决好大城市住房问题。2022 年 10 月，党的二十大报告进一步强调，要加快建立多主体供给、多渠道保障、租购并举的住房制度。2023 年 11 月，国务院常务会议审议通过《关于规划建设保障性住房的指导意见》，明确加大保障住房的建设和筹集，不断满足工薪收入阶层和引进人才的基本住房需求。相较而言，中国大城市，尤其是特大城市如北京、深圳、上海等，

---

① 国务院新闻办公室，《中国全面小康》白皮书，2021 年 9 月。

各类困难人群的住房问题更为突出。在经济高质量发展的背景下，大城市、特大城市如何应对城镇化带来的人口增长压力，推动城市高质量发展，面临重大挑战。

住房关系到人民的生存和发展，也关系到社会和谐稳定。住房问题不仅是经济问题，还是社会问题、政治问题。从根本上解决人民的住房问题，是各国政府的责任和追求的目标。欧美城市，尤其是一些全球湾区中心城市和标杆城市在发展的过程中，都面临人口增加、住房价格上涨、社会分层加剧等带来的住房危机。这些城市根据各自不同的住房需求、市场供给水平、政府财政能力等应用不同的住房保障政策，有许多成功的经验，也有不少失败的教训。目前关于欧美大城市，尤其是全球城市或世界城市住房政策的理论和实践研究，有非常丰富的成果，但是聚焦社会住房政策的研究相对较少。已有研究侧重对某一个城市，或者城市的某一阶段的社会住房政策进行描述性研究，抑或以单维视角（如经济、政治或社会等）研究影响社会住房制度变迁的因素，而对于这些大都市长时段的政策变迁过程、外在特征及内在逻辑缺乏系统性、全局性的阐述与解读。比如：社会住房政策的作用是什么？其社会住房政策的产生和发展受哪些因素影响？欧美城市社会住房政策何区别？

本书从历史制度主义视角出发，试图在全面梳理欧美城市的社会住房政策的演变历程及政策变迁总体特征的基础上，探寻其变迁的内在逻辑，为中国大城市、特大城市住房保障政策的未来改革和创新提供参考。

二　研究意义

（一）理论意义

本书从历史制度主义视角出发深入探讨社会住房政策变迁的历程、外在特征及内在逻辑，其理论贡献主要包括以下三个方面。

第一，拓宽了政策变迁研究的范畴。新制度主义是一种分析视角或者分析框架。基于历史制度主义理论，从"政策环境—政策主体—政策历史"的三维视角研究社会住房政策变迁，克服了以往"结构观"或"行动观"解释的局限，拓宽了研究视野与范畴。

第二，探索影响社会住房政策变迁的多重因素。厘清历史制度主义理论关于制度变迁的核心观点，总结概括政策变迁的动力机制，进一步丰富政策变迁的研究，并在社会住房政策变迁研究中充实和提升制度变迁理论。

第三，为住房保障政策变革提供理论指导。社会住房政策是一项重要的政策领域，对其变迁过程进行深入分析，有利于住房保障理论的深化和发展。研究不同历史情境中政策出台与实施的结构性影响因素，认识和理解社会住房政策与外部环境的关系，在分析多元政策主体行为对政策变迁影响过程中，认识和理解政府、企业和社会主体的行为，从而加深对社会住房政策变迁过程和变迁规律的深入理解，探讨住房保障政策变革的理论基础。

（二）实践意义

第一，推动建立多主体供给的住房制度。中国社会力量参与公共住房建设刚刚起步，虽然目前出台了一些政策，要求"扩大保障性租赁住房的供给，缓解住房租赁市场结构性供给不足，推动建立多主体供给的住房制度"[①]，但缺乏相应的实施细则和操作性文件。从实践来看，受各种因素的制约，尤其是在当前地方财政压力之下推进的速度还不够快，与中央政府的预期还存在很大的距离。本书选择欧美城市社会住房政策进行梳理和总结，剖析其政策变迁的内在逻辑，为下一步的政策变革，以及建立健全符合中国国情的"多主体供给制度"，解决保障住房供给不足问题提供参考。

第二，推进国家治理体系和治理能力现代化建设。基层治理是国家治理的基石，而住房具有民生属性，是基层治理中不可回避的问题。国务院办公厅2021年7月发布《关于加强基层治理体系和治理能力现代化建设的意见》，进一步对基层治理体系现代化进行了安排和部署。加强制度建设，将基层治理与满足人民基本住房需求、实现住有所居的目标紧密联系起来，无疑是当前的重要问题。总结欧美城市社会住房政策的发展规律和经验教训，完善中国住房保障体系，对加强基层治理体系和治理能力现代化具有重要的现实意义。

---

① 《国务院办公厅关于加快发展保障性租赁住房的意见》（国办发〔2021〕22号）。

第二节 核心概念

不同国家、不同城市的住房分类与归属各不相同，学界和实务界的说法不统一，普通大众也经常易被各种名词混淆视听。因此，有必要对本书涉及的核心概念进行界定与区分。

一 城市及相关概念

（一）城市的概念

从字义来看，"城"是一种防御性的构筑物，"市"是指一种交易的场所，在《现代汉语词典》（2008 年）中城市被解释为人口密集，工商业发达、居民以非农业人口为主的地区。此外，不同的学科从不同的角度，对城市有着不同的解释。例如，经济学侧重经济特性，认为城市是具有一定规模、居民和产业聚集，并能够产生规模经济的地理区域[1]。城市的土地、住房、劳动力和运输等市场相互交织在一起，构成一个有限空间内错综复杂的网络系统[2]；社会学强调人类群体生活与城市环境的关系[3]，认为城市是具有某些特征的、在地理上有界的社会组织形式，是人与人之间相互作用的一种方式[4]；人口学强调城市人口量的规定性，包括人口数量、人口密度和人口异质性三个方面。《不列颠百科全书》将城市解释为"一个相对永久性的高度组合起来的人口集中的地方"；地理学则将城市视为一种空间区域，认为城市是交通便利，且有一定人口和房屋的密集结合体。《中国大百科全书·地理卷》对城市的解释是"规模大于乡村和集镇的以非农业活动和非农业为主的聚落，是一定地域范围内的政治、经济和文化中心"。

随着经济全球化和科技发展，城市之间在经济、社会和环境方面的

---

① ［美］沃纳·赫希：《城市经济学》，刘世庆等译，中国社会科学出版社 1990 年版，第 24—25 页。

② ［英］K. J. 巴顿：《城市经济学：理论和政策》，上海社会科学院部门经济研究所城市经济研究室译，商务印书馆 1984 年版，第 14—15 页。

③ Park R. E., "The City: Suggestions for the Investigation of Human Behavior in the City Environment", *American Journal of Sociology*, Vol. 20, No. 5, 1915, pp. 577–612.

④ Bardo J. W., Hartman J. J., "Urban Sociology: A Systematic Introduction", *Sociology*, 1982.

联系越来越紧密，不同学科对城市的认识进一步深化。在后现代思想的影响下，学者普遍认为城市不仅是物质空间，更是一个社会空间。对此，一些理论对城市的内涵进行了更详细的阐释①。

第一，关联性理论。这一理论深受社会学的影响，认为城市不是时间、空间的单一组合体，而是多种时间、空间重叠的结果，既有投融资的瞬息万变，也有历史文化和环境问题的累积。由于城市中各种时间、空间关系是非线性的，因此需要通过多种方式建立完全不同的空间认知。

第二，多元并发理论。这一理论出现在地理学的研究之中，认为城市的地理位置是社会关系与认知的整合，而社会建构的位置是多样的、动态的、叠加的，应该从多尺度把握城市，并将多重的时间、空间概念融入城市的权力结构之中。

第三，区域经济学。受经济学和传播学的影响，一些学者认为城市或区域空间的本质在于互动，互动强度越大，经济的关联性越强。在媒介技术的作用下，远距离的集体互动得以实现并形成社会网络，城市官僚组织不得不做出回应，将信息技术带来的新时空融入城市。

第四，组织和制度理论。组织理论认为组织本质上是关联的过程，科学技术与组织机构连接才能产生多样化的结果；制度理论则提出各种社会组织借助网络表达行为形成不同的社会秩序。因此，城市本质上是各种复杂行为表达的场所，没有绝对的时间和空间范围。

中国不同学科对城市的定义也很多，最权威的当属 1984 年《中共中央关于经济体制改革的决定》关于城市本质的界定，明确"城市是中国经济、政治、科学技术、文化教育中心，是现代工业和工人阶级集中的地方，在社会主义现代化建设中起主导作用"。以及城市规划学科对城市的解释，认为城市是指"①以非农产业和一定规模的非农人口集聚为主要特征的聚落。②在中国通常也指按国家行政建制设立的市，或其所辖的市区"②。

综上所述，城市并没有一个统一的概念。本书将城市定义为人口集

---

① Graham S. , Healey P. , "Relational Concepts of Space and Place: Issues for Planning Theory and Practice", *European Planning Studies*, Vol. 7, No. 5, 1999, pp. 623-646.

② 城市规划学名词审定委员会:《城市规划学名词》，科学出版社 2020 年版，第 1 页。

中居住和非农产业聚集的空间区域。在这里，城市空间不再是一个单一的、封闭的、静态的物质空间，更是一个具有多样性、开放性、动态性的社会空间。

（二）相关概念

城市在一个国家的国民经济和社会发展中起着非常重要的作用。然而就一个国家的城市而言，不仅数量多，规模不同，产业结构有差异，而且在全球范围或世界范围的影响力差别比较大。在不同国家的城市之间，这种差异更是显著。本书主要探讨一些在全球范围或世界范围内有显著影响力的城市。因此需要对相关概念进行区分。

1. 全球城市

1981 年，Cohen 将"全球城市"视为新的国际分工协调和控制的中心，这是"全球城市"的首次定义①。1991 年，"全球城市"进一步被 Sassen 描述为高度发达的金融和商业服务中心，除了具有作为国际贸易和银行业中心的悠久历史外，还起到世界经济组织高度集中的控制点、金融机构和专业服务公司的主要集聚地、高新技术产业的生产和研发基地等作用②。1996 年，Castells 提出全球流动空间理论（Global Spaces of Flows），认为全球城市系统呈网络结构而非金字塔结构，它是一个城市网络，具有全球性的广泛联系并影响着区域发展③。

21 世纪，"全球城市"被以 Taylor 为首的全球化与世界城市团队定义为处于开放系统的全球城市网络中的城市④。而 Abrahamson 基于经济和文化融合视角论证全球城市发展过程，将"全球城市"视为在去工业化和全球化过程中发展起来的后工业化城市，核心特征之一是存在一种后现代文化⑤。因此，全球城市是经济高度发展、产业和服务聚集、

① Dear M., Scott A. J., *Urbanization and Urban Planning in Capitallist Society*, London: Routledge, 1981, pp. 245-275.

② Sassen S., *The Global City: New York, London, Tokyo*, New Jersey: Princeton University Press, 1991, pp. 3-15.

③ Castelles M., *The Rise of the Network Society*, New York: John Wiley & Sons, 2011, pp. 407-460.

④ Taylor P. J., "Specification of the World City Network", *Geographical Analysis*, Vol. 33, No. 2, 2010, pp. 181-194.

⑤ Abrahamson M., *Global Cities*, New York: Oxford University Press, 2004.

在城市网络中具有协调和控制作用的中心城市。

2. 世界城市

相对而言,"世界城市"概念提出的时间要早很多。1889 年,Goethe 最早使用德语的"世界城市"(Welstadt)定位当时的罗马和巴黎,突出两座城市在全球的文化优势[①]。1915 年,Geddes 把在全球商业活动占据主导地位的城市界定为"世界城市"[②]。1966 年,Hall 进一步将"世界城市"定义为在全球性政治、贸易、通信、金融、文化等领域对世界或大多数国家具有较大影响的大城市,并将纽约、伦敦、莱茵—鲁尔、阿姆斯特丹、东京、洛杉矶定位为当时的世界城市[③]。1982 年,Friedmann 和 Wolff 将"世界城市"定义为世界经济、金融和服务的控制中心,认为世界城市之间通过电信和金融业务往来而相互紧密连接[④]。

在早期的研究中,"世界城市"和"全球城市"之间并没有明确区分,甚至可以互用。随着研究的深入,"全球城市"逐渐聚焦城市在经济全球化的作用,而不是城市本身,由此两个概念得以逐渐区分开来[⑤]。

(1)在全球权力体系中,全球城市在城市体系具有经济权力,是全球经济体系中的核心城市,城市网络治理中的关键节点城市;而世界城市的优势和影响力不限于经济,还可以是文化、金融或者贸易等。

(2)在功能作用上,全球城市在世界经济体系中具有指导、控制和融资功能,为世界经济和市场的全球运营提供管理及服务;而世界城市可以是全球知名的旅游城市、宗教和文化名城,不具备全球城市的功能。

---

① Knight R. V., Gappert G., *Cities in a Global Society*, Newbury Park, CA: Sage, 1989, pp. 58-67.

② Geddes P., *Cities in Evolution: An Introduction to the Town Planning Movement and to the Study of Civics*, London: General Books LLC, 2010, pp. 22-32.

③ Hall P., *The World Cities*, London: Palgrave Macmillan, 1984.

④ Friedmann J., Wolff G., "World City Formation: an Agenda for Research and Action", *Internationa Journal of Urban and Regional Research*, Vol. 6, No. 3, 1982, pp. 309-344.

⑤ 姜炎鹏等:《全球城市的研究脉络、理论论争与前沿领域》,《人文地理》2021 年第 5 期。

（3）在世界经济体系的地位上，通常认为全球城市高于世界城市。全球城市专指那些顶级的国际化中心城市，主要指纽约、伦敦、东京三大城市；而世界城市的范围更为广泛，除以上三大城市之外，还包括巴黎、法兰克福、芝加哥、洛杉矶、中国香港等 30 多个城市。

3. 全球湾区中心城市

湾区是指由一个海湾或者若干个海湾、岛屿共同组成的区域。国际知名湾区如旧金山湾区、纽约湾区等。

旧金山湾区（San Francisco Bay Area），位于美国西海岸加利福尼亚州的北部，是一个覆盖广阔的大都会区。其陆地面积达到 18040 平方千米，人口数量超过 760 万人[①]。旧金山湾区作为全球知名的高科技研发中心，其南部是硅谷（Silicon Valley）所在地，聚集了世界 500 强企业包括谷歌、苹果、Meta（原名为 Facebook）以及特斯拉等企业的总部。[②]旧金山湾区最主要的城市有旧金山（San Francisco）、奥克兰（Oakland），以及圣荷西（San Jose）等。因此，与其他单一城市为中心的大都会区不同，旧金山湾区里有多个中心，其中旧金山是湾的商业与文化中心。

纽约湾区（New York Bay Area），又称纽约大都市区，是以纽约市为核心，由波士顿、纽约、费城、巴尔的摩和华盛顿特区等大城市组成的广阔地带。该区域的总面积约为 33484 平方千米，居住人口达到 2020 万人[③]。纽约湾区是世界金融的中心，在全球银行、证券、期货等方面具有绝对的影响力。纽约是整个美国的经济和文化中心，其对外贸易周转额占全美的 1/5，制造业产值占全美的 1/3。

4. 全球标杆城市

所谓"标杆"，是指一种测量用具，或者学习的榜样。目前，世界比较公认的全球标杆城市有"全球证券中心"的纽约、"全球外汇中

---

① Bureau, US Census, "Metropolitan and Micropolitan Statistical Areas Population Totals: 2020 - 2022", Census. gov（2023），http：//www. census. gov/data/tables/time - series/demo/po-pest/2020s-total-metro-and-micro-statistical-areas. html.

② "Fortune 500", Fortune Magazine, Time Inc, 2013, Archived from the original on March 27, 2014（Retrieved April 6, 2014），https：//web. archive. org/web/20140327164549/http：//money. cnn. com/magazines/fortune/fortune500/2013/full_list/index. html? iid=F500_sp_full.

③ Demographia, "World Urban Areas", （2018），http：//www. demographia. com/.

心"的伦敦、"全球科技研发中心"的东京、"全球文化时尚中心"的巴黎。

2019 年,《中共中央 国务院关于支持深圳建设中国特色社会主义先行示范区的意见》提出,"到本世纪中叶,深圳要以更加昂扬的姿态屹立于世界先进城市之林,成为竞争力、创新力、影响力卓著的全球标杆城市"。因此,全球标杆城市作为《中共中央 国务院关于支持深圳建设中国特色社会主义先行示范区的意见》提出的新概念,既是一个全球城市,又具有不同于全球城市的新含义。

(1)具有中国特色。深圳作为全球标杆城市,不仅在全球城市中增加了一个数量,更增加了一种新的类型。深圳未来要建成的全球标杆城市,既是体现中国特色社会主义的先行示范区,也是体现中国特色的城市发展范例。

(2)体现深圳特点。过去,深圳在中国改革开放的过程中创造了城市化建设的奇迹。未来,深圳仍然要以创新为核心,成为具有创新力的全球城市。与已有的全球标杆城市相比,深圳需要体现差异化,突出其优势,并在与其他全球城市的竞争中发展。

(3)具有世界影响。全球城市不仅要建设城市,更要发挥其在全球经济中的组织作用。深圳不仅要做全球城市,更要做全球城市中的标杆,比其他全球城市做得更好、更具有竞争力和影响力。

二 社会住房的概念

关于社会住房的概念,各个国家的界定有所不同。对住房进行分类和比较的目的在于,评价不同背景下产生的不同住房现象,理解制度安排与住房模式之间的因果关系,基于此构建清晰的概念,从而指导政策实践[1]。

(一)欧美国家语境中的社会住房

1. 社会住房

早在 1910—1920 年,以英国、德国为代表的欧洲国家城市就开始向中低收入人群提供社会住房(Social Housing)。这些住房有政府提供的补贴,所以可以保证他们能够支付得起,因此这类住房又称可负担住

---

① 聂晨:《比较视野下的中国住房体制的演进与趋势——基于公共住房边缘化程度的分析》,《公共行政评论》2018 年第 2 期。

房（Affordable Housing），即给那些在开放市场上买不起或租不起房子的人所提供的住房①。

在不同政策环境中，不同国家形成了不同的社会住房政策模式②。"剩余模式"以匈牙利、西班牙、意大利等南欧及前东欧社会主义国家为代表，由于自有住房比例很高，社会住房仅提供给弱势群体或者需依靠政府帮助才能维持基本居住需求的人。"一般模式"下社会住房是对市场住房的补充，以满足大部分人群的住房需求，以英国、法国、德国等为代表。如在英国，社会住房是指由地方政府和社会机构所有的住房。在法国，社会住房是指由廉租房住房合作社和非廉租房机构所有和管理的非营利性住房。在德国，国有住房公司由政府间接控制，服务于中低收入人群。"普惠模式"的主要代表是瑞典、丹麦和荷兰。这些国家在控制房租的基础上，以租金补偿为主导，为中低收入人群提供住房。在这些欧美的语境里，社会住房主要有广义和狭义两种解释（见图1-1）。

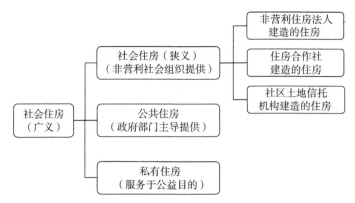

图1-1 欧美国家语境中的社会住房分类

资料来源：笔者自绘。

从广义层面来看，社会住房是指通过非市场手段和方式获得的、用来满足中低收入人群需要的住房，包括政府所有的住房、社会组织建设

---

① 武小艺、吕晓翠：《国内外保障性租赁住房研究现状及比较分析》，《中国房地产》2023年第9期。

② ［法］让·克劳德·德里昂等：《欧洲与法国社会住房政策的主要问题》，《国际城市规划》2009年第4期。

的住房，也包括部分服务于公益目的的私有住房。

从狭义层面上说，社会住房主要是指在政府和市场之外，由非营利的社会组织开发管理，为中低收入人群提供的可负担住房，包括非营利住房法人建造的住房、住房合作社建造的住房、社区土地信托机构建造的住房。

2. 公共住房

所谓"公共住房"，一般指由政府部门所有、管理和分配的住房。由于公共住房之中的"公共"（public）一词与私有住房中的"私有"（private）对应。因此，在早期的国外文献中，将市场（私有）住房之外的住房都视为社会住房，将政府提供的公共住房等同于社会住房。随着政府财政负担越来越重，非营利组织发挥的作用越来越大，社会住房概念出现得越来越多。例如，英国地方政府所建设的、旨在为中低收入家庭提供的租赁住房，被称为公共住房。而在北欧，住房合作社和住房协会等组织也扮演着类似的角色，但提供的住房属于社会住房，不能称为公共住房。①从本质上看，"社会住房"与"公共住房"是两个差异化的概念，二者在主体、对象、功能等方面有所差异。

（1）主体不同。公共住房是指公共组织提供的住房，强调政府的主体性；社会住房是指具有社会福利性质的住房，强调住房的社会性。在广义的社会住房中，公共住房是社会住房中的一个部分。

（2）对象不同。公共住房强调政府作为主体，承担起住房领域的公共职能，解决低收入和中等偏低收入家庭的住房问题，而居民一旦收入增加有能力支付市场价格就需要退出。社会住房所覆盖的居民更加多样，收入水平可以有很大差别，居民只要遵守社区规则和支付足够费用，可以根据自己愿望在社区居住足够长的时间。

（3）功能不同。公共住房主要满足住房需求，功能单一，不仅开发和维护成本高，大量低收入家庭聚集在一起普遍产生的社会问题。社会住房强调社区的主体性，不仅可以建设可负担住房，还可以提供与土地住房相关的服务，让居民逐步形成社区归属感和社区意识。

3. 可负担住房

可负担住房（affordable rental housing）一词，是指居民以其收入水

---

① 王韬：《保障性住房关键词》，《住区》2012年第1期。

平可以承担或负担的住房，包括政府直接拥有和管理的公共住房，政府支持的营利和非营利组织建设和管理的住房，还包括政府补贴中低收入家庭从市场上获得的住房。不同国家采用不同的评估指标来衡量居民的可负担能力，主要包含以下几种方式[1]。

（1）住房成本收入比法。这种方法以房价或租金作为衡量住房负担能力的要素，选取住房价格（包括租金）与收入的中位数或平均数的比值作为基准值。若实际比率超过这一基准值，则意味着家庭缺乏住房负担能力；若低于基准值，则表明该家庭具备住房负担能力。学者Chaplin 等[2]、Angel 等[3]及 Flood[4] 等在研究中多采用这一方法。该方法简便易行，操作起来并不复杂，但主要适用于测量中等收入家庭的住房负担能力。在社会收入分配偏离正态分布的情况下，可能会导致平均住房负担能力的高估或低估。

（2）剩余收入法。剩余收入法依据每个家庭在支付住房成本费用后，是否有能力支付规定标准的其他生活必需品开销，衡量其住房负担能力。若剩余收入足以覆盖其他生活必需品开销，则表明具有住房负担能力；若不足以覆盖，则不具备住房负担能力。通常情况下，其他生活必需品标准依据贫困线标准[5]和家庭预算标准方法[6]来评估。这一方法虽然将其他生活必需品的支出成本纳入考量，但与优先考虑住房需求的假设不符，同时也没有考虑不同收入群体的差异性。

（3）混合测量法。该法考虑住房成本收入比法和剩余收入法的缺点，将家庭收入和支出两者结合起来进行综合评估，以便更合理地衡量

① 王雪峰：《住房负担能力度量——一个新的理论框架》，《经济评论》2013 年第 1 期。

② Chaplin R. , Freeman A. , "Towards an Accurate Description of Affordability", *Urban Studies*, Vol. 36, No. 2, 1999, pp. 1949–1957.

③ Angel S. , et al. , "The Housing Indicators Program: A Report on Progress and Plans for the Future", *Netherlands Journal of Housing and the Built Environment*, Vol. 8, No. 1, 1993, pp. 13–48.

④ Flood J. , "Analysis of Urban Indicators", 2001, http://www.unchs.org/guo/gui/analysis.htm.

⑤ Kutty N. A. , "New Measure of Housing Affordability: Estimates and Analytical Results", *Housing Policy Debate*, Vol. 16, No. 1, 2004, pp. 113–142.

⑥ Stone M. E. , "Shelter Poverty: New Ideas on Housing Affordability", *Journal of the American Planning Association*, Vol. 61, No. 2, 1995, p. 285.

和判断家庭的住房负担能力①。这种方法虽然在一定程度上能够全面反映家庭的财务状况，但仍然存在一些不足之处，并没有完全弥补前两种方法的缺陷。

（4）价格收入分配法。在深入分析住房价格及家庭收入的分布状况后，Gan 和 Hill 两位学者巧妙地运用房价收入比这一指标，创新性地构建能够反映不同收入类型家庭的实际住房负担能力指数②。该方法最大的优势在于认可家庭收入的差异，可以弥补住房成本收入比法和剩余收入法的缺陷。然而，它也绕开了剩余收入法中关于规定标准的争议，并没有进行过多探讨。

（二）中国语境中的保障性住房

公共住房和社会住房的概念在中国语境中出现得并不多，中国较多使用的词语为"保障性住房"。保障性住房是指在住房市场化过程中出现的，给住房困难人群和特定人群提供的具有社会福利性质的住房。

1. 国家层面的保障性住房

保障性住房，顾名思义，就是指具有社会保障功能的特定类型住房。保障性住房所涉住房类型较为复杂，很难直接与国际统计口径和数据相比。过去，中国的保障性住房主要包括经济适用房、廉租房、公租房等。它们虽然由政府提供，但并非全部由政府建设，分配方式有租赁也有出售，如租赁住房主要包括廉租房、公租房等，出售住房主要包括经济适用房、限价商品房等。2021 年 7 月，国务院发布了《关于加快发展保障性租赁住房的意见》文件，明确"加快完善以公租房、保障性租赁住房、共有产权住房为主体的住房保障体系"。文件中提到的公租房，就是公共租赁住房，是指政府以租金补贴或实物方式，向住房困难的家庭提供的租赁住房。保障性租赁住房是指政府支持的，向符合条件的新市民、青年人等群体出租用于居住的房屋。共有产权住房是一种政策性的商品住房，其所有权由政府和购房人共同享有，购房人的使用权和处分权受到限制。2022 年 1 月，住建部等二十一部门联合印发的

① Ndubueze O., "Measuring Housing Affordability：A Composite Approach", Paper Presented at the ENHR 2007 Conference, Rotterdam, June 25-28, 2007.

② Gan Q., Hil R. J., "Measuring Housing Affordability：Looking beyond the Median", *Journal of Housing Economics*, Vol. 18, No. 2, 2009, pp. 115-125.

《"十四五"公共服务规划》，再次强调加快完善以公租房、保障性租赁住房和共有产权住房为主体的住房保障体系，明确了住房领域的公共服务政策。综合来看，目前中国的保障性住房，以公租房、保障性租赁住房和共有产权住房为主体：公租房主要保障低收入住房困难家庭的住房需求；保障性租赁住房致力于为新市民、青年人以及其他面临住房困难的群体提供可负担的住房；共有产权住房则为拥有一定经济基础，但无力购买商品住房的群体提供支持。

2. 城市中的保障性住房

中国城市的保障性住房的内涵又有所不同，尤其是特大城市的保障性住房。例如，深圳市在《住房发展"十四五"规划》（2022年）中明确，"以公共租赁住房为主为户籍中低收入人群提供基本住房保障，以发展保障性租赁住房为重点缓解新市民、青年人等各类人群的住房困难，以共有产权住房为补充提升居民住房自有水平，稳定商品住房供应，满足合理住房消费需求，不断完善住房体系"。将住房分为公共住房和商品住房两大类，公共住房又分为公共租赁住房、保障性租赁住房和共有产权住房三类。之前的"安居型商品房"和"人才住房"合并到"共有产权住房"中，从原有的"公共租赁住房"中分离出一种"保障性租赁住房"，形成两类租赁住房，以便与全国的概念和体系保持一致（见图1-2）。

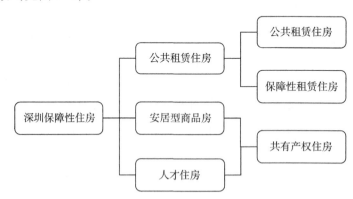

图1-2 深圳保障性住房的分类

资料来源：笔者自绘。

2022年3月北京市发布《关于加快发展保障性租赁住房的实施方

案》，强调"建立以公租房、保障性租赁住房和共有产权住房为主体的住房保障体系"。同年9月发布《"十四五"时期保障住房规划》，提出"重点发展保障性租赁住房，努力破解首都超大城市住房困难问题，持续提高首都居民住有所居水平"。除以上三类保障性住房外，由于历史政策遗留，北京市还存在经济适用住房、限价商品住房和自住型商品住房等①。这三类保障性住房都是由房地产公司开发，并以低于市场价格出售的商品房，购房者取得住房产权，主要区别表现在住房开发优惠政策、住房获取途径、价格优惠力度和转售限制等方面。目前，北京市强调公租房、保障性租赁住房和共有产权住房三类保障住房的主体地位，不再新建经济适用住房、限价商品住房和自住型商品住房。现在仍在流通的经济适用住房、限价商品住房和自住型商品住房多是过去建设的住房，且北京市已出现限价商品住房转为共有产权住房的趋势。例如，2023年8月，北京市密云区将通用博园项目中的部分限价房转为共有产权房出售。总之，北京市保障性住房大致可分为现行政策规定的保障性住房和历史政策遗留的保障性住房，现行政策规定的保障性住房包括公共租赁住房、保障性租赁住房和共有产权住房，历史政策遗留的保障性住房包括经济适用住房、限价商品住房和自住型商品住房（见图1-3）。

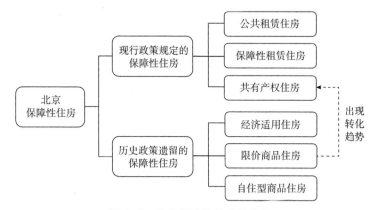

图1-3 北京保障性住房的分类

资料来源：笔者自绘。

---

① 《北京市经济适用住房管理办法（试行）》（2007年）、《北京市限价商品住房管理办法（试行）》（2008年）、《关于加快中低价位自住型改善型商品住房建设的意见》（2013年）、《北京市自住型商品住房销售管理暂行规定》（2014年）。

上海市《住房发展"十四五"规划》强调"完善以保障性租赁住房、共有产权保障住房为重点的住房保障体系，不断扩大住房保障政策覆盖面，坚决兜住民生底线"。其中，共有产权房是近年来新兴的住房保障形式。2016年3月《上海市共有产权保障住房管理办法》通过，共有产权住房代替经济适用房开始发挥保障性产权住房的作用①。2021年后上海市对住房保障政策进行了比较大的调整，先后出台《关于加快发展本市保障性租赁住房的实施意见》（2021年）、《上海市发展公共租赁住房的实施意见》（2021年）、《关于调整本市廉租住房相关政策标准的通知》（2021年），至此廉租房、公共租赁住房、保障性租赁住房三类住房成为保障性租赁住房的形式。廉租房、公共租赁住房和保障性租赁住房的主要区别在于保障范围不同。廉租房面向拥有上海户口且具有居住困难问题的常住居民家庭；公共租赁住房面向在沪合法稳定就业且住房困难的常住人口，准入条件不限本市户籍，持有《上海市居住证》也可申请；保障性租赁住房的供应对象是在本市合法就业且住房困难的在职人员及其配偶、子女，不限本市户籍和居住证，覆盖对象更为广泛（见图1-4）。

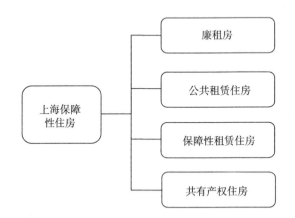

图1-4　上海保障性住房的分类

资料来源：笔者自绘。

---

① 《上海市共有产权保障住房管理办法》（2016年）、《上海市政府办公厅关于加快发展本市保障性租赁住房的实施意见》（2021年）、《上海市发展公共租赁住房的实施意见》（2021年）、《上海市人民政府关于调整本市廉租住房相关政策标准的通知》（2021年）。

综上所述，中国的保障性住房既不同于西方发达资本主义国家的社会住房，也不同于它们的公共住房。一方面，与西方的社会住房很大一部分由非营利组织提供不同，中国的保障性住房主要由政府主导提供，缺少非营利组织的参与；另一方面，有一部分保障性住房属于产权房，有明显的市场住房特点，如经济适用房、限价商品房，因此也不能等同于西方国家只由政府提供的公共住房。

（三）本书中的概念

基于以上分析，本书的社会住房是指除政府和市场之外，由非营利的社会组织为中低收入人群提供的可负担住房（见图1-5）。具体特征如下。

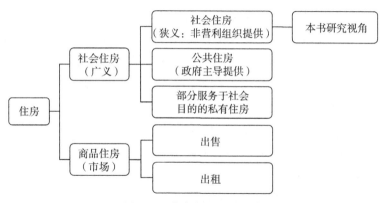

图1-5　本书所采用的概念

资料来源：笔者自绘。

1. 主体多元化

非营利的社会组织类型很多，可以是公法人，也可以是私法人。公法人如国有房地产公司、住房协会，私法人包括教堂、俱乐部、工会等。这些非营利的法人组织为中低收入人群提供社会住房，发挥着积极作用。

2. 受益人群比较广

社会住房最开始只对低收入人群提供住房，后来随着地方经济发展的需要，社会住房也面向中等收入人群，为特定人群提供住房。

3. 非营利性

社会住房的目的是满足区域内居民的住房基本需求。由于土地和房屋具有金融属性，社会住房只能为中低收入人群提供，以保证居民的基本住房需求，不能用于投机。与私人市场租房相比，社会住房中租金或房屋的价格，仅用来弥补开发或运营成本。

三　社会住房政策

（一）政策的概念

关于政策的概念，有很多界定。国外学者中具有代表性的观点如下。伍德罗·威尔逊认为，公共政策是由政治家即具有立法权者制定而由行政人员执行的法律法规；罗伯特·艾斯顿认为，政策是政府机构与其周围环境的关系；托马斯·戴伊认为，政策是政府决定做或不做的事情；詹姆斯·安德森认为，政策是一个或一批行动者，为处理某一个问题或有关事务采取的、有目的的活动。

中国学者也从政策的不同角度进行了解读。例如，有的学者认为，（公共）政策是政府选择做出或不做出的行为[①]；也有学者认为，政策是国家机关、政党及其他政治团体在特定时期为实现或服务于一定社会政治、经济、文化目标所采取的政治行为或行为准则，它是一系列法令、条例、规定、办法、措施等的总称。

基于以上学者的观点和本书的研究范围，本书中所谓的政策，是指政府为实现公共利益所采取的行为或准则，是一系列法律法规、规定、办法、措施等的总称。

（二）政策与制度概念之界分

"制度"一词，《现代汉语词典》（2005 年）将其定义为"要求大家共同遵守的办事规程和行动准则"，它体现着人与人之间的关系，是人类集体需要的产物。制度经济学的奠基人约翰·康芒斯（John R. Commons）将制度定义为控制个体行动的集体行动，其集体行动囊括范围广泛，从有组织的正式机构到无组织的习惯习俗，一切组织和行为规则[②]。在此之后，针对"制度"的内涵和外延，新制度主义学派给出不同的阐释。

理性选择制度主义基于理性，从经济学的角度对制度进行界定。如

---

① 林水波、张世贤：《公共政策》，台湾五南出版公司 1982 年版，第 8 页。

② ［美］约翰·康芒斯：《制度经济学》（上），赵睿译，华夏出版社 2009 年版，第 61—66 页。

道格拉斯·C. 诺斯（Douglass C. North）认为，制度是人类设计出来的，用于形塑人们相互交往的所有约束，如惯例、行为准则、行为规范、普通法，以及个人之间契约等。制度的作用在于，通过建立一个人们互动的稳定结构来减少不确定性①。柯武刚、史漫飞认为，"制度是人与人之间相互交往的规则，影响着可能出现的、怪僻的和机会主义的个人行为，使个人行为朝可预见方向发展"②。

社会学制度主义重新阐释了制度的内涵，将制度视为塑造人类行为的一系列符号、认知模式以及道德模板等③。如托斯丹·凡勃伦（Thorstein B. Veblen）认为，制度是由人们生活相处的思想和习惯形成的，制度会随着环境变化而变化④。

相对而言，历史制度主义关于制度的含义比较宽泛，将所有能够影响行为者利益、塑造行为者之间权力关系的国家和社会制度都纳入了"制度范畴"⑤。在历史制度主义学者中被广泛接受的是彼得·豪尔（Peter Hall）的定义，即制度是指在不同政治实体中塑造个人间关系的规则和程序。⑥

从以上的列举可以看出，不同学者虽然对于制度的界定不一样，但是本质上并不矛盾，只是侧重点不同而已。因此对于制度的内涵，我们可以从不同的角度理解，而政策和制度的差异化也从中显现出来。

第一，从制度的形式来看，制度由正式制度、非正式制度构成。正式制度是人类集体理性的产物，是人们有意识创造的、以明确的形式被确定的规范和规则的总称，包括法律法规、经济规则、政治规则、社会

① ［美］道哥拉斯·C. 诺斯：《制度、制度变迁与经济绩效》，刘守英译，上海三联书店1994年版，第4—6页。
② ［德］柯武刚、史漫飞：《制度经济学：社会秩序与公共政策》，韩朝华译，商务印书馆2000年版，第34—35页。
③ 周健：《试论新制度主义对公共政策研究视角的影响》，《重庆社会科学》2006年第4期。
④ ［美］凡勃伦：《有闲阶级论：关于制度的经济研究》，李华夏译，中央编译出版社2012年版，第11—26页。
⑤ 柴宝勇：《政党认同概念的中美差异及其成因——基于历史制度主义的分析》，载中国统一战线理论研究会政党理论北京研究基地：《统战工作条例与多党合作制度建设研究论文集——中国统一战线理论研究会政党理论北京研究基地论文集（第八辑）》，2016年。
⑥ Hall P. A. , *Governing the Economy the Politics of State Intervention in Britain and France*, New York：Oxford University Press，1987，p. 19.

契约等，对人们的行为一般有强制的约束作用。非正式制度则是无意识的产物，是人们在长期交往中形成的、代代相传的内容，包括价值观念、文化观念、社会习俗等。政策和制度虽然都是规则，但是政策属于正式制度。

第二，从制度的层次来看，制度有宏观、中观和微观层面[1]。第一个层次是宏观层面，制度规定劳动和资本的一般关系，如宪法中有关生产资料所有制的规定。第二个层次是中观层面，制度是指国家和社会的基本组织结构，代表性的制度包括官僚制组织模式、劳动者组织结构、生产者组织的特点、不同资本之间的关系等。第三个层次是微观层面，制度是指规定着国家与社会之间的规范，包括各种组织的程序、条例、规定等，包括正式和非正式两种[2]。与制度不同，政策则以空间为基础，可以划分为总政策、基本政策与具体政策。总政策是在国家和地区层面具有全局性、根本性的政策；基本政策是在各个领域、部门等起主导作用的政策，具体政策是落实基本政策的实施细则。

第三，从制度的构成来看，制度可以分为规制性要素、规范性要素和文化—认知性要素[3]。规制性要素强调的是工具性，具有规则系统和实施机制的特征；规范性的要素主要涉及价值标准及追求价值目标的合法手段，强调的是适当性；制度的文化—认知性要素强调的是情感维度，关注共同的愿景和共同的意义框架对组织与行动者会的重要意义，即模板对特定行动者的影响。相对于制度构成的模糊性，政策的构成就比较明确，包括政策主体、政策客体和政策内容等。

（三）社会住房政策

综合以上所述，本书中的社会住房政策是指为满足困难人群和特定

---

① Hall P. A., "The Movement from Keynesianism to Monetarism Institutional Analysis and British Economic Policy in the 1970s", in Sven Steinmo, Kathleen Thelen, and Frank Longstreth (eds), *Structuring Politics Historical Institutionalism in Comparative Analysis*, New York: Cambridge University Press, 1992, pp. 90–113.

② 柴宝勇：《政党认同概念的中美差异及其成因——基于历史制度主义的分析》，载中国统一战线理论研究会政党理论北京研究基地：《统战工作条例与多党合作制度建设研究论文集——中国统一战线理论研究会政党理论北京研究基地论文集（第八辑）》，2016 年。

③ ［美］W. 理查德·斯科特：《制度与组织：思想观念、利益偏好与身份认同》（第 4版），姚伟等译，中国人民大学出版社 2020 年版，第 61 页。

人群住房需求，非营利的多元主体参与社会住房的规划、建设、分配和后期管理等形成的一系列法律、法规、规则和办法等。在社会住房建设和管理中，生产者非常关键，直接影响分配和后期管理。因建设主体不同，社会住房政策可分为以下几种。

1. 非营利住房法人政策

非营利住房法人政策是指有关非营利的公法人组织和私法人组织建设和管理可负担住房的政策。这种非营利的公法人组织和私法人组织的主要特征为[1]：建设资金主要源于自有资金、捐款；住房对象是中低收入人群；政府提供补贴和贷款支持。由于依赖政府资金支持，这类社会住房数量受政治因素的影响，会有比较大的差异。

社区发展公司是非营利住房私法人的重要形式。美国税法明确规定，社区发展公司是为特定目的而成立的非营利组织，业务范围涵盖社区的住房、就业、教育、医疗卫生等多个领域。社区发展公司享受税收优惠政策，其运营所得必须用于公益事业，并且不能作为独立的组织享有政治权利。因此，社区发展公司作为一种新兴的组织形式，主要为社区提供更加便捷、专业的服务，从而促进社区发展。

国有住房公司是非营利住房公法人的代表。例如，德国政府房产公司是政府控股的法人实体，它借助政府提供的投资补贴、税收减免等方式建造并拥有社会住房。在德国、加拿大等国家的城市社会住房建设中，国有住房公司发挥着非常重要的作用。

2. 住房合作社政策

住房合作社政策，是一类有关社区成员自愿联合起来成立互助合作组织提供可负担住房的政策。住房合作社的主要特点包括[2]：①社区居民的民主控制（一股一票）。②合作开放和资源加入。③限制利润，对投资者和成员没有利润分红或返还。④公开，积极参与和持续的培训。⑤对成员服务的扩展。⑥合作体之间的合作，可以建立国家、区域或全

---

[1] Van Dyk N., "Financing Social Housing in Canada", *Housing Policy Debate*, Vol. 6, No. 4, 1995, pp. 815-848.

[2] Cecodhas Housing Europe and ICA Housing, "Profiles of a Movement: Cooperative Housing around the World", April, 2012, pp. 85-90, http://issuu.com/cecodhas/docs/housing-coop-web/71.

球的次一级合作体。

合作社住房是私有住房和租赁住房之间的一种形式，是通过互助满足自身住房需求的形式。住房合作社可以视为自愿的、有目的、通过互助合作表达特殊需求的社会团体，寻求通过自治增强对自身事务的独立控制。社区基础的合作将关注个人利益的个体引入集体合作之中，反过来促进共同利益和私人利益。作为一种小规模的合作，社区合作可以提供更多样化的服务，更能对顾客特殊需求予以回应。

3. 社区土地信托政策

社区土地信托（CLT）政策，是一类有关由社区在占有和管理的土地之上建设和管理，为低收入人群和职工提供可负担住房的政策。社区土地信托有以下几个方面的要素①：①社区土地信托的目的。为现在和将来的居民提供可负担住房，保护社区居民的利益，促进社区的可持续发展。②社区土地信托设立的依据。社区土地信托的设立主要基于法律的规定，即法定信托，如英国的社区土地信托主要依据 2008 年英国的《住房和发展法》。③社区土地信托财产。社区土地信托的财产可以是住房，也可适用于任何形式的开发，包括耕地、商店、工厂、可再生能源等水电基础设施等。④受托人。社区土地信托的受托人是利用租赁或购买的土地开发管理社区住房和其他资产的组织。代表性的 CLT 是非营利性质的企业法人，一些 CLT 是非营利组织的一个项目，一些 CLT 由政府发起。⑤受益人。社区土地信托中受益人是指居住在该社区的居民。社区土地信托是开放的，任何愿意来到该社区的个人和家庭，都可以申请租住或购买社区土地信托建设的住房，可以参与社区管理。

第三节　理论框架

一　理论基础

20 世纪 90 年代开始，制度成为社会科学的核心概念。在解释政治、经济和社会现象时，新制度主义对制度予以高度的关注，特别强调

---

① Chicago Community Land Trust（CCLT）Provides Long‑term Affordability Protection for Affordable Units Created through City Programs，https：//www. metroplanning. org/homegrown/case. aspx? case＝cclt.

了制度的重要性。作为新制度主义的重要理论之一，历史制度主义除了具有一般的特点，在理论渊源、主要内容和分析框架上也与其他学派有着显著的差异。

（一）历史制度主义的理论渊源

历史制度主义植根于政治学，在20世纪40年代初见端倪，并于20世纪80年代最终形成。在政治学产生之初，制度就是其重点研究的对象，韦伯、托克维尔等的作品就是其中的典型代表。

早期的政治学家主要关注国家体系、政治体制和政治制度等内容，期望通过好的制度设计来建构理想的国家，因此大部分政治学研究集中于宪法和相关法律文件等正式制度，强调对特定的政治系统进行描述和解释，对具体的制度形式进行历史的重构。20世纪30年代，随着反战和公民参与不断加强，政治选举和政治动员成为政党活动和社会工作的一部分，公民的行为动机和行为选择对政治产生极大影响，政治学开始从动态的角度对政治行为进行研究，通过行为者偏好、目标选择、行动策略等各种变量解释政治行为，并预测其行为取向，这时行为主义逐步取代制度主义，成为主流的研究范式。20世纪70年代，行为主义应用数学模型和计算机技术，加强对数据的统计分析，将行为研究推到极致。由于这个时期的研究忽视政治原有的价值和本质，第二次世界大战之后民主的呼声高涨，与社会福利相关的制度被质疑。因此20世纪80年代，迷失方向的政治学又开始找回制度，并思考制度如何创立、制度如何演变、制度如何继续适应环境变化中的需要，从而解释制度变迁的逻辑。因此，新制度主义在对传统制度主义和行为主义的反思批判中逐步形成。1984年，马奇和奥尔森《重新发现制度：政治学的组织基础》一书出版，标志着政治学研究从传统制度主义和行为主义分离转向将二者整合起来，也标志着新制度主义的兴起。

在新制度主义中，历史制度主义具有代表性。历史制度主义在批判行为主义、理性选择、多元主义等理论的基础上形成，并不断发展。具体表现在以下几方面[1]：一是批判既有理论的基本假设，即不再

---

① ［韩］河连燮：《制度分析：理论与争议》（第二版），李秀峰、柴宝勇译，中国人民大学出版社2014年版，第22—24页。

将个体行为作为基本的分析单位,强调社会结构和社会关系对个体行为的影响。二是认为个人的价值和偏好不是外生的,而是在制度的脉络中形成的,制度的规则和过程影响价值和偏好。三是政治结果是组织结构(社会关系)和行为规则的产物,不是个人偏好的聚合。政治具有相对独立性,政治制度与社会制度之间相互依存。四是否定功能主义的观点,即只要有制度环境变化就会有相应的制度变化,认为既有的制度结构是过去的产物,过去的选择会对历史发展路径产生制约。

在新制度主义兴起的大背景下,历史制度主义自身也经历了三个阶段的发展。在 20 世纪 80 年代初的批判阶段,历史制度主义批判行为主义方法论,开始认同国家的自主性,从强调国家的作用过渡到强调制度的作用。在 20 世纪 80 年代中后期的形成阶段,历史制度主义不再简单夸大国家的自主性,而是强调正式制度对政策过程的影响,关注国家和社会生活中的重大问题,以实际政策来认识制度的作用。到了第三个阶段,即 20 世纪 90 年代后的发展阶段,历史制度主义开始重视非正式制度在政策分析中的作用,融合间断—平衡理论、政策网络理论等,揭示历史因素、制度环境、权力结构对政策结果的影响。①

(二)历史制度主义的主要内容

历史制度主义的核心概念是"历史"和"脉络"。其主要观点包括:制度不是决定行为,只是提供行为者选择的脉络,影响行为者的利益偏好和权力分配;制度与行为之间是辩证关系,制度制约个人和集团的行为,个人和集团的行为和选择也会使制度发生变化;历史不仅仅指过去,而是指过去发生的事件和制度安排对现在和未来都会产生影响,而且事件和制度安排的时间和顺序也会产生重大影响②。

历史制度主义在解释国家政策差异方面提供了重要的分析框架,但是也受到新制度主义其他学派的批评③。一是历史制度主义强调制度的

---

① 庄德水:《论历史制度主义对政策研究的三重意义》,《理论探讨》2008 年第 5 期。

② 柴宝勇:《政党认同概念的中美差异及其成因——基于历史制度主义的分析》,载中国统一战线理论研究会政党理论北京研究基地:《统战工作条例与多党合作制度建设研究论文集——中国统一战线理论研究会政党理论北京研究基地论文集(第八辑)》,2016 年。

③ [韩]河连燮:《制度分析:理论与争议》(第二版),李秀峰、柴宝勇译,中国人民大学出版社 2014 年版,第 32 页。

偶然性，不是制度的必然性，难以形成一个普遍适用的理论。二是历史制度主义关注制约和形成个体和集体行为的宏观结构，忽略了行为的微观基础。历史制度主义认为制度不决定行为，只是提供行为者做出选择的脉络，因此制度和行为之间的因果关系并不明确，无法确定具体是哪一个因素影响制度变迁的。三是历史制度主义过于强调制度的作用，认为国内的制度模式是导致政策结果差异的唯一变量。四是解释能力有限。历史制度主义能够解释制度的稳定性和延续性，但是不能很好地解释制度变迁问题；即使承认制度延续性中断的可能性，但是过分强调外部冲击而忽略内在行动者的矛盾和冲突，以及行为者的矛盾和冲突如何导致政策变迁的问题。

面对批评，历史制度主义在回应和解释的过程中实现了自身理论的发展[1]。

第一，历史制度主义是一个分析框架和研究视角。社会现象千差万别，建立一个普遍适用的理论框架既不可能也无必要。而且历史制度主义关注事件发生的特定时间和地点，而跨越时空建构适用所有个案的因果关系理论不太可能。历史制度主义在批判传统制度主义、行为主义、理性选择理论的基础上，将行为放在制度变迁的过程中去分析，形成制度变迁的"结构""行动""历史"的三维分析框架，不仅关注宏观的政治、经济和社会等环境因素，也重视内部行动者的权力关系和价值偏好，同时还关注历史对制度变迁的影响。因此，历史制度主义实质上是从中观层次建立的理论和分析框架，注重宏观和微观的结合，以及动态和静态的结合。

第二，制度（环境）非常重要。历史制度主义认为政策不是个人偏好的聚合或者个人互动的产物，而是取决于政策过程中行为者的互动，以及影响行动者偏好和互动方式的宏观环境。在历史制度主义看来，影响行动者行为的环境是由多种组织和多种制度组合而成的，并不是一种单一模式。组织和制度组合的差异，导致行为者之间的互动不同，而这些又是导致政策差异的重要因素。另外，历史制度主义主张制

---

① ［韩］河连燮：《制度分析：理论与争议》（第二版），李秀峰、柴宝勇译，中国人民大学出版社 2014 年版，第 33—35 页。

度因素不能脱离社会、经济、政治的宏观环境。制度因素与其他非制度因素，如经济发展、权力配置、阶级结构、价值理念等相互作用。由于制度构成要素的结合方式不同，非正式因素对政策及其结果的影响力也存在差异①。

第三，制度和行为存在辩证的关系。历史制度主义将结构或制度视为"自变量"，行为、选择或政策视为"因变量"，因变量受到自变量（制度环境）的制约。历史制度主义认为制度不是决定行为，只是行为者所处的脉络（制度环境），制约着行为者的选择，因而在同样的制度约束下可能出现不同的行为。在这个过程中，行动者的目标和偏好不是固定的，是被制度脉络塑造的，是在制度影响下对自身利益或偏好的界定，对目标的具体化。另外，这些行动者的行为和选择也会因制度发生变化。他们参与制度设计或对制度实施产生影响，在互动中推动制度变迁。

第四，承认渐进式的制度变迁。历史制度主义中的"历史"，不仅仅是指"过去"，而是指"过去"的影响以及"过去"与"现在"的因果关系。② 现有制度是历史的产物，也就是说，"制度系统有着独特的历史维度，如果不对历时性的制度现象进行具体研究，那么重大的结果也许就不会被观察到，因果关系也有可能被曲解"。历史制度主义通过研究历史过程，在一个相对长的时间段内阐述因果关系，从而构成制度变迁的历史维度。

有关制度变迁的争议，变迁过程是其中非常重要的问题。早期的历史制度主义者强调，一个国家或地区制度往往沿着一条道路发展，在没有出现外在因素的干扰时，制度变迁是"路径依赖"的。如果存在某一个对制度发展具有决定性影响的转折点（关键节点），导致制度的激进式变迁。随着新制度主义的发展，越来越多的学者（包括历史制度主义）倾向承认渐进式制度变迁，研究制度变迁的内在

---

① ［韩］河连燮：《制度分析：理论与争议》（第二版），李秀峰、柴宝勇译，中国人民大学出版社 2014 年版，第 28 页。

② ［韩］河连燮：《制度分析：理论与争议》（第二版），李秀峰、柴宝勇译，中国人民大学出版社 2014 年版，第 29 页。

动因①。

（三）历史制度主义与其他新制度主义的比较

新制度主义强调制度的重要作用，但是新制度主义的三个理论，包括历史制度主义、理性选择制度主义、社会学制度主义，逻辑起点不同，侧重点不同，研究视角和研究方法有较大差异。

理性选择制度主义始于对国会行为的研究，解释国会议事规则与议员行为，分析集体行动的逻辑。理性选择制度主义将个体作为逻辑起点，强调个体受利益最大化的驱使，个体与制度之间互相制约，一方面制度是外在因素，制度对个体行为具有规范和约束功能，个体会在制度的基础上计算行为收益和成本并做出理性的行为选择。另一方面个体具有能动性，在利益不能满足的情况下，个体会推动制度从不均衡状态向均衡状态变迁。因此，理性制度主义研究特定时间下微观层面主体间的互动，个体互动的结果决定制度结果是保持不变还是改革创新。

社会学制度主义基于价值观念，将认知、文化纳入制度的研究范畴②。社会学制度主义认为，制度不仅对行动者有制约作用，还对行动者具有形塑功能，"制度化意味着特定社会关系和行为被人们广泛接受的过程，以及通过共享认知规定行为之意义和可能性状态"。组织的结构和形态并不是作为有效完成自身使命的手段设计出来的，而是被模仿出来的。由于文化和认知对制度改变都有重要影响，制度建构是在既定的制度背景下进行，组织采取制度形式，旨在现有的文化环境内实现其价值的最大化。可见，社会学制度主义不仅从组织环境的角度，对制度趋同性进行解释，还进一步阐释组织行为发生趋同现象的内在机制。

历史制度主义研究基于制度的建构、维系和适应，比较和描述不同国家政治差异性对政策的影响。历史制度主义从相对广泛的意义来理解制度，认为制度不仅有正式规则，还包括非正式的规则，如习惯、风俗等非正式的规范。历史制度主义认为，人类追求集体行动中的公共目

---

① ［韩］河连燮：《制度分析：理论与争议》（第二版），李秀峰、柴宝勇译，中国人民大学出版社2014年版，第21—35页。

② ［韩］河连燮：《制度分析：理论与争议》（第二版），李秀峰、柴宝勇译，中国人民大学出版社2014年版，第53—57页。

标，关注行动者实现其目标过程中互动、演化及其结果。

总之，理性选择制度主义、社会学制度主义和历史制度主义都将制度作为核心要素，肯定制度因素具有基础地位。但是由于三个理论的逻辑起点不同，导致从不同的视角来解释制度。理性选择制度主义肯定市场机制的重要性，以"经济人假设"为基础，认为制度是实现个体利益最大化的有效途径。社会学制度主义强调各种思想和观念的重要性，制度是符号化和道德模板的内化；历史制度主义综合了理性制度主义和社会学制度主义的研究路径，强调制度是演化生成的，并影响个体的偏好和行为（见图1-6）。

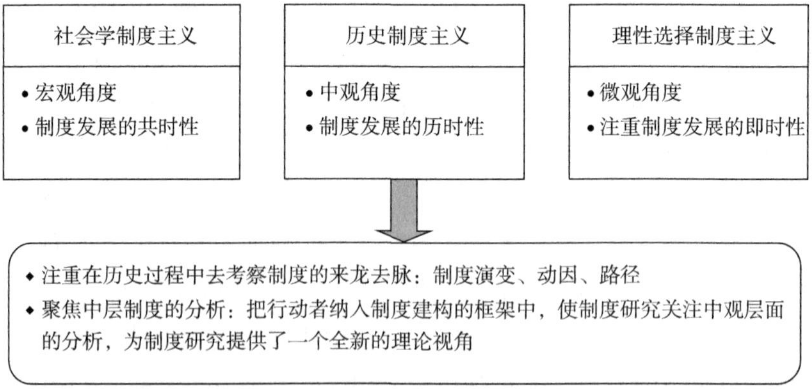

社会学制度主义	历史制度主义	理性选择制度主义
• 宏观角度 • 制度发展的共时性	• 中观角度 • 制度发展的历时性	• 微观角度 • 注重制度发展的即时性

• 注重在历史过程中去考察制度的来龙去脉：制度演变、动因、路径
• 聚焦中层制度的分析：把行动者纳入制度建构的框架中，使制度研究关注中观层面的分析，为制度研究提供了一个全新的理论视角

图1-6　新制度主义三大学派的比较

资料来源：笔者自绘。

二　分析框架

不同的研究视角可以从不同的角度解读事物之间的相互联系。社会住房政策系统是一个由政策主体、政策客体和政策环境构成的系统，而政策主体、政策客体和政策环境相互作用、相互影响。从历史制度主义理论视角解释社会住房政策的变迁，具有适用性。

第一，住房是公民的基本需求，个人基本住房需求与人口增长、经济社会发展、居民收入水平、住房供给等紧密联系在一起。另外，住房需求与其他需求（基础设施、交通、教育、医疗）紧密联系在一起，使住房需求又具有个体差异性。因此，个人住房需求的满足并非仅由个人利益和偏好所决定，而是受到政治、经济、社会等大环境的影响。

第二，居民的住房选择偏好受到制度影响。个人的住房偏好和选择是既有制度的产物，制度的结构约束居民个人的行为。同时，在既有制度下，个人为满足自身的住房需求也会寻求参与集体决策的规则或过程。在这个过程中，不同的政策主体之间互动，并影响政策的制定和实施。因此，满足人民多样化需求的社会住房政策，不能以单一的个人利益和个人偏好做出解释。

第三，既有的制度结构既是过去的产物，又对未来发展路径产生影响。社会住房政策从早期非营利组织开始，到后期合作社组织和社区土地信托的发展演化，体现渐进性政策变迁的特点。历史制度主义的路径依赖、关键节点等理论为社会住房政策变迁提供了历史维度的分析和思考。

由于因果关系是在脉络中形成的，历史制度主义的结构、行动和历史维度，涵盖政策的构成和政策的演进，可以全面地解释政策的静态结构和动态发展。因此本书基于历史制度主义的理论，应用多案例分析方法，从政策环境、政策主体、政策历史三个维度来分析社会住房政策的变迁。

（一）政策环境维度：政治、经济与社会因素

所谓结构，是指人的行为所处的政治、经济和社会结构。在历史制度主义看来，人的行为不仅在制度脉络中形成，而且深深地嵌入社会经济结构中。在解释政治社会现象时，不仅要关注制度因素，还要关注非制度因素如经济发展、权力配置、阶级结构等，以及这些非制度因素与制度因素之间的相互作用[①]。因此，历史制度主义的结构维度揭示了政策系统中政策环境的多种因素及其对政策变迁的影响。

1. 政治因素

历史制度主义认为政治具有相对独立性，重视国家的内部结构，以及国家和社会的关系，如中央和地方的关系、立法行政和司法的关系、国家和社会的关系等。而联结这些关系的制度，包括政党制度、"三权

---

① ［韩］河连燮：《制度分析：理论与争议》（第二版），李秀峰、柴宝勇译，中国人民大学出版社 2014 年版，第 23—28 页。

分立"制度、社团制度等在某种程度上决定了变迁方向。在社会住房政策变迁中，西方的政党制度具有代表性。不同政党所持的政治主张不同，制定的住房政策也会有所不同。执政党的更迭直接决定了社会住房政策的变革。

2. 经济因素

经济因素包括经济体制、经济发展模式、经济发展水平等，都会对制度的产生和发展有影响。社会住房政策的建立和完善是经济发展到一定阶段的产物。如经济高速增长时期，居民收入和政府财力增加，推动住房保障的形式和保障水平的提升；经济发展低谷时期，居民收入和政府财政收支下滑，进而影响住房保障政策的制定和实施。

3. 社会因素

历史制度主义认为，制度在不平等的权力关系中产生，只有社会成员的权力关系发生变化，才能期待制度的变化①。因此，社会因素的变化是社会住房政策变迁的基础。在社会因素的发展变化中，失业状况对社会住房政策的影响是最明显的。高失业率会增加社会住房需求，要求政府增加财政支出，解决更多中低收入人群的住房问题。而在失业率低的情况下，可负担住房的需求减少，政府财政支出的压力相对较小，财政收支之间能够保持平衡。

（二）政策主体维度：行动者及其互动

传统的历史制度主义将外部因素看作制度变迁的原因，后期的历史制度主义关注个体（或集团）的行为对制度变迁的影响，寻求从内部行动者及其互动解释制度变迁的动因。历史制度主义的行动维度，反映了政策主体的重要性，以及政策主体互动对政策变迁的影响。

1. 行动者

住房具有双重属性，一方面，住房分配受市场规律的影响，由价格机制支配。另一方面，住房是人的基本需要，被视为一项社会权利，政府应当对社会弱势群体的住房承担责任。因此，在政府主导提供的公共住房和市场提供的商品房之外，西方福利国家出现大量由非营利的社会

---

① ［韩］河连燮：《制度分析：理论与争议》（第二版），李秀峰、柴宝勇译，中国人民大学出版社 2014 年版，第 29 页。

组织为中低收入人群提供的可负担住房。可以看出，无论在资本主义还是社会主义国家，政府、市场以及社会的不同力量都不同程度参与到了住房政策的制定和实施之中。

2. 行动者间互动

社会住房政策变迁中行动者的互动主要涉及三个方面：①供给主体。社会住房的建设和管理，也需要行动者之间的合作。是大规模的国家合作，还是小规模的社区合作，在对居民多样化需求的回应性方面显示出差异。②供给目标。是满足社区居民需求，还是谋求社区整体的发展，影响社区和居民的角色和作用发挥。③住房供给方式。是以居民个人，还是以房产为基础提供住房，形成不同的组织结构。

（三）政策历史维度：路径依赖和改革创新

在解释制度变迁过程时，历史制度主义强调路径依赖。路径依赖有两层含义。广义层面上的路径依赖，是指历史上某一事件会对其后的事件产生影响。狭义层面上的路径依赖，是指由于现有制度的阻力，已经选择的路径难以改变。同时，历史制度主义也承认渐进式的制度变迁。渐进式的制度变迁将制度视为多种要素的组合体，因环境的变化，制度的多种要素之间的冲突就会导致制度变化，而且冲突越激烈，变化的可能性越大。因此这个时候制度的变化不是指新制度替代旧有的制度，而是制度构成要素的重新组合①，包括要素的重组、功能的变化、原有工具的优化和新的工具的应用等。历史制度主义中的历史维度，可以解释政策变迁中的现有政策对先前政策的延续和更替。

社会住房政策的变迁也表现出路径依赖和改革创新。路径依赖是在原有政策框架体系内，对某些政策的坚持和延续。改革创新，是指政策与政策环境之间的矛盾激化的情况下，对原有政策的完善和制定新的政策。其中有一些重要事件和关键节点，其不仅构成社会住房政策变迁的背景，更决定着社会住房政策变迁的路径、形态和绩效。如金融危机的爆发，导致政府因财政紧张、无力为中低收入人群提供更多住房的时候，转向更大发挥市场和社会的作用。本书的理论分析框架如图1-7所示。

---

① ［韩］河连燮：《制度分析：理论与争议》（第二版），李秀峰、柴宝勇译，中国人民大学出版社2014年版，第77—80页。

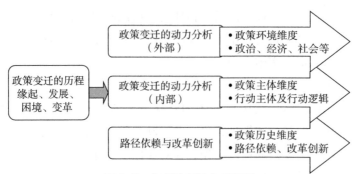

图1-7 本书的理论分析框架

资料来源：笔者自绘。

第四节 研究思路和研究方法

一 研究思路

本书在核心概念基础上，基于历史制度主义的理论框架，比较分析非营利住房法人政策、住房合作社政策和社区土地信托政策，总结其经验教训，提出完善中国大城市住房保障政策的建议（见图1-8）。

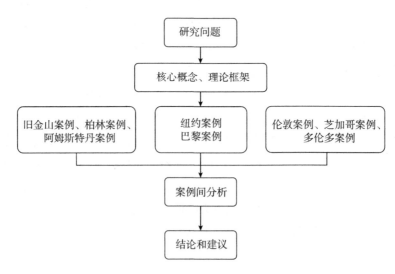

图1-8 本书的研究思路

资料来源：笔者自绘。

二 研究方法

本书主要采用多案例研究法。多案例研究法（small-N case studies），是社会科学领域的重要方法，通过对不同个案的逐项复制和差别复制，以揭示社会现象或社会过程的因果机制。本书从欧美国家具有全球影响力的城市中，选择旧金山、柏林、阿姆斯特丹的非营利住房法人政策，纽约、巴黎的住房合作社政策，伦敦、多伦多、芝加哥的社区土地信托政策作为案例（见图1-9），描述8个城市中不同社会住房政策变迁的共性特征，探讨影响社会住房政策变迁的因素，把握未来社会住房政策变迁的趋势，对中国保障住房政策创新提出建议。案例中的数据和资料源于学术文献、报纸杂志、新闻报道、官方网站、统计数据资料等多种文献。

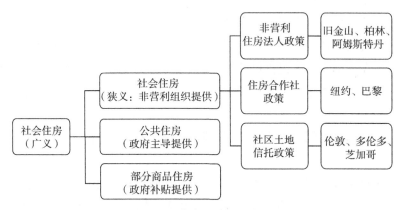

图1-9 本书中的研究案例

资料来源：笔者自绘。

第二章

非营利住房法人政策变迁

欧美国家非营利组织为中低收入人群提供社会住房，有比较长久的历史。早在 19 世纪 30 年代，一些国家的政府与各类社会组织，如教堂、俱乐部、老年人组织、工会、少数民族组织等合作，对不能依靠自身能力获得住房的人提供可负担住房。在 1990 年之后，住房协会、国有住房公司、社区发展公司等多元主体以社区为基础建立合作关系，为社区现在和将来的人提供可负担住房。这些法人组织具有独立的法律地位，政府对这些法人组织提供支持。

第一节　阿姆斯特丹住房协会政策变迁

阿姆斯特丹作为荷兰的首都，在欧洲城市排名中仅次于伦敦和巴黎，是荷兰最大的城市，市镇面积 219.32 平方千米，人口数量 91.98 万人（截至 2022 年 10 月）[1]。阿姆斯特丹是荷兰的金融之都，诞生了全球第一家证券交易所。阿姆斯特丹都会区是以阿姆斯特丹、鹿特丹、海牙等为中心的都市集聚区域，人口在 248 万人左右[2]。

荷兰社会住房比例排名在欧洲主要国家中居高位，因此又被称为"住房社会主义国家"。荷兰的社会住房，主要由非营利性的住房协会（Housing Association）建设，为中低收入群体提供基本的住房保障[3]。

---

① "CBS Statline", opendata. cbs. nl. , https：//www. cbs. nl/nl-nl/onze-diensten/open-data.

② "Economische Verkenningen Metropool Regio Amsterdam", 2022, https：//www. metropoolregioamsterdam. nl/economische-verkenningen-metropoolregio-amsterdam-evmra/.

③ 李罡：《荷兰的社会住房政策》，《城市问题》2013 年第 7 期。

20 世纪 90 年代，阿姆斯特丹住房协会的住房占比超过 50%，在住房市场上占据主导地位。1995 年，住房协会的社会住房比例达到巅峰，占住房总量的 57%[①]。2019 年，阿姆斯特丹住房总量达到约 44 万套，其中社会住房占住房总量的 41%，总量达到约 18 万套[②]。

阿姆斯特丹住房协会大多成立于 20 世纪初，主要有两种类型：一种是基于共同需求而组成的协会，如工人出于寻求足够住房的目标而组织起来的协会；另一种是改进已有房屋品质而组成的协会[③]。住房协会的主要特点如下：①为市民提供高质量、可负担的社会住房。社会租赁住房以中低收入家庭为主，也有很多中等和较高收入人群从住房协会获得住房。②地位独立。依法成立，但是独立于政府。中央政府和地方政府依靠住房协会实现住房政策目标，住房协会则依赖中央和地方政府为其发展提供大量的资金支持。③住房供应类型逐渐多样化。虽然在很长一段时期内住房协会供应的社会住房以租赁住房为主，但随着国家住房政策的改变，住房协会逐渐将其住房供应重心转向自有住房。④承担社会责任。住房协会关注社会公平和可持续发展，以建设社会住房为目的，努力为弱势群体提供住房支持。

一 政策变迁历程

在 19 世纪 50 年代之后，荷兰得益于在全世界航运体系中的领航地位，其工业化水平发展逐步驶入加速运转的进程当中，促进了众多产业的飞速起步。同时，住房短缺等问题在城市被大量进入的农村人口占据后开始显现。工人对于居住场所的选择受到限制，只能以运河的船舱、地下室等作为自己的居住地。为缓解这一系列的经济社会问题，住房协会在诸多组织的自发建立中应运而生[④]。不过多数住房协会成立之初的目的在于改善工人阶级恶劣的住房条件，所建住房面积小且规格不统一。因此，荷兰政府逐渐重视住房问题，开始对社会住房建设进行

---

① Jonkman A., "Patterns of Distributive Justice: Social Housing and the Search for Market Dynamism in Amsterdam", *Housing Studies*, Vol. 36, No. 7, August 2021, pp. 994-1025.

② Amsterdam Federation of Housing Associations, *Annual Report* 2019, 2019.

③ Ouwehand A., Van Daalen G., *Dutch Housing Associations: A Model for Social Housing*, Delft University Press, 2002.

④ 景娟、钱云：《荷兰住房保障体系的发展及对中国的启示》，《现代城市研究》2010 年第 10 期。

干预。

基于关键节点，荷兰首都阿姆斯特丹住房协会政策的历程分为在政策缘起（1900—1945 年）、政策恢复和发展（1946—1988 年）、政策停滞（1989—2000 年）、政策转型（2001 年至今）四个阶段。

（一）政策缘起（1900—1945 年）

阿姆斯特丹最早的住房协会可以追溯至 19 世纪后半叶，如 Bouw-maatschappij tot Verkrijging van Eigen Woningen，成立于 1868 年，是现存 Lieven de Key 住房协会的前身[①]。这些协会成立之后，将其部分股份出售给富人，所得资金用于建造住房。出租住房获得的租金收入大部分被用于新住房的建设，只有小部分作为富人的投资收益[②]。

阿姆斯特丹现有的 14 家住房协会，大部分于 20 世纪初成立，如 Eigen Haard 住房协会和 Rochdale 住房协会分别成立于 1903 年和 1909 年[③]。Rochdale 成立于 1903 年，是由 Pieter Roeland 和 Hendrik Glimmerveen 两人组织工人成立的住房协会，组织目标是建造工人和低收入公民可负担的住房。董事会由两位董事和三位管理人员（住房总监、社区总监和客户总监）组成，负责协会战略制定和执行。同时，Rochdale 还设有监事会，由六名成员组成，负责监督董事会以及提供建议。Rochdale 目前正在进行的代表项目有 Lodewijk van Deyssel 社区的翻新计划、Strui-jckenkade 地区翻新计划等[④]。

也有一些住房协会是由 20 世纪早期的住房协会合并形成的，如 Stadgenoot 住房协会虽成立于 2008 年，但由 Algemene Woningbouw Vereniging（AWV，成立于 1910 年）和 Het Oosten（成立于 1911 年）合并而成。AWV 由工会运动的社会民主党领导人于 1910 年创立，Het Oosten 由 Oostergasfabriek 的工人于 1911 年创立。这两个协会在阿姆斯特丹公共住房的历史上都发挥了重要作用。Stadgenoot 董事会由 Anne Wilbers 和 Bas Hendriks 两位成员组成，Anne Wilbers 作为董事会主席承

① Lieven de Key, "Over Lieven de Key", https：//lievendekey. nl/onzegeschiedenis.

② Van Deursen H. , *The People's Housing：Woningcorporaties and the Dutch Social Housing System-Part* 2：*The Mechanics*, Joint Center for Housing Studies of Harvard University, August 17, 2023.

③ Haard E. , "Dit Zijn We", https：//www. eigenhaard. nl/eigen-haard/onze-organisatie/.

④ Rochdale, "Onze Koers", https：//www. rochdale. nl/opkoers.

担人力资源管理、组织通信等职能；Bas Hendriks 作为董事会成员承担风险和审计管理、法律事务、组织内部管理、信息管理等职能。董事会对监事会负责。监事会的职责是监督协会及其附属公司的管理和一般事务。监事会下设三个委员会：审计委员会、投资委员会和薪酬委员会。在具体业务执行上，Stadgenoot 划分了四个部门：财务和公共住房管理、战略与投资组合部门、客户与住房业务部门、房地产与开发部门。Stadgenoot 目前正在进行的代表项目有 Jacob van Lennepkader 133-151 的住房修复和改善计划、Couperus 社区的更新计划、Wildemanbuurt 社区的住房拆除和翻新计划等①。

阿姆斯特丹住房协会的不断涌现，源于荷兰 1901 年颁布的《住房法》（*Housing Action*）。作为荷兰第一部全国性的社会住房法案，《住房法》的指导思想是解决中低收入群体的住房问题，明确政府有责任让低收入者获得舒适和价格适中的住房，并决定建设由政府提供资金支持的非营利住房，即社会住房，体现出了荷兰人对待住房问题的基本原则："享有住宅是所有人的权利，提供住房是社会的责任。"② 同时，该法案确定了住房协会的合法地位——促进社会住房工作并接受国家监督管理的非营利组织。具体包括以下机构：接受政府监管且受财政补贴和信贷支持的民营机构，以及政府直营的住房公司③。此外，要求住房协会在政府的监督与指导之下提供社会住房，包括房屋建设、已有房屋的改造、中央政府对地方政府和住房协会的支持等。

《住房法》使住房协会可以直接从中央政府或地方政府获得贷款和补贴建设社会住房。但与此同时，政府也介入了对住房协会的监督与管理：一是住房协会必须是非营利组织，才能获得政府的优惠贷款和补贴。也就是说，住房协会的所有利润收入不能分配，必须用来投资新的社会住房。二是社会住房的租金受到限制。三是社会住房必须符合地方

① Stadgenoot, "Wat wij doen", https：//www.stadgenoot.nl/Wat-wij-doen.
② 黄子愚、严雅琦：《社会福利导向的租赁住房：阿姆斯特丹社会住房发展与规划建设经验》，《住区》2020 年第 4 期。
③ ［荷］雨果·普利莫斯、惠晓曦：《荷兰的社会住宅：明确的传统与未知的将来》，《国际城市规划》2009 年第 2 期。

政府设定的标准和区域发展规划的要求①。《住房法》开始实施后，阿姆斯特丹市政府的政策方针进一步明确，即促进社会租赁住房的建设②。不过这一时期政府的主要目的是解决贫民窟问题，因此财政补贴有限，社会住房的规模较小，社会住房发展速度缓慢。

第一次世界大战之后由于荷兰在战争期间作为中立国成功快速地积累了大量国民财富，政府加大对公共住房建设的力度。第二次世界大战中，荷兰众多城市遭受重创，住房短缺问题对于城市而言成为严峻的社会考验。1940—1945 年，荷兰临时政府在被德国占领期间广泛学习其社会住房发展和管理经验，引入了一系列措施加强政府对住房市场的直接干预③。因此总体而言，这个时期是荷兰社会住房的发展初期，整体呈现缓慢发展态势。

（二）政策恢复和发展（1946—1988 年）

第二次世界大战之后，僵持不下的住房短缺问题接踵而至，荷兰政府不断面临着同时期相较于欧洲其他国家更为棘手与复杂的住房困境④。据统计，1948 年荷兰的住房短缺数量至少为 30 万套，一成左右的城市居民被迫陷入"无家可归"状态。因此，面对严重的住房供给不足，荷兰政府于 1947 年和 1948 年接连出台新的住房法，对新的社会租赁住房建设的财政支持力度和广度都有了加强。荷兰政府承担起住房建设和管理的责任，以低廉的租金为城市家庭提供住房。⑤。一方面，地方政府成立直属市政住房公司直接参与社会住房的建设、运营与管理；另一方面，中央政府聚焦社会资本，通过巩固财政支持力度、扩充

---

① Van Deursen H., *The People's Housing: Woningcorporaties and the Dutch Social Housing System-Part* 2: *The Mechanics*, Joint Center for Housing Studies of Harvard University, August 17, 2023.

② Van Der Veer J., Schuiling D., "The Amsterdam Housing Market and the Role of Housing Associations", *Journal of Housing and the Built Environment*, Vol. 20, No. 2, 2005, pp. 167–181.

③ 景娟、钱云：《荷兰住房保障体系的发展及对中国的启示》，《现代城市研究》2010 年第 10 期。

④ Boelhouwer P., Priemus H., "Demise of the Dutch Social Housing Tradition: Impact of Budget Cuts and Political Changes", *Journal of Housing and the Built Environment*, Vol. 29, No. 2, 2014, pp. 221–235.

⑤ 胡毅等：《荷兰住房协会——社会住房建设和管理的非政府模式》，《国际城市规划》2013 年第 3 期。

财政支持对象、丰富财政支持手段等方式积极调动一些非营利性组织等社会力量在社会住房方面的投资①，如采取措施弥补住房协会租金收入与运营成本之间的差距。中央政府的激励措施促进了阿姆斯特丹住房协会的快速发展，住房协会自此加快了住房建设速度。但受凯恩斯主义的影响，这一时期阿姆斯特丹市政府直接参与住房供给的举措②，使住房协会的定位一直存在争议。

20 世纪 60 年代中期，住房的数量性短缺问题在第二次世界大战后重建工作基本完成后得到逐步缓解。各政党号召恢复往日的住房市场"正常秩序"，呼吁将日益庞大的政府住房财政支出转为向低收入和其他"真正需要帮助的人"给予资金援助。于是，政府开始在住房供给中逐步撤出，住房协会的作用逐渐凸显。1962 年《住房法》出台，规定地方政府只能在住房协会的供给不能满足需求时直接建设住房。1965 年荷兰修订《住房法》，明确住房协会中最重要的是地方或城市政府的住房协会，住房协会在新建社会住房项目中拥有优先发展的"首要地位"，地方政府只在住房协会无法满足需求时方可直接建设和管理住房③。

20 世纪 70 年代，旧城更新作为社会住房发展进程中的关键议题逐步进入政府的视野之中。工业化时期建设的、以私人出租为主的工人住宅区居住条件亟待改进，旧城衰退问题已经成为一种必然的趋势。阿姆斯特丹市于 1975—1993 年实施了一种旧区更新的方法，即采用土地公有化和住房社会化策略，由政府收购私人的老旧住宅，在改建或重建之后优先出租给原有的中低收入家庭。这种旧区更新的方法被称为"为社区建造"（Bouwen voor de Buurt）。

这一时期住房协会的地位不断上升（见图 2-1），政府公共住房占住房总量的比例迅速下降，大部分政府公共住房转归住房协会所有，一

---

① 胡金星、汪建强：《社会资本参与公共租赁住房建设、运营与管理：荷兰模式与启示》，《城市发展研究》2013 年第 4 期。

② Musterd S.，"Public Housing for Whom? Experiences in an Era of Mature Neo-Liberalism: The Netherlands and Amsterdam"，*Housing Studies*，Vol. 29，No. 4，2014，pp. 467-484.

③ 焦怡雪：《政府监管、非营利机构运营的荷兰社会住房发展模式》，《国际城市规划》2018 年第 6 期。

些参与政府住房建设的单位也逐渐转变为住房协会①。成千上万的私人租赁住房被住房协会收购，进而被翻新，部分私人租赁住房被拆除，并被住房协会建造的新住房替代②。

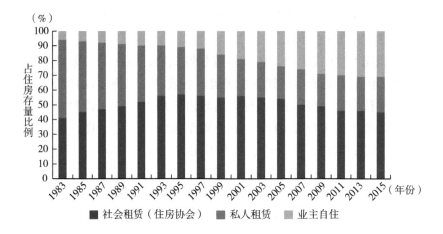

图 2-1　阿姆斯特丹住房存量结构（1983—2015 年）

资料来源：Amsterdamse Federatie van Woningcorporaties，AFWC。

（三）政策停滞（1989—2000 年）

20 世纪 80 年代末，住房短缺问题缓解，也为了减少政府债务，国家开始倡导自由经济，收缩住房政策，推动住房发展的多元化和市场化。当时荷兰的住宅与环境部部长 Heerma 重视分权和社会租赁部门的独立，因此大幅削减国家的资金投入，希望住房协会依靠自身资源投资维持发展。

1989 年荷兰政府颁布《住房政策白皮书》（*Housing in the* 1990s），住房市场化改革由此拉开序幕。该文件对国家住房政策的修改具体包括三个方面：一是减少社会住房供应方补贴，至 1995 年对社会住房建设和维护的供应方补贴终止，国家层面不再对住房协会提供资金支持。二是

---

① Musterd S.，"Public Housing for Whom? Experiences in an Era of Mature Neo - Liberalism：The Netherlands and Amsterdam"，*Housing Studies*，Vol. 29，No. 4，2014，pp. 467-484.

② Van Der Veer J.，Schuiling D.，"The Amsterdam Housing Market and the Role of Housing Associations"，*Journal of Housing and the Built Environment*，Vol. 20，No. 2，2005，pp. 167-181.

放松对社会住房的租金监管，规定每年的租金涨幅应高于通货膨胀率，使租金更接近市场水平①。三是采取措施促进自有住房②。新签订的住房租赁协议不再受租金管制政策的影响，商业租赁住房不再受最高年租金增长率的限制。就住房协会在荷兰社会住房供给中的角色来看，1989年荷兰住房市场化改革启动以后，政府住房公司通过转型为非营利的住房协会逐步退出社会住房的建设和管理（到2008年政府住房公司在荷兰境内几近消失，住房协会成为荷兰社会住房的唯一供给主体）③。

1993年《社会租赁住房体系管理通则》（*Besluit Beheer Sociale Huursector*）实施，规定了住房协会所需要承担的核心任务，即确保低收入家庭优先获得低租金住房；保证社会住房的质量，维修、管理、更新现有社会住房，并修建新的社会住房；提高社会住房中住户的邻里生活品质；确保自身的财务持续运转；确保租户参与社会住房管理和新的发展方针的制定；在社会住房建设管理中兼顾特殊群体的社会关怀④。

1995年荷兰政府颁布《总体平衡法案》，规定政府停止为住房协会提供新建社会住房的财产补贴与政府贷款等，住房协会应偿还给政府的贷款总额与政府应提供给住房协会的未来住房补贴总额相抵销⑤。此后，地方政府通过出售公共租赁住房给租户和住房协会或者直接转为住房协会的形式，基本不再承担住房的直接建设和管理责任；住房协会开始实施市场化的独立运营和管理，但前提是承担向低收入群体提供低租金等社会住房责任⑥：一是在政策规定的最高租金内灵活使用租金。二是通过社会住房保障基金来获取低息住房建设贷款。需要

---

① Haffner M. , et al. , "Rent Regulation: The Balance between Private Landlords and Tenants in Six European Countries", *European Journal of Housing Policy*, Vol. 8, No. 2, 2008, pp. 217-233.

② Kadi J. , Musterd S. , "Housing for the Poor in a Neo-liberalising Just City: Still Affordable, But Increasingly Inaccessible", *Tijdschrift voor Economische en Social Egeografie*, Vol. 106, No. 3, 2015, pp. 246-262.

③ 顾湘：《公共租赁住房运行机制研究》，重庆大学出版社2016年版，第80页。

④ 焦怡雪：《荷兰社会住房的维修与维护管理经验借鉴》，载中国城市规划学会《持续发展 理性规划——2017中国城市规划年会论文集（20住房建设规划）》，中国城市规划设计研究院住房与住区研究所，2017年。

⑤ 胡金星、汪建强：《社会资本参与公共租赁住房建设、运营与管理：荷兰模式与启示》，《城市发展研究》2013年第4期。

⑥ 焦怡雪：《政府监管、非营利机构运营的荷兰社会住房发展模式》，《国际城市规划》2018年第6期。

说明的一点是，政府虽然不再为住房协会提供一般性的新建社会住房补贴，但是住房协会仍然可以优惠价格获得地方政府提供的土地。在1997年之后，由于社会租赁住房的市场变小，住房协会之间合作开发与合并重组的情况非常普遍，其整体数量不断减少而个体不断壮大，政府也允许他们建设部分商品房或将一些已有的租赁房房产出售给私人①。

不过，这一时期国家层面的政策转向并没有立刻影响到阿姆斯特丹，阿姆斯特丹社会租赁住房持续增加并一直持续到1995年。1995年后，社会租赁住房比例略有下降，但基本维持在55%左右，主要原因在于20世纪90年代后大规模的城市重建工作，拆除了大量社会住房，建造更多自有住房。此外，20世纪80年代阿姆斯特丹市中心经历了一个士绅化的过程，并在2000年后进一步向外扩展。市政府通过协商出售社会住房，允许更多的休闲娱乐设施，以及投资公共空间，推动了这一进程②。

因此，20世纪90年代是住房协会进一步走向独立的时期，住房协会与政府的关系发生转变。政府减少对社会住房的干预，更多地让市场发挥作用，同时中央政府放权给地方政府。在此基础上，政府不再直接干预住房协会的建设活动，而是与住房协会协商合作。住房协会的日常运作逐渐独立于政府，但在社会住房准入和分配方面，政府仍拥有决策权。

（四）政策转型（2001年至今）

进入21世纪后，阿姆斯特丹进一步实行市场化改革，社会租赁住房占比开始逐渐下降③。2001年，荷兰通过了《促进自有住房法》（*Home Ownership Promotion Act*）等法案，对购买自有住房的更多中低收入者提供减税或补贴等优惠政策④。2001—2013年，阿姆斯特丹的社会

---

① 余南平：《欧洲社会模式——以欧洲住房政策和住房市场为视角》，华东师范大学出版社2009年版，第262页。

② Savini F., et al., "Amsterdam in the 21st Century: Geography, Housing, Apatial Development and Politics", *Cities*, Vol. 52, 2016, pp. 103—113.

③ Musterd S., "Public Housing for Whom? Experiences in an Era of Mature Neo - Liberalism: The Netherlands and Amsterdam", *Housing Studies*, Vol. 29, No. 4, 2014, pp. 467—484.

④ 刘志林等：《保障性住房政策国际经验：政策模式与工具》，商务印书馆2016年版，第49页。

住房存量从 20.6 万套减少到 18.3 万套（见图 2-2）。除了社会住房存量的减少，每年可供新租户入住的住房单元数量也出现了更明显的下降，从 1999 年的 1.6 万个单元下降至 2016 年的约 0.6 万个单元①。

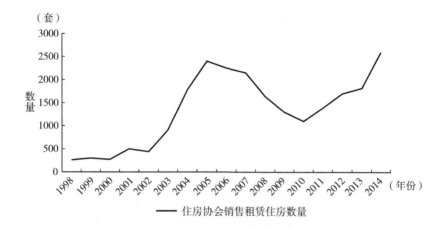

图 2-2 阿姆斯特丹住房协会销售租赁住房数量（1998—2014 年）

资料来源：Amsterdamse Federatie van Woningcorporaties，AFWC。

社会住房份额在住房市场中的下降并不意味着其主要供应方——住房协会的衰弱。在国家政策完成市场化转向后，住房协会依旧活跃于阿姆斯特丹住房市场，其重心从社会租赁住房供应转变为自有住房供应。2003 年阿姆斯特丹共建造约 2400 套新住房，其中 80% 由住房协会完成。而在住房协会建造的住房中，69% 被用于出售，只有 31% 作为社会住房以低廉租金出租②。因此，这一时期住房协会的地位发生了很大变化，虽保持基本的社会责任，接受联邦政府的监督和检查，但不再与联邦政府在金融方面保持紧密联系，而是不断地参与到市场领域，变得更具私益性质。

2013 年，为了解决住房市场低迷、住房建设数量停滞不前等问题，

① Jonkman A., "Patterns of Distributive Justice: Social Housing and the Search for Market Dynamism in Amsterdam", *Housing Studies*, Vol. 36, No. 7, August 2020, pp. 994−1025.

② Van Der Veer J., Schuiling D., "The Amsterdam housing market and the role of housing associations", *Journal of Housing and the Built Environment*, Vol. 20, No. 2, 2005, pp. 167−181.

荷兰中央政府发布新的政策文件积极应对,《住房发展协议》应运而生,对 2013—2017 年的住房发展相关事务做出安排①,确定主要目标为加强住房投资,促进出租住房市场的均衡发展,推动住房自有化,对弱势群体的居住需求予以重点关注与支持。政策中还明确规定控制出租住房租金涨幅、增加初次购房者的贷款资助、减征社会住房物业税、增加低收入群体的住房补贴预算等措施。

2015 年,荷兰修订了《住房法》。这是金融危机后荷兰出台的一套关于住房协会投资社会住房的新规则,再一次明确了荷兰社会住房的提供者是住房协会,也对住房协会的准入和自主权予以限制②。该法案的目的在于进一步规范住房协会的活动,加强对社会住房部门的监管,迫使住房协会专注为低收入群体提供经济适用房,而将中高等收入群体提供自有住房和出租住房的机会留给了私人开发商和投资者。此外,该法案还引入了地方绩效协议这一政策工具,明确市政当局、住房协会和租户组织的权利义务,增加住房协会的投资能力与当地社会住房需求之间的联系,以确保实现当地(社会)住房目标。最终,政府通过这一政策,促进和确保市政当局、住房协会和租户组织之间共同制定(社会)住房政策③。

总的来看,阿姆斯特丹的住房协会政策变迁表现出一些特征。一是住房协会经历了从政府直接干预到政府间接支持再到市场转型的过程;在筹资方式上,住房协会不仅加强了资源整合,还不断拓展市场融资渠道与私人资本的合作。二是住房协会政策表现出强制性和诱致性相结合的特点。最初的住房协会是政府的直属机构,之后政府推动住房协会市场化改革,住房协会成为社会住房的主要承担者。因此,住房协会政策

---

① Van Deursen H. , *The People's Housing*:*Woningcorporaties and the Dutch Social Housing System-Part* 2:*The Mechanics*, Joint Center for Housing Studies of Harvard University, August 17, 2023.

② Van Gent W. , Hochstenbach C. , "The Neo-liberal Politics and Socio-spatial Implications of Dutch Post-crisis Social Housing Policies", *International Journal of Housing Policy*, Vol. 20, No. 1, 2019, pp. 156-172.

③ Plettenburg S. G. J. , et al. , "Performance Agreements to Ensure Societal Legitimacy in the Social Housing Sector: an Embedded Case Study of Implementation in the Netherlands", *J Hous and the Built Environment*, Vol. 36, 2021, pp. 1389-1415.

是政府部门、住房协会和市场主体共同作用的结果，表现出自下而上和自上而下的过程。阿姆斯特丹住房协会政策发挥着积极作用，在扩展目标群体、解决更多人群的住房问题方面表现出良好的绩效。

二 政策变迁的外部影响因素

住房协会作为阿姆斯特丹住房市场的重要主体，其政策变迁受到经济、政治和社会等政策环境的影响。

（一）经济因素

阿姆斯特丹住房协会发展得益于荷兰稳定的经济发展环境。第二次世界大战后，荷兰 GDP 持续增长（见图 2-3），带来了持续扩张的投资需求，刺激住房协会加大住房建设投资以满足社会需求。另外，稳定增长的经济强化了更多人对拥有独立产权住房的渴望，使社会租赁住房的需求减少，政府对社会住房的支持做出调整。中央政府财政补贴的缩减，担保基金的建立在一定程度上推动了住房协会的发展。

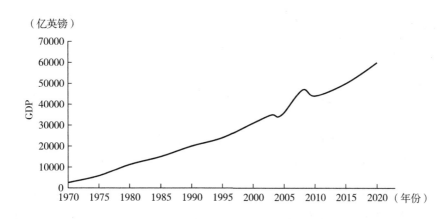

图 2-3 荷兰 GDP 变化情况（1970—2020 年）

资料来源：Organization for Economic Co-operation and Development, OECD。

财政补贴缩减，改变住房协会运营方式。1989 年政策文件《住房政策白皮书》（*Housing in the* 1990s）的颁布标志着荷兰住房政策的转折，自此中央政府开始逐步削减对住房协会的供应补贴，并于 1995 年彻底终止。政策的转变在很大程度上缓解了中央政府的财政难题，以 GDP 为基准，政府财政赤字从 1995 年的 -8.7% 迅速降低至 1996 年的-1.8%。此后荷兰财政赤字虽然受经济危机和疫情影响出现过几次大幅上升，但依然低于1995年的赤字水平（见图2-4）。在20世纪90年代前，阿姆斯特丹住房协会的资金以贷款和政府补贴为主①。政府提供的资金支持成为住房协会建设和维护社会住房的保障。在中央财政支持下，阿姆斯特丹社会住房占住房市场的比例持续提高。1991年左右阿姆斯特丹社会住房占比已超过50%，1995年时达到峰值57%②。也是从1995年起，阿姆斯特丹社会住房份额开始下滑。由于失去了中央政府的补贴资金，为了平衡供应和维护社会住房的成本，住房协会的运作方式也开始向市场靠拢，具体表现为抬高房租、出售社会住房以及大幅减少新项目建设中社会住房的比例等。

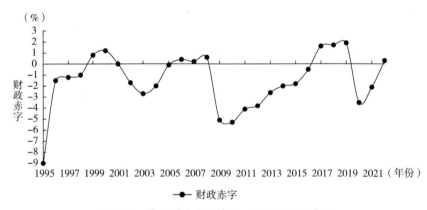

图2-4　荷兰财政赤字情况（1995—2022年）

资料来源：Organization for Economic Co-operation and Development, OECD。

担保基金设立，推动住房协会市场化改革。在1988年以前，中央政府贷款在荷兰社会住房资金来源的比重中份额庞大，接受贷款资助的住房协会或城市政府管理部门必须按规定将租金控制在政府指定的范围内。早年间为住房协会提供直接贷款的方式，实际上对于政府而言无疑是巨大的财政负担。20世纪80年代荷兰政府开始构建金融安全网络，从而舍弃提供贷款的传统方式与观念，着重发展政府主导或政府协助的

①　顾昕、杨艺：《让互动/协作治理运作起来：荷兰的住房协会与社会住房的提供》，《广东社会科学》2019年第1期。

②　Musterd S., "Public Housing for Whom? Experiences in an Era of Mature Neo-Liberalism: The Netherlands and Amsterdam", *Housing Studies*, Vol. 29, No. 4, 2014, pp. 467-484.

担保基金，为住房协会拓宽资金来源渠道①。担保基金主要有两类：一是 1984 年设立的社会租赁住房担保基金（Waarborgfonds Sociale Woningbouw，WSW），由国家住房委员会和住房协会共同出资组成。中央政府和城市政府共同担保，以确保商业贷款机构能够以低利率向住房协会提供 100% 的贷款。WSW 为住房协会贷款提供了三重担保，第一重担保是住房协会的房地产，第二重担保是由住房协会共同出资组成的互助基金，第三重担保是中央政府，当协会无力偿还债务时由中央政府承担最终债务责任，二是中央住房基金（Centraal Fonds voor de Volkshuisvesting，CFV），又称"团结互助基金"。成立于 1987 年的 CFV 由住房协会每年提取 1% 的租金收入联合注资组成，基金将为无力偿还债务的住房协会提供无息贷款支持，同时也提出三年内必须取得运营效益的要求②。该基金组织是一个住房协会联盟机构，社团自治在机构的形成和运作中起到至关重要的作用，政府一定程度上推动基金组织的进步，以合法性为视角参与制度建设。CFV 主要承担两大职责：一是监督住房协会的金融健康状况，二是在住房协会面临危机时提供贷款支持③。两大担保基金的设立为阿姆斯特丹住房协会提供了强有力的担保，使住房协会在后来失去政府资金支持的情况下，也能从银行等其他投资方获得贷款支持，增强了住房协会市场化转型后应对市场风险的能力。

（二）政治因素

影响阿姆斯特丹住房协会发展变迁的政治因素主要是来自中央政府治理方式及理念的变化。

支持政策，缓解住房协会转型压力。第二次世界大战后，受凯恩斯国家干预主义的影响，与许多其他国家一样，荷兰采取系列措施对市场力量施加影响。20 世纪 70 年代初期的石油危机宣告福利国家破产之后，西方国家开始反思凯恩斯主义的局限，倡导新自由主义。这一时

---

① 焦怡雪：《政府监管、非营利机构运营的荷兰社会住房发展模式》，《国际城市规划》2018 年第 6 期。

② 顾昕、杨艺：《让互动/协作治理运作起来：荷兰的住房协会与社会住房的提供》，《广东社会科学》2019 年第 1 期。

③ Van Deursen H. , *The People's Housing*：*Woningcorporaties and the Dutch Social Housing System-Part 2*：*The Mechanics*，Joint Center for Housing Studies of Harvard University，August 17，2023.

期，来自英美的新自由主义理念开始传入荷兰并在政治系统中引起讨论。在削减公共投资的同时，中央政府针对住房协会采取了其他措施来减轻政府投资减少的影响。一是引入需求方补贴。先前政府的补贴主要是供给方补贴，即为住房协会提供资金支持住房建设并覆盖其运营成本。1974年起，中央政府开始为租户提供租金补贴。随着供给方补贴逐渐减少，需求方补贴逐渐增加，本质上间接增加了住房协会的租金收入。二是建立社会住房担保基金（WSW）。1984年，中央政府停止了为住房协会翻新战后住房活动的优惠贷款支持，转而开始建立担保基金为住房协会贷款提供担保。三是建立中央住房基金（CFV），加强对住房协会金融状况的监督，并承担为住房协会面临危机时提供贷款支持的责任①。

明确法律地位，规范住房协会发展。中央政府的政策，是阿姆斯特丹住房协会政策发展的基础。政府对住房协会的监管始终处于严格的法律框架之下，如1991年《住房法》、1993年开始实施的《社会租赁住房体系管理通则》以及与住房相关的其他建筑法规等②。这些有关社会住宅建设和管理的法律法规明确了住房协会的权利义务以及社会住宅的租金和建设要求，因此成为阿姆斯特丹住房协会发展变迁的"地基"。

责任转移，推进住房协会市场化改革。1989年，荷兰政府迈出了住房政策改革的第一步，减少对社会住房的供应方补贴，开始积极推动自有住房发展。此时的住房政策改革将住房责任从中央政府转移到地方政府和非营利性住房协会，赋予地方政府和非营利性住房协会更多的自主权和控制权，也让它们承担了更大的风险。住房协会不得不重新定位其角色，从官僚等级制度内运作转向与市场互动并按市场逻辑行事③。1995年中央政府终止补贴后，住房协会依旧需要承担供应社会住房的责任，而承担这一责任的成本只能由住房协会自己弥补。为保障正常运行，住房协会向市场化方向靠拢，通过削减成本、增加盈利，弥补

---

① Van Deursen H., *The People's Housing*: Woningcorporaties and the Dutch Social Housing System-Part 2: *The Mechanics*, Joint Center for Housing Studies of Harvard University, August 17, 2023.

② 惠晓曦：《寻求社会公正与融合的可持续途径：荷兰社会住宅的发展与现状》，《国际城市规划》2012年第4期。

③ Van Gent W. P. C., "Neoliberalization, Housing Institutions and Variegated Gentrification: How the 'Third Wave' Broke in Amsterdam", *International Journal of Urban and Regional Research*, Vol. 37, No. 2, 2012, pp. 503-522.

社会住房供应成本。2001年，荷兰政府颁布《促进住房自有法》，计划到2010年将全国住房自有率从53%提高到60%。同时政府终止了针对社会住房供应的补贴，而为购买自有住房者提供持续的丰厚的补贴，包括无限制扣除抵押贷款利息支出、免征资本利得税等。

2004年，荷兰政府推进住房市场化改革的脚步逐渐加快，进一步降低社会住房比重、放宽部分市场租金管制并提高租金水平[①]。2006年，通过在全国范围内扣除抵押贷款利息支出，中央政府为房主提供的财政支持总额约为140亿欧元。相比之下，对租房者的住房补贴仅仅花费了30亿欧元。随着租赁住房向自有住房的战略转变，新建住房中出租房和自有住房的比例发生了逆转。如图2-5所示，20世纪80年代末，自有住房在新建住房中的比例不超过10%，而到2009年这一比例已上升至60%以上。阿姆斯特丹市政府也积极推动住房结构调整。2001年市政府和住房协会商定，到2010年将自有住房比例从19%提高到35%[②]。

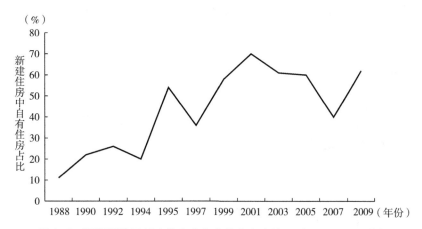

图2-5　阿姆斯特丹新建住房中自有住房占比情况（1988—2009年）

资料来源：Kadi J., Musterd S., "Housing for the Poor in a Neo-liberalising Just City：Still Affordable, But Increasingly Inaccessible", *Tijdschrift voor Economische en Social Egeografie*, Vol. 106, No. 3, 2015, pp. 246-262。

---

① 胡金星、陈杰：《荷兰社会住房的发展经验及其启示》，《华东师范大学学报》（哲学社会科学版）2011年第2期。

② Kadi J., Musterd S., "Housing for the Poor in a Neo-liberalising Just City：Still Affordable, But Increasingly Inaccessible", *Tijdschrift voor Economische en Social Egeografie*, Vol. 106, No. 3, 2015, pp. 246-262.

总的来说，市场化改革阶段荷兰对社会住房的改革措施主要是：继续鼓励住房私有化；完善社会住房租赁制度，将社会住房供给补贴转为对个人或者家庭租赁住房的直接补贴；在支持住房协会独立运作的同时加强对住房协会的规范。

（三）社会因素

影响阿姆斯特丹住房协会发展变迁的社会因素，主要包括人口以及住房需求的变化。

人口数量增长，带来社会住房需求增加。第二次世界大战后的阿姆斯特丹人口回流迅速，同时由于医学的进步和卫生条件的改善使死亡率下降，特别是婴儿死亡率下降，居民人数进一步增加。高生育率和高人口增长率在战后持续了较长时间（见图2-6）。汽车工业兴起后阿姆斯特丹进入郊区化发展，郊外更宽敞、更现代化的住房吸引了城市人口，居民人数下降，到20世纪70年代阿姆斯特丹每年减少约2万居民，80年代中期阿姆斯特丹已失去了约20%的本地人口①。然而外来移民数量

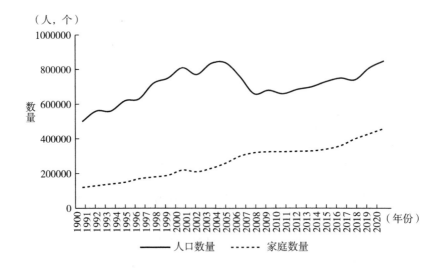

图2-6　阿姆斯特丹人口及家庭数量变化（1900—2020 年）

资料来源：阿姆斯特丹研究所、Onderzoek en Statistiek（O&S）。

---

① Savini F. , et al. , "Amsterdam in the 21st Century: Geography, Housing, Apatial Development and Politics", *Cities*, Vol. 52, 2016, pp. 103-113.

在这一时期处于增长态势。具有合法停留身份的外来移民也可以申请阿姆斯特丹住房协会提供的社会住宅。尽管各城市的补贴标准存在差异，市政府一直为保障外来移民的基本居住权利做出努力。总体而言，虽然这一时期阿姆斯特丹的人口总体呈下降趋势，但家庭数量却依然保持增长，因此住房需求并没有因人口减少而受到显著影响。持续的人口增长带来住房需求的持续上升①。

人口结构的变化，带来社会住房需求的变化。20 世纪 80 年代中期，阿姆斯特丹开始了城市改造。经过改造的城市变得更加具有吸引力，人口再次开始稳步增长（见图 2-7）。在这些不断增加的外来人口中，年轻人数量增长很快，尤其是进入高等教育的年轻人，以及越来越多的受过高等教育的年轻家庭，住房协会开始专门针对这些年轻人建设住房。

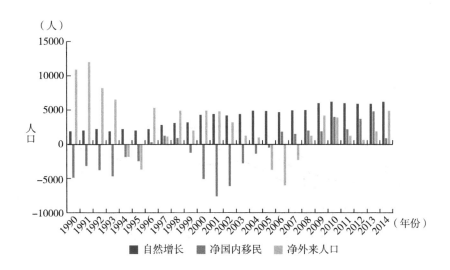

图 2-7 阿姆斯特丹人口变化结构（1990—2014 年）

资料来源：Savini F. , et al. , "Amsterdam in the 21st Century: Geography, Housing, Apatial Development and Politics", *Cities*, Vol. 52, 2016, pp. 103-113。

居民收入的增加及士绅化，推动住房协会的市场化转型。随着经济

---

① 阿姆斯特丹研究所：《自 1900 年以来阿姆斯特丹的人口》，https://onderzoek.amsterdam.nl/artikel/de-amsterdamse-bevolking-sinds-1900。

发展，阿姆斯特丹居民收入总体也呈现明显的上升趋势。如图 2-8 所示，按收入水平从低到高将居民划分为五组，1995—2009 年，收入在前 20%（第 5 五分位数）的居民收入增长了 40%，后 20%（第 1 五分位数）的居民收入增长了 34%。进入 21 世纪之后，阿姆斯特丹人口进入迅速增长阶段，除了自然增长，移民的增加，尤其是来自欧洲、美国和印度的移民也促进了人口的快速增长。尽管阿姆斯特丹的面积相对较小，但它已深深融入全球网络之中，其经济在很大程度上依靠金融、创意和知识密集型行业。外国公司在阿姆斯特丹设立全球或地区总部，吸引了大量外来劳动力，他们在空间上的集中也给城市中一些街区的特征留下了印记，并在城市中心地带聚集出现士绅化过程①。这类群体所具有的高收入特点使其成为出售自有住房的潜在客户，一定程度上为阿姆斯特丹住房协会的企业化转型提供了市场基础。

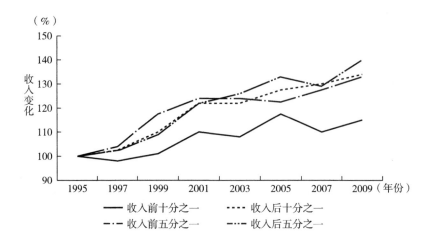

图 2-8　阿姆斯特丹居民收入变化情况（1995—2009 年）

资料来源：Kadi J., Musterd S., "Housing for the Poor in a Neo-liberalising Just City: Still Affordable, But Increasingly Inaccessible", *Tijdschrift voor Economische en Social Egeografie*, Vol. 106, No. 3, Jul 2015, pp. 246-262。

总体而言，住房协会的发展变迁同时受到经济、政治和社会等多重

---

① Savini F., et al., "Amsterdam in the 21st Century: Geography, Housing, Apatial Development and Politics", *Cities*, Vol. 52, 2016, pp. 103-113.

因素的影响，国家经济状况、政府治理理念与方式的转变、人口与需求的变化等都成为住房协会发展变迁的外部推动要素。

三 政策变迁的内部动力机制

政策变迁不仅受到政策环境的影响，政策主体的行为也会对政策变迁产生一定的影响。

（一）住房协会与政府之间的合作

早期，住房协会独立分配其住房单元，不受中央和地方政府干预。1947 年的《住房分配法》为解决住房短缺问题，主要应用住房许可这一政策工具，给予地方政府干预住房分配的权力。20 世纪 60 年代随着住房问题缓解，住房许可放开。截至 1974 年，地方政府的干预仅限于较便宜的住房，包括个人占有和租赁住房。

然而，1947 年《住房分配法》缺乏对地区差异的关注，造成了申请者之间的机会不平等。1993 年《住房分配法》修改，给予了地方政府更大权力，使地方政府可以根据房屋类型选择应用政策工具，并在住房分配时与住房协会协商。1995 年之后政府选择终止提供一些支持措施，如设立基金为住房协会的贷款行为提供担保、为住房协会翻新旧建筑提供资金支持等。在阿姆斯特丹住房协会日常运作中政府管理主要包括提供价格低廉的土地、建设许可、规定新建住房中合理份额的社会住房等。

地方政府对住房协会的日常运作产生直接影响。例如，21 世纪后，中央政府为促进住房市场结构转型而要求住房协会出售其部分社会住房；为填补财政赤字，2013 年中央政府开始向住房协会征收额外税费[1]。为维持社会住房的基本保障作用，阿姆斯特丹市政府要求住房协会在开发新的住房项目时应保留 40% 的社会租赁住房，40% 应为可负担得起的私人租赁住房或可负担得起的自住房，剩余 20% 的住房可以按照市场价格出售[2]。

---

① Boelhouwer P., Priemus H., "Demise of the Dutch Social Housing Tradition: Impact of Budget Cuts and Political Changes", *Journal of Housing and the Built Environment*, Vol. 29, No. 2, 2013, pp. 221-235.

② Hoekstra J., Gentili M., "Housing Policies by Young People, not for Young People. Experiences from a Cocreation Project in Amsterdam", *Frontiers in Sustainable Cities*, 2023, pp. 113-163.

2018 年之前的阿姆斯特丹住房政策采取新自由主义的改革方式，为中低收入人群提供可负担住房，如放宽对社会住房的限制，倡导抵押和财产导向的城市发展，同时恢复私人租赁和出租住房。这些措施导致住房更加不可负担，尤其是对于既不能购买也无法租赁社会住房的中等收入人群。不过由于地方政府享有土地所有权（阿姆斯特丹市占有 85% 的土地），可以通过保留土地的权利，要求新住房建设承担义务，包括租金和住房可负担等。这一点在阿姆斯特丹新政府上台之后更加明确。利用土地政策与可负担住房提供者讨价还价，城市提高了可负担住房供应数量，限制了私人住宅的价格。

除了与国内政府的互动，阿姆斯特丹住房协会的发展也受到国外政府组织的影响。作为欧盟成员国，荷兰制定住房政策需要符合欧盟规定。2012 年，荷兰政府与欧盟达成共识，向更多的贫困家庭提供社会住房。有资格获得社会住房的家庭，最高收入限额被设定为每年 34100 欧元（2023 年单一成员家庭的最高收入限额为 44035 欧元，多成员家庭为 48625 欧元）①。另外，90% 以上的社会住房必须分配给年收入在限额之下的群体。这意味着在荷兰，尤其是阿姆斯特丹，社会住房存量需要进一步减少②。

（二）住房协会间的合作

对于住房协会来说，住房政策转向一方面意味着失去政府资金支持，另一方面意味着摆脱对政府的依赖，开始走向独立发展。随着政府管制的放松，阿姆斯特丹住房协会在投资方面有了更大的自主权，逐渐改变供应方式，具体表现包括建设市场住房、投资商业项目、提高社会住房租金，以及出售社会住房，由此为新住房投资筹集流动资金③。除了更加独立和专业化，规模上的变化也较为明显，有很多的住房协会寻求合并。随着市场化的推进，住房协会在社会租赁住房领域收缩，一些财力雄厚的住房协会与较差的住房协会合并，以实现资源协调，或强化

---

① Government of the Netherlands, https://www.government.nl/topics/housing/rented-housing.

② Kadi J., Musterd S., "Housing for the Poor in a Neo-liberalising Just City: Still Affordable, But Increasingly Inaccessible", *Tijdschrift voor Economische en Social Egeografie*, Vol. 106, No. 3, 2015, pp. 246-262.

③ Savini F., et al., "Amsterdam in the 21st Century: Geography, Housing, Apatial Development and Politics", *Cities*, Vol. 52, 2016, pp. 103-113.

提高能力、增进资金的持续性。

阿姆斯特丹的住房协会在彼此之间也存在深度合作关系，这种合作主要基于住房协会联盟组织开展，如阿姆斯特丹住房公司联合会（Amsterdamse Federatie van Woningcorporaties，AFWC）。AFWC 成立于 1917 年，是代表阿姆斯特丹所有住房协会的利益集团。各个住房协会在 AFWC 的支持和协调下开展活动，以便更有效地为阿姆斯特丹及周边地区的居民提供高质量、可负担的住房。AFWC 作为各个住房协会的代表，在战略规划、政策制定和住房发展等方面与阿姆斯特丹市政府、其他地方政府和利益相关者保持密切合作[①]。

除了地区性住房协会联盟组织，荷兰还有全国性的住房协会联合会 Aedes[②]。Aedes 是代表荷兰全国范围内住房协会的组织，它致力于促进住房协会和合作伙伴以最优方式开展工作，提供优质的社会住房。Aedes 的主要任务包括：代表住房协会利益与政府、政党和利益集团开展合作；向附属住房协会提供支持以及共同开展研究，推动行业发展和创新；提供成员交流平台，以便住房协会相互学习。1983 年，Aedes 成立了社会住房担保基金（WSW），由各个住房协会共同出资组成，为住房协会从银行贷款提供担保，中央政府则为 WSW 提供担保。

（三）住房协会和社区及租户的合作

阿姆斯特丹住房协会积极参与社区更新计划和项目。如 Stadgenoot 住房协会当前正在进行或计划进行的项目共 40 个[③]，Rochdale 有 16 个[④]，Eigen Haard 有 60 个[⑤]。其中，Wildeman Noord 社区更新项目是 Stadgenoot 住房协会计划进行的项目之一。该社区的住房建于 1959 年。20 世纪末 21 世纪初，在制订西部花园城市改造计划时，Stadgenoot 与居民共同决定拆除这些房屋。但是 2008—2012 年的国际金融危机导致拆除计划被迫停止，不过一些房屋也得到了翻新。2021 年底，Wildeman Noord 社区的部分居民提出住房潮湿、发霉等问题，促使 Stadgenoot

---

① Amsterdamse Federatie van Woningcorporaties, "Over AFWC", https：//www.afwc.nl/over-afwc/organisatie/over-afwc#/.

② Aedes, "Over Aedes", https：//aedes.nl/over-aedes/kerntaken.

③ Stadgenoot, https：//www.stadgenoot.nl/Wat-wij-doen.

④ Rochdale, https：//www.rochdale.nl/opkoers.

⑤ Eigen Haard, https：//www.eigenhaard.nl/eigen-haard/onze-organisatie/.

对房屋进行了彻底检查，并与市政府和居民一起启动了改造程序。目前正在根据房屋技术状况报告和市政府对该社区的期望制定重建计划。Moermond-Duinbeek 社区住房更新计划是 Rochdale 正在进行的项目之一。该社区的住房建于 1960—1961 年，其中 80% 是社会住房，20% 是市场住房。2022 年 7 月，Rochdale 对该社区居民进行了住房需求调查，作为 Rochdale 制定住房改造项目具体计划的依据。目前 Rochdale 仍在与 Moermond-Duinbeek 社区居委会确定改造方案。Burgemeester Röellstraat 207—277 公寓拆除和新建项目是 Eigen Haard 住房协会正在进行的计划。由于住房老化、隔音差、霉菌滋生、保暖性差等问题，Eigen Haard 决定拆除并重建这些住房。该计划得到了大多数居民的支持。目前 Eigen Haard 正在和市政当局、居民委员会共同制定社区规划，该过程还将充分考虑居民的意见。若计划执行顺利，新住房的建设将在 2025 年启动。

从融资角度来看，阿姆斯特丹开发建设可负担住房的流程比较简单。住房协会可以与租户形成良好的合作关系——住房协会可以通过自有资产和银行贷款（政府支持的商业贷款）获得资金；租户的租金和维护费用于支付运营成本；任何需要租金补贴的符合条件的租客都可以通过联邦政府获得租金补贴；任何需要服务的人都会得到服务，其费用由保险公司或城市支付。同时，阿姆斯特丹的住房协会可以评估自身所有投资组合的风险，并能够相互抵押，为住房的交易提供了巨大的灵活性。

因社会租赁住房的类型、大小和价格各不相同，所居住的人群和收入阶层也有不同。社会租赁住房的目标群体是低收入者，包括无收入和低收入家庭，社会租赁住房中 55% 的住房面向这一群体，但一些较高收入人群也会居住在其中。为了保证有充足的可负担住房，住房（包括社会租赁住房）的租金计算有一个统一的标准。住房租金不能超过最高限额，租金增长的幅度也有限制。通常居住在社会租赁住房的低收入人群有租金补贴，收入越低，补贴越高，如 2000 年平均每月 130 欧元，占租金的 40%，以保证其有一个好的住房条件。在租房期限结束时，租户的资格需要进行审查，以确定是否符合继续租赁的资格。在租赁期间，租房人的收入增加也不必退出。房东也不能要求增加租金而停止协议。为了保证租户的利益，租户可以成立委员会。租户委员会由

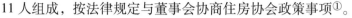

11 人组成，按法律规定与董事会协商住房协会政策事项①。

四 政策变迁中的路径依赖和改革创新

（一）政策变迁中的路径依赖

阿姆斯特丹住房协会政策变迁中的路径依赖主要表现为住房协会一直保持其非营利性的特征，承担着为中低收入家庭提供住房的社会责任，这一特性也始终影响着其后的发展。

1901 年荷兰《住房法》实施后，阿姆斯特丹的住房协会相继成立。这些住房协会从成立之初便以公共利益为目标，旨在为特定群体提供可负担的住房服务。不过在当时，其对特定群体的范围定义相对狭窄，各个住房协会往往有自己的服务对象，如有些为铁路工人服务，有些则针对教师群体。后来成立的阿姆斯特丹住房协会联合会很大程度上解决了各个住房协会各自为政的这一问题。

第二次世界大战后，阿姆斯特丹住房短缺问题加重，与此同时战后的"婴儿潮"带来人口的快速增长，住房需求上升。市政府在战后直接参与了住房建设行动，与住房协会一同致力于解决阿姆斯特丹的住房问题。20 世纪 60 年代中期，住房重建工作基本完成，市政府逐渐退出住房供应，并将政府住房转让给住房协会。与此同时，这一时期阿姆斯特丹进入郊区化阶段，虽然人口数量在该阶段出现下滑，但家庭数量保持上升趋势，住房需求持续增加，住房协会继续承担社会住房供应责任。

1995 年，阿姆斯特丹住房协会供应的社会住房在整个住房市场中的份额达到 57%。1995 年后，阿姆斯特丹市由住房协会供应的社会住房占比开始下降，但整体下降幅度并不大，到 2015 年这一比例依然保持在 45%左右。同时，住房协会继续承担着供应社会住房的责任，虽然新住房建设的重心已转向自有住房，但住房协会依然保留了一定比例的社会租赁住房。2015 年起，阿姆斯特丹市政府、住房协会与租户协会商定，住房协会每年将新建 1200 套社会住房。2016 年底，这一目标已调整为先前的两倍。经过多年的拆除和出售后，社会租赁住房存量不再下降，而是趋于稳定②。

---

① "荷兰评论"官网，https：//dutchreview.com/expat/financial/cost-of-living-amsterdam/。

② AFWC，https：//www.afwc.nl/over-afwc/organisatie/historie#/。

近年来，随着住房供应市场化的进程，阿姆斯特丹住房价格不断提高。许多中产阶层家庭既无法承担昂贵的房价，也不满足社会住房的申请条件。为解决他们的住房问题，阿姆斯特丹市政府采取了积极的应对措施，尝试通过与社会住房机构合作，将新建的租赁住宅以 650—800 欧元/月的优惠价格出租给中产阶层家庭①。

（二）政策变迁中的改革创新

阿姆斯特丹住房协会政策变迁中的改革创新，主要表现为 20 世纪 90 年代末以后市场化转型阶段的结构调整和策略转变。

20 世纪初，荷兰有多种形式的住房机构，包括法人社团、合作社社团、有限责任公司等。20 世纪 70 年代民主浪潮高涨，到 20 世纪 80 年代末，在政策支持下，协会逐渐发展成为主要形式。1995 年后，随着政府补贴终止、组织规模的扩大及由此产生的对专业知识的更高需求，很多住房协会转为基金会——一个没有成员的非营利机构。现在仍保留的两种合法形式：协会和基金会，都是非营利机构，是为中低收入人群建设和管理住房的组织。二者的区别在于协会中租户的影响比较大，个人利益冲突比较普遍；而在基金会，租户的管理是间接的，可以避免租户对董事长的任免产生影响。通常，在协会中董事长对协会负责，并领导 7—9 人的董事会，成员包括租户代表（法律规定至少 2人）、专家、管理者、金融、社会团体、技术等方面的专职人员。协会的结构有所区别，有些协会采取监事会、执行委员会、董事长的三层结构，也有些协会由董事会、执行总裁、租户委员会、技术副总裁、住宅服务副总裁、财务副总裁及若干地区经理组成②。在种种不同形式中，租户的意见都可以通过提名委员、协商讨论等方式得到体现。

除了结构上的调整，住房协会的营销策略也发生了转变。随着中央政府的住房政策转型，阿姆斯特丹住房协会失去了来自政府的资金补贴，被迫向市场化转变。一方面，住房协会在市政府引导下开始增加租金，出售其存量社会住房；另一方面，新住房建设的重心也开始向自有住房倾斜。如表 2-1 所示，1995—2009 年，阿姆斯特丹租金与居民收

---

① 惠晓曦：《寻求社会公正与融合的可持续途径：荷兰社会住宅的发展与现状》，《国际城市规划》2012 年第 4 期。

② 李罡：《荷兰的社会住房政策》，《城市问题》2013 年第 7 期。

入比的中位数从 21.1% 上升到 25%，表明总体上居民住房负担能力有所下降①。另外，住房协会逐渐加快了社会住房销售。在新住房建设中，住房协会大幅削减了社会租赁住房比例，侧重开发自有住房。20世纪 90 年代末住房协会年社会住房销售量不足 500 套，2003 年这一数字开始大幅增长。2005 年住房协会出售了约 2500 套社会住房②。

表 2-1　　　阿姆斯特丹住房可承担度变化情况（1995—2009 年）

项目	住房补贴前		变化
	1995 年	2009 年	1995—2009 年
中位数	21.1	25.0	+3.9
第 1 五分位数	31.6	39.8	+8.2
第 2 五分位数	26.9	27.1	+0.2
第 3 五分位数	20.4	20.8	+0.3
第 4 五分位数	17.0	17.4	+0.4
第 5 五分位数	12.9	14.4	+1.6
第一等分	37.1	49.3	+12.2
第二等分	31.9	31.9	+3.8
第三等分	30.1	28.8	−1.3
第四等分	27.1	25.1	−2.0
第五等分	23.7	22.8	−0.9
第六等分	21.9	20.1	−1.8
第七等分	19.2	19.3	+0.1
第八等分	17.5	18.0	+0.5
第九等分	15.9	16.5	+0.6
第十等分	13.0	16.0	+3.0

注：住房可承担度通过租金和收入的比值衡量。
资料来源：Kadi J., Musterd S., "Housing for the Poor in a Neo-liberalising Just City：Still Affordable, But Increasingly Inaccessible", *Tijdschrift voor Economische en Social Egeografie*, Vol. 106, No. 3, 2015, pp. 246-262。

① Kadi J., Musterd S., "Housing for the Poor in a Neo-liberalising Just City：Still Affordable, But Increasingly Inaccessible", *Tijdschrift voor Economische en Social Egeografie*, Vol. 106, No. 3, 2015, pp. 246-262.
② Savini F., et al., "Amsterdam in the 21st Century：Geography, Housing, Apatial Development and Politics", *Cities*, Vol. 52, 2016, pp. 103-113.

通过结构调整和策略转变，阿姆斯特丹住房协会在其市场化转型阶段顺应政府政策改革，保障了自身正常运作，并继续在阿姆斯特丹住房建设和供应中发挥主力作用。

五　小结

阿姆斯特丹住房协会作为提供廉价社会住房的非营利性公益组织，大多成立于 20 世纪初，其后经历了 20 世纪 50 年代至 90 年代的快速发展，以及 90 年代至今的市场化转型的发展历程。其政策变迁受到经济因素如政府财政支持、经济发展态势，政治因素如政府治理方式和理念，社会因素如人口变化情况、住房需求变化等多方面外部因素的影响。同时，内部行动者之间的互动关系如住房协会与政府之间的合作关系、住房协会内部的合作关系也推动着阿姆斯特丹住房协会制度变迁。在改革创新的同时，住房协会始终坚持承担为市民供应可负担的社会住房的责任，在新住房开发项目中保障一定比例的社会住房。公益性和非营利性贯穿阿姆斯特丹住房协会发展始终。

阿姆斯特丹社会住房政策的发展历程与国家政策、供给主体以及时代大背景的变化紧密相关。在社会住房发展的不同阶段中，住房协会都起到了举足轻重的作用。在这个过程中，政府的政策和措施也在不断调整，从出现重大住房问题时强力干预到住房问题缓解时逐步退出，再到最终将社会住房的建设运作、管理以及维护等交给住房协会，并鼓励与支持其通过市场化改革满足中低收入人群的住房需求。其较为成熟的发展模式与成功的发展经验，有值得借鉴之处。

阿姆斯特丹住房协会政策也面临着挑战。非营利性质的住房协会，因效仿私营房地产开发商的运营方式而遭受非议，其不仅需要面对运营中愈演愈烈的金融风险，也要面临资金投入方面的私有化倾向。随着欧盟公平竞争法的实施以及政府对公共预算的大幅削减，荷兰可能进一步取消社会住房补贴。事实上，阿姆斯特丹住房协会的未来发展面临巨大挑战。[①]

---

① 惠晓曦：《寻求社会公正与融合的可持续途径：荷兰社会住宅的发展与现状》，《国际城市规划》2012 年第 4 期。

第二节　柏林国有住房公司政策变迁

　　柏林位于德国东北部，是德国首都和最大的城市，也是德国的政治、文化、经济中心。柏林是德国十六个联邦州之一，与汉堡、不莱梅同为德国仅有的三个城市州，面积891.85平方千米，人口约357.4万人[①]。柏林作为德国最大的工业城市，产业主要包括电子工业、机器制造业、化学工业等，有"欧洲硅谷"的美誉[②]。

　　柏林国有住房公司，也称柏林市政房地产公司，是由柏林市政府直接或间接控制的房地产企业，即企业的管理和运营通常由专业人员负责，市政府则负责监督和指导企业的工作。1991年，在柏林住房租赁市场中国有住房公司提供的社会住房占比约为38%，个人和营利企业提供的社会住房占比约为23%[③]。也就是说，住房租赁市场中超过一半的社会住房由国有住房公司提供。自20世纪90年代以来，柏林国有住房经历了大规模的私有化过程，导致国有住房公司失去了大量社会住房单元，但国有住房公司在社会住房供应中依然发挥着重要作用。2018年，国有住房公司拥有40%的社会住房[④]。因此，国有住房公司是柏林社会住房供应中重要的主体之一。

　　作为市属国有企业，柏林市政房地产公司具有浓厚的公益性质。其主要特点是[⑤]：①市政房地产公司是政府控股的法人实体。市政房地产公司为特定人群提供住房及相关服务，政府为其住房建设提供低息贷款、廉价的土地和税收减免等政策支持。②市政房地产公司对其开发的

---

　　① "75329 mehr Berlinerinnen und Berliner als Ende 2021", www. statistik-berlin-brandenburg. de（in German），2023.

　　② "Berlin's 'Poor but Sexy' Appeal Turning City into European Silicon Valley", The Guardian, 2014, https：//www. theguardian. com/business/2014/jan/03/berlin-poor-sexy-silicon-valley-microsoft-google.

　　③ Berticevich L., "BERLIN, Germany", 2020-07-03, http：//www. alloverthemaphousing. com/berlin-germany/.

　　④ Eibl B., "A Tale of Two Cities：The Divergence of Social Housing in Berlin and Vienna", America, B. A. dissertation, CMC, 2023.

　　⑤ 钟庭军：《德国国有住房租赁公司运营模式——考察柏林Gewobag市政房地产公司的启示》，《上海房地》2019年第8期。

社会住房享有所有权，但受到限制。通常建设方在参与建设社会住房之前要详细测算建设成本、运营成本、获得的补贴额度等，然后与政府商定限制期限。在限制期限内，社会住房以不高于政府规定上限的租金水平向符合条件的居民出租。限制期满之后，权利人可在市场上自由出租和出售其房屋。③住房主要供应对象为无自有产权住房，并且在申请城市工作或居住一定年限，持有"公共住房资格证书"（WBS）的中低收入家庭；其房屋租金低于市场的"成本价格"，租金标准为同地段同质量房屋市场租金的50%—60%，同时租金增长率受到严格控制。对于在补贴住房居住期间收入水平逐步提高且超过补贴标准的租金家庭，政府一般不会强制让其搬出，而是收取市场租金，此举有助于增加居住的稳定性，一定程度上实现不同人群的"混居"。

一 政策变迁历程

早在魏玛共和国时期①，德国政府就开始与非营利住房组织（其中部分为现在的国有住房公司）合作建造住房。第二次世界大战期间社会住房建设基本停滞，而且战争导致大量住房被摧毁，因此住房短缺成为战后亟待解决的问题之一，国有住房公司成为重要的住房建设主体。

基于政策变迁的节点，柏林国有住房公司的政策变迁分为政策缘起（1918—1959 年）、政策发展（1960—1989 年）、政策停滞（1990—2013 年）、政策恢复和发展（2014 年至今）的四个阶段。

（一）政策缘起（1918—1959 年）

柏林市政房地产公司大多成立于 20 世纪初，如现存的 Gesobau、Gewobag 和 Degewo 分别成立于 1900 年、1919 年和 1924 年。这些国有住房公司的成立旨在满足市民的住房需求，确保市民能够获得可负担、高质量和可持续的住房。部分国有住房公司最初是由富人成立的非营利住房组织，在后来发展的过程中逐步成为市政府名下的国有企业。

1918 年第一次世界大战结束，魏玛共和国成立。柏林因深受第一次世界大战余波影响，局势动荡不安：工人罢工，暴力频发，恶性通货

---

① 注：魏玛共和国，即 1918—1933 年的德国。

膨胀导致经济不稳定，住房条件无法改善。1920年10月大柏林地区（Groß-Berlin①）成立后，政府开始在住房领域采取行动，新住房开发责任从私人开发商转移到非营利住房组织。1924年，政府开始向房地产所有者征收"住房税"，用于未来的社会住房开发。1924—1929年，柏林共新建13.5套住房，同时改善了公共基础设施，如学校、公园、商业及教育机构等②。

第二次世界大战中，柏林市大量住房被战争摧毁，如Gewobag所有的住房中，15%无法使用，另有15%受到严重或中度损坏③；Degewo的住房中，超过1/3被摧毁④。第二次世界大战后大量难民，以及曾经来自城市的被疏散人员大规模返回城市，住房需求巨大，住房问题成为柏林亟待解决的社会问题。1950年，西柏林第一部《住房建设法》通过，政府开始以国家供给住房政策进行市场干预。这一阶段，柏林市政府运用住房基金主导住房建设。国有房地产公司在其中扮演了重要角色，建设了大量社会住房。1949—1961年，Degewo公司在西柏林共建造了8832套新公寓；1953—1964年，Gewobag公司共建造了9000余套新公寓⑤。

（二）政策发展（1960—1989年）

20世纪60年代，民主德国住房短缺问题已得到缓解。随着经济水平不断恢复，居民收入增加，民主德国开始推行市场化的住房政策，鼓励私人建房或购买房屋（1956年）⑥，在住房短缺低于3%的城市和区域（白区）放宽住房租金管制（1961年），同时推行货币补贴，补贴

---

① 注：Groß-Berlin，由8个城镇，59个农村社区和27个庄园区合并而成，即现在的柏林。合并后柏林面积由65.72平方千米增加到878.1平方千米。

② Eibl B., "A Tale of Two Cities: The Divergence of Social Housing in Berlin and Vienna", America, B. A. dissertation, CMC, 2023.

③ Gewobag, "über uns", https://www.gewobag.de/ueber-uns/ueber-die-gewobag/chronik/.

④ Degewo, "Historie degewo", https://www.degewo.de/unternehmen/wir-sind-degewo/historie-degewo/.

⑤ Degewo, https://www.degewo.de/unternehmen/wir-sind-degewo/historie-degewo/.

⑥ 张茂林：《国外公共租赁住房政策对我国的启示——以英国、德国、荷兰为例》，《生产力研究》2021年第8期。

对象也从全民覆盖转向低收入人群和特殊家庭（1965 年）①。

国家社会住房政策虽出现拐点，但西柏林国有住房公司在 20 世纪 60 年代后似乎并未大幅减少社会住房建设和供给。Gewobag 公司继续在市中心以外建设大型住宅区：1966 年建成了当时欧洲最大的高层住宅楼，1968 年负责建设的两栋学生公寓投入使用，1970 年第 20000 套住房竣工②；Degewo 公司 1967—1971 年每年建造约 4600 套公寓；Gesobau 于 1974 年建成了一个拥有近 17000 套公寓居住区。这一阶段除了新住房的建设，旧住宅区的改造工作也变得越发重要③。1973 年，Gewobag 成为克罗伊茨贝格区周边地区的重建机构，并在接下来的 30 年内收购并改造了该地区 1685 套公寓。1986 年，Gewobag 开始着手对 50 年代建成的 1800 套公寓进行翻新；1987—1989 年，Stadt Und Land 公司进行了广泛的建设和翻新行动，包括 Rollberg-Siedlung、High-Deck-Siedlung、Landhaussiedlung Rudow 等地区④。

（三）政策停滞（1990—2013 年）

20 世纪 50—80 年代在大规模住房建设的同时，柏林市人口不断减少，住房市场需求大幅下降。另外，20 世纪 90 年代后受财政赤字和经济自由主义理念等因素的影响，柏林市政府开始削减公共住房支出，并于 2001 年停止了对社会住房供应的补贴。因此，这一阶段柏林市各国有住房公司的住房建设活动逐渐趋于停滞。1984 年起，Gewobag 不再启动新的住房项目；Stadt Und Land 与 Degewo 公司分别于 1999 年和 2003 年停止了新住房的建设。

除了增量减少，柏林国有住房存量也在逐渐减少。1990 年《非营利性住房法》颁布之后，柏林国有住房公司按要求开始了大规模私有化的过程。1994 年，柏林市议会通过决定，计划将原西柏林国有

---

① 王阳等：《德国住房保障制度的演进、形式、特征与启示》，《国际城市规划》2021 年第 4 期。

② Gewobag, "Chronik: Mehr als 100 Jahre Gewobag", https://www.gewobag.de/ueber-uns/ueber-die-gewobag/chronik/.

③ Gesobau, "Geschichte der GESOBAU", https://www.gesobau.de/ueber-uns/geschichte-der-gesobau/.

④ Stadt Und Land, "Chronik der Stadt Und Land", https://www.stadtundland.de/Unternehmen/Unternehmensportraet.php.

住房公司 15% 的住房私有化。1997 年，议会再次通过议案，计划完成 5 万套国有住房的私有化。随后柏林市国有住房的私有化进程越发激进，部分国有住房公司被柏林市政府整体出售。2000 年，议会将一家至少拥有 5 万套住房的国有住房公司出售，整个公司完成私有化。柏林市政房地产公司 Gehag 和柏林城市社会福利住房建设公司也分别于 1998 年和 2004 年被整体出售①。市政府还要求国有住房公司之间尽快完成兼并重组。在出售和兼并的影响下，柏林国有住房公司数量从 1990 年的 19 家减少至 2010 年前后的 6 家②。1991 年柏林国有保障性住房约占总体住房市场存量的 38%，2011 年这一比例降低至 17% 左右（见图 2-9）。

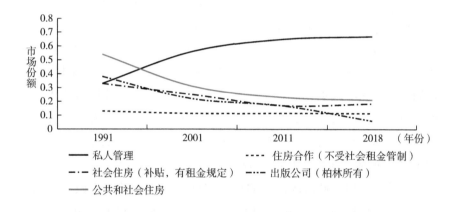

图 2-9 柏林 1991—2018 年租赁住房市场份额变化情况

资料来源：http：//www. alloverthemaphousing. com/berlin-germany/。

这一阶段，柏林还面临两德统一后联邦德国人口大量西迁带来的住房问题。为迅速应对人口回迁，民主德国推出了较过去力度更大的保障性住房供给补贴计划，促使民主德国新建的保障性住房数量在 1993 年一年内几乎翻倍。同时，联邦德国大量的国有住房在两德合并时作为公

---

① 陈杰：《大都市租赁住房发展模式的差异性及其内在逻辑——以纽约和柏林为例》，《国际城市规划》2020 年第 6 期。

② Kitzmann R.，"Private Versus State-owned Housing in Berlin：Changing Provision of Low-income Households"，*Cities*，Vol. 61，January 2017，pp. 1-8.

共住房划归市政住房公司或住房合作社持有，持有比例在联邦德国大部分城市超过 25%，在部分大城市高达 50%，一定程度上增加了德国保障性住房保有量①。就柏林住房市场情况看，联邦政府在这一时期推出的临时性住房建设补贴并未能阻止柏林住房保障的市场化进程，这一时期社会住房份额在住房租赁市场中依旧保持下降趋势。

（四）政策恢复和发展（2014 年至今）

20 世纪 80 年代末 90 年代初在两德统一的过程中，柏林人口出现短暂激增之后进入稳定增长阶段，2010 年后开始加速增长并持续至今。作为德国首都，柏林因其相对低廉的租金和具有活力的城市面貌吸引了越来越多人口的进入②。而这一时期柏林公共住房的大规模私有化导致住房需求持续增加。与此同时，受政府资助的社会租赁住房因管制到期而放松或私有化。1998 年柏林市政府停止发放新建社会租赁住房的补贴，2003 年削减存量社会租赁住房的补贴，从而进一步加剧了租赁市场的矛盾③。2008 年国际金融危机以及后来的 2015 年欧洲难民危机，使柏林住房保障政策面临巨大挑战。由于保障性社会住房占比大幅下降，市政府调控市场租金水平的能力越来越弱，由此造成柏林市租赁住房租金快速上涨（见图 2-10）。根据全球居住城市指数报告，2015—2020 年，柏林平均租金上涨了 69%④。

为缓解住房领域再次出现的社会问题，2014 年柏林市政府重新开始发放社会住房补贴。2015 年柏林开始实行"租金刹车"规定，控制租金增长。2018 年联邦政府启动住房供给补贴，以扩大成本型租赁住房的供给，降低租金水平⑤。2020 年，柏林实施了"租金冻结"新政策，

---

① 王阳等：《德国住房保障制度的演进、形式、特征与启示》，《国际城市规划》2021 年第 4 期。

② 张昕艺等：《德国社会市场模式下"单一制"租赁住房发展的经验与启示——以柏林为例》，《国际城市规划》2020 年第 6 期。

③ 陈杰：《大都市租赁住房发展模式的差异性及其内在逻辑——以纽约和柏林为例》，《国际城市规划》2020 年第 6 期。

④ Natalia Pérez-Bobadilla, "Berlin's new rent cap, first steps towards affordable housing", The Urban Media Lab（April, 2020），https://labgov.city/theurbanmedialab/berlins-new-rent-cap-first-steps-towards-affordable-housing/.

⑤ 张昕艺等：《德国社会市场模式下"单一制"租赁住房发展的经验与启示——以柏林为例》，《国际城市规划》2020 年第 6 期。

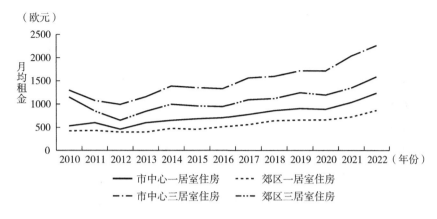

图 2-10 柏林租金变化（2010—2020 年）

资料来源：https：//www.numbeo.com/cost-of-living/city-history/in/Berlin.

规定在未来五年内禁止市场租赁住房的租金上涨。这一时期各国有住房公司再次启动住房建设和收购行动，以增加国有住房的数量。例如，2013 年 Degewo 启动了新项目，该项目计划到 2021 年新建 7500 套住房，同时通过现有存量项目和购买增加公司自有住房，将自有住房增加至 73500 套[①]。2014 年 6 月，Gewobag 多年来首个新建筑项目开工。2016 年 10 月，Gewobag 与 Gesobau 和 Howoge 合作，开始建设一个拥有 1250 套住房的新住宅区。2014 年，Stadt Und Land 重新开始建造新公寓；2020 年住房存量突破 50000 套，较 2014 年新增了 10899 套，增幅达 27.4%；计划到 2026 年再增加 5000 套公寓[②]。

相较于 20 世纪 50—80 年代大规模的住房建设，2010 年后各个国有住房公司虽然纷纷重启新建住房活动，但住房数量明显减少。例如，Degewo 公司 1967—1971 年，每年建造约 4600 套公寓；2013 年后年均住房增量仅 1000 套左右[③]。Gewobag 公司在 2013 年住房存量出现明显增长，但随后的几年间年均住房增量仅有大约 500 套（见图 2-11）。这表明国有住房公司是以相对温和的方式重新活跃于住房市场的。

---

① Degewo, https：//www.degewo.de/unternehmen/wir-sind-degewo/historie-degewo/.

② Gewobag, https：//www.gewobag.de/ueber-uns/ueber-die-gewobag/chronik/.

③ Degewo, https：//www.degewo.de/unternehmen/wir-sind-degewo/historie-degewo/.

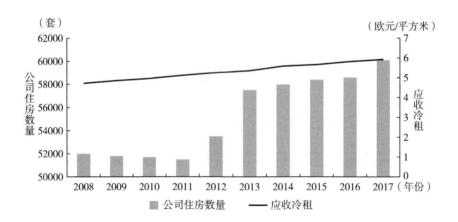

图 2-11　Gewobag 公司住房数量及租金调整情况

资料来源：钟庭军：德国国有住房租赁公司运营模式——考察柏林 Gewobag 市政房地产公司的启示，《上海房地》2019 年第 8 期。

　　此外，柏林国有住房公司的运营策略也发生了一些变化，一方面在不违背其公共价值使命的前提下强化市场导向。例如，扩大住房供给对象，不再局限于中低收入群体；提高住房租金。另一方面，采取多种措施降低成本，以应对柏林市持续上涨的土地价格。

　　柏林国有住房公司的社会住房建设，经历了 20 世纪 50 年代主导、60 年代收缩、90 年代停止，再到 2010 年后重启的过程，在柏林社会住房供应中发挥积极作用。总的来看，柏林国有住房公司政策变迁表现出一些特征。首先，政策内容变化显著。国有住房公司的社会住房供给从政府直接干预向政府间接干预转变，国有住房公司在走向市场的同时仍然承担着社会责任；住房筹资从政府基金投入到补贴支持发展，随政府投入的变化而变化。社会住房分配对象从低收入人群和特殊人群，扩展到更高的收入群体。其次，政策目标多元化。国有住房公司政策不局限于解决住房可负担问题，维护住房市场稳定，也逐步涉及住房相关的服务，如节能、环保、养老、邻里关系和社区文化等，追求多元化的公益目标。最后，国有住房公司的政策变迁表现出强制性的特点。最初的国有住房公司是政府直接或间接控制的企业，之后的市场化和私有化，基本上是政府推动的结果，表现出自上而下的过程。

二 政策变迁的外部影响因素

国有住房公司作为柏林住房市场的重要政策主体，其在 20 世纪 50—80 年代的缘起和发展，90 年代后的式微以及 2010 年以后的再发展，都受到经济、政治和社会等政策环境的影响。

（一）经济因素

影响柏林国有住房公司政策的经济因素主要源于经济发展状况。经济繁荣时期，市政府有能力承担社会住房投资，国有住房公司能获得更多支持；经济停滞时期，市政府财政压力增加，倾向减少社会住房支出。此外，柏林住房市场结构也在一定程度上影响了国有住房公司作用的发挥，尤其在 2008 年之后国有住房公司恢复发展阶段。

1. 经济变化影响国有住房公司的经济来源

20 世纪 50 年代，由于第二次世界大战造成严重的住房短缺，西柏林地区政府加强了对住宅市场的介入，确定了以福利住房为主体的住房供应体系，国有住房公司和住房合作社担任开发建设主力[1]。60 年代后，德国经济水平逐渐恢复[2]，柏林经济也随之进入平稳发展阶段。经济发展保证了市政府稳定的财政收入，使政府有能力维持大规模公共住房项目开发的支出，国有住房公司可以从市政府获得稳定的资金来源。

20 世纪 90 年代后，柏林经济发展陷入僵局，这一时期的 GDP 增长近乎停滞（见图 2-12），政府财政压力不断增加（见表 2-2）。政府不仅面临着城市传统产业衰退与中产阶级居民流失所带来的税源减少问题，而且还需要为庞大的失业人口提供社会救济。因此，柏林不得不降低城市管理预算支出，削减各项社会福利。而公共住房由于建成年代久远、建筑质量不高等原因，每年需要投入大量资金用于建筑维修、翻新和改建。公共住房的供给为柏林市政府带来持续上升的负债，客观上鼓

---

[1] 余波、蔡苏徽：《柏林社会住房私有化对城市社会空间影响研究》，《持续发展 理性规划——2017 中国城市规划年会论文集（20 住房建设规划）》，中国城市规划学会、东莞市人民政府 2017 年，第 22—32 页。
[2] 张茂林：《国外公共租赁住房政策对我国的启示——以英国、德国、荷兰为例》，《生产力研究》2021 年第 8 期。

励了公共住房和国有住房公司的私有化，以此来减轻财政负担①。

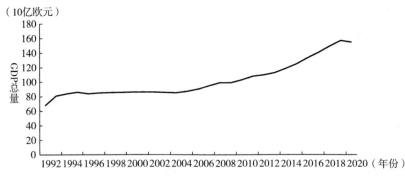

图 2-12 柏林 1992—2020 年 GDP 总量

资料来源：CEIC 数据库，https：//www.ceicdata.com/en/germany/esa-2010-gdp-by-region/gdp-berlin。

表 2-2 　　　　　　　　　**1991—1997 年柏林财政情况**

单位：10 亿德国马克（Mrd. DM）

年份	1991	1992	1993	1994	1995	1996	1997
财政支出	35.64	38.39	41.11	41.41	43.19	42.66	41.90
财政收入	32.48	34.69	34.39	33.41	32.48	31.88	39.42
财政赤字	-3.16	-3.70	-6.72	-8.00	-10.71	-10.78	-2.48

资料来源：Erdmeier P.，"Die Privatisierung von Unternehmensbeteiligungen des Landes Berlin seit der Wiedervereinigung"，*Ph. D. dissertation*，*Freie Universität Berlin*，1998。

　　另外，过去几十年长期的经济稳定发展，使居民收入持续增加，加上市政府采取一系列补贴和控制政策来维持住房市场价格稳定②，居民负担住房支出的能力增强。因此，柏林住房供给领域逐渐进入"市场经济"阶段③，市政房地产公司开始从住房供给主力中撤出，将这一职

---

　　① 余波、蔡苏徽：《柏林社会住房私有化对城市社会空间影响研究》，《持续发展 理性规划——2017 中国城市规划年会论文集（20 住房建设规划）》，中国城市规划学会、东莞市人民政府 2017 年，第 22—32 页。

　　② 张昕艺等：《德国社会市场模式下"单一制"租赁住房发展的经验与启示——以柏林为例》，《国际城市规划》2020 年第 6 期。

　　③ ［德］比约恩·埃格纳、左婷：《德国住房政策：延续与转变》，《德国研究》2011 年第 3 期。

能更多交由市场和社会完成。

2010年后，柏林成为欧洲创业型公司最偏爱的德国城市，吸引了大量互联网公司驻扎，被誉为"德国的硅谷"。这一时期柏林经济增长势头强劲，多数年份GDP增长率均超过德国平均水平（见图2-13）。经济繁荣带来房价的增长，而普通市民收入没有跟上增长步伐，与此同时人口增长导致住房供求矛盾加剧。随着GDP的增长，柏林政府的财政收入不断增加，负担社会住房支出的能力得到增强。2014年，柏林市政府重新开始发放社会住房补贴，以增加成本型租赁住房供应。国有住房公司获得政府补贴资金，再次活跃起来，开始新项目的建设活动。

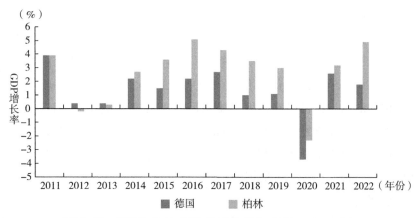

图2-13 德国和柏林GDP增长率对比（2011—2022年）

资料来源：柏林—勃兰登堡统计局。

2. 单一制住房租赁市场制约国有住房公司发展

柏林构建起的单一制住房租赁市场具有抑制房价的作用，一定程度上替代了国有住房公司的角色，从而影响国有住房公司的发展。因此，2010年后柏林市房地产公司虽然在市政府财政支持下恢复了建设活动，但其建设规模并不如20世纪50—80年代。

在联邦政府要求下，柏林实行"单一制"住房租赁体系。由私人和私营企业、住房合作社、国有住房公司提供的住房在统一的市场环境和政府监管下充分竞争。联邦法律对德国房屋租赁行为进行全面规范，核心侧重对承租人的保护。房东不得任意终止房屋租赁合同；实行房屋租金管制或指导制度，城市房租指导价由住房管理机构和住房协会（包括租房者协会与住房所有者协会）共同决定。房屋租金在指导价的范围内浮动，并且不允许在合同期内进行调整。2013 年 5 月德国新租房法生效后，三年内租金的上涨幅度不得超过 15%[①]。同时，当居民的净收入低于全民净收入中位数的 60% 时，他们就可以向救助机构申请各种住房货币补贴。住房货币补贴分为两类，其中住房全额补贴涵盖所有住房租金；而住房部分补贴面向低收入家庭，根据其家庭人口数和净收入等因素计算。货币补贴和实物配租在受益人群方面基本不重合，享受货币补贴的人群能够在商品房市场选择适宜的住房[②]。

在遵循国家相关法律法规的前提下，柏林市根据本地实际情况制定了相应的政策。如 2020 年 2 月，面对租金的快速上涨，柏林市开始实施"租金冻结"议案，该议案拟在未来五年内冻结 150 万套公寓的租金，并出于控制市民租房成本的考量，确定每平方米 9.8 欧元作为租金上限[③]。2018 年，柏林住房租赁家庭占比高达 82.6%[④]，在德国各州中，柏林的租房比例最高，租金比例最低。柏林租金远远低于慕尼黑、法兰克福和斯图加特等城市，是德国"单一制"租赁住房体系中的典范。在柏林市租金受限的租赁性住房中，超过 70% 由私人和住房合作社提供。完善、稳定、可负担的租赁住房市场帮助政府解决了大部分住房需求问题。

此外，住房合作社也承担了国有住房公司的部分职能。住房合作社是一种非营利性的互助建房组织，它通过集体合作的方式，秉承自助、自治、自愿的原则，利用社员的入社资金和申请的贷款，建造房屋并以优惠的租金出租给社员居住。政府通过一系列扶持措施，包括提供低息贷款、贷款担保、低价土地，或者减免税收和补贴租金等，支持合作社

① 杨瑛：《借鉴德国经验加快建设以公租房为主的住房保障体系》，《城市发展研究》2014 年第 2 期。

② 王阳等：《德国住房保障制度的演进、形式、特征与启示》，《国际城市规划》2021 年第 4 期。

③ Eddy M., "Berlin Freezes Rents for 5 Years in a Bid to Slow Gentrification", *The New York Times*, May 2020.

④ 王阳等：《德国住房保障制度的演进、形式、特征与启示》，《国际城市规划》2021 年第 4 期。

建设房屋①。柏林政府积极推动住房合作社参与住房建设。目前，柏林有 80 多个住房合作社，近 60 万名会员，提供了 186000 套公寓。合作社的住房占全市住房总量的 9.5%，市场租赁住房的 10% 以上。住房合作社增加了成本型住房在存量住房中的占比，从而平衡了购房和租房的需求，促进了房价和租金的平稳发展②。由住房合作社提供的住房实际上具有一定公共价值，承担了一部分国有住房公司的职能，为国有住房公司在住房供给领域的后撤提供了条件。

（二）政治因素

影响柏林国有住房公司政策发展的政治因素主要来自政府治理理念及方式的变化。国有住房公司隶属政府，其在市场上的活动本质上属于政府对市场的干预。政府是否干预、怎样干预及干预程度如何，直接受政府治理理念影响。当政府认为市场无法满足或无法很好地满足住房需求时，政府倾向干预，借助国有公司的力量弥补社会住房缺口；当政府认为市场可以较好满足住房需求时，政府则倾向少干预或不干预，国有公司随之从住房市场后撤。

住房危机下政府启动市场干预政策，国有住房公司积极参与住房供应。20 世纪 50 年代，面对严重的住房缺口问题，联邦德国于 1950 年通过第一部《住房建设法》，决定以住房领域的国家供给政策进行市场干预③，通过国家力量大力推动公共住房建设，并伴随津贴补助和税收减免政策④。受国家干预主义及相关政策的影响，柏林国有住房公司在这一阶段完成了大量公共住房建设。

住房市场平稳后政府干预政策逐步取消，国有住房公司市场影响力减弱。20 世纪 70 年代开始的自由化舆论宣传对德国国内的企业、媒体和研究机构等产生了持续性的影响，培育了一个支持新自由主义、私有

---

① 杨瑛：《借鉴德国经验加快建设以公租房为主的住房保障体系》，《城市发展研究》2014 年第 2 期。

② 张昕艺等：《德国社会市场模式下"单一制"租赁住房发展的经验与启示——以柏林为例》，《国际城市规划》2020 年第 6 期。

③ ［德］比约恩·埃格纳、左婷：《德国住房政策：延续与转变》，《德国研究》2011 年第 3 期。

④ 张鸣、李超君：《德国社会福利住房政策的发展及对中国的启示》，《转型与重构——2011 中国城市规划年会论文集》，中国城市规划学会、南京市政府 2011 年，第 4670—4679 页。

化的中产阶级群体①。由于选民倾向的变化导致柏林选举产生的政府更加倾向选择私有化。此外，第二次世界大战后，住房危机缓解，住房市场逐渐趋于平稳。联邦政府的社会住房政策，也由实物保障逐步转向货币保障②。20 世纪 80 年代，民主德国人均住房面积达到 30 平方米，住房需求大量减少。为了抵消经济增速放缓和失业率上升的影响，民主德国开始大力推行住房保障市场化。一方面，联邦政府废除了针对非营利性住房组织的特别立法，允许国有住房公司出售其社会住房，同时也终止了与其商业模式相关的税收优惠，并减少住房供给补贴③；另一方面，根据 1990 年《非营利性住房法》，国有市政住房租赁公司和住房合作社转归私人运营。1993 年德国通过《旧债务援助法》，允许国有住房公司获得大部分债务的减免，但前提条件是国有住房公司必须将 15%的资产私有化。1997—2005 年，德国推行全民覆盖的自用住宅建设和购买补贴。随着购房补贴的大量发放，保障性住房需求减少。2002 年，新的《住房供给补贴法》实施，德国联邦政府不再投资建设保障性住房，住房保障责任下放至各州，联邦层面的社会住房供给补贴逐步终止④。政府在住房保障方面的市场化转向在很大程度上影响了柏林国有住房公司的发展。由于联邦政府的补贴终止，国有住房公司失去了稳定可靠的资金来源，社会住房建设活动被迫终止。在住房保障市场化倾向的影响下，柏林市政府也实施了一系列政策措施大幅削弱国有住房公司的市场份额和影响力。1990—2012 年，柏林失去了 20 多万套国有住房，这些住房主要出售给私营企业和投资者，国有住房存量从统一后的 48.2 万套下降到 2012 年的约 27.35 万套⑤。

住房市场波动下政府干预政策重启，国有住房公司恢复社会住房建

① Winters S., Elsinga M., "The Future of Flemish Social Housing", *Journal of Housing and the Built Environment*, Vol. 23, No. 3, September 2008, pp. 215-230.

② 张昕艺等：《德国社会市场模式下"单一制"租赁住房发展的经验与启示——以柏林为例》，《国际城市规划》2020 年第 6 期。

③ Marquardt S., Glaser D., "How Much State and How Much Market? Comparing Social Housing in Berlin and Vienna", *German Politics*, Vol. 32, No. 2, 2023, pp. 361-380.

④ 王阳等：《德国住房保障制度的演进、形式、特征与启示》，《国际城市规划》2021 年第 4 期。

⑤ Kitzmann R., "Private Versus State-owned Housing in Berlin: Changing Provision of Low-income Households", *Cities*, Vol. 61, January 2017, pp. 1-8.

设活动。2008 年国际金融危机爆发，德国住房保障政策受市场波动，面临巨大挑战。先前，国有住房公司的市场化改革削弱了联邦政府对市场租金的调控能力，导致德国住房的平均租金迅速攀升。国际金融危机后，德国政府重新意识到保障性住房对稳定住房市场的重要作用。因此，2014 年柏林市政府重新开始发放社会住房补贴，2018 年联邦政府重启住房供给补贴政策，并计划在未来五年内建造 150 万套保障性住房①。联邦政策的再次转向使柏林国有住房公司再次活跃起来。

（三）社会因素

影响柏林国有住房公司政策发展的社会因素主要是人口变化。住房需求是人的需求，因而与人口数量存在直接相关性。人口增长时，通常意味着住房需求扩大，此时若市场无法满足不断增长的住房需求，则需要国有住房公司或其他主体予以补充；人口减少时，一般意味着住房需求缩减，若市场能较好地满足住房需求，则无须过多依靠国有住房公司或其他主体的作用。

人口返回城市，需要国有住房公司建设住房。第二次世界大战后，由于住房被大量摧毁，加之曾经来自城市的疏散人员战后大规模返回城市，柏林市住房需求激增。因此，在政府主导下柏林市政房地产公司建设了大量的公共住房。20 世纪 50—90 年代，柏林市人口实际上处于不断下降的状态（见图 2-14），但这并不意味着住房需求的降低。根据 Degewo 公司历史资料，尽管 20 世纪 60 年代建设了大量社会住房，但柏林仍需要新的公寓。考虑到 20 世纪 60 年代后德国经济逐渐恢复，人口减少而住房需求不降的可能原因在于人们失业率的下降与收入的增长（见图 2-15）。

人口增长缓慢，导致国有住房公司减少存量和停止增量建设。1990 年前后，柏林人口因德国统一出现了短暂激增，随后又开始缓慢下降。2000 年后柏林人口增长率开始转正，但在 2010 年前增长较为缓慢，整体上人口总量变化趋势不大（见图 2-14）。而过去几十年大规模的住房建设活动使得先前大量的住房需求得到满足，因此在 21 世纪初，柏林

---

① Kitzmann R., "Private Versus State-owned Housing in Berlin: Changing Provision of Low-income Households", *Cities*, Vol. 61, January 2017, pp. 1-8.

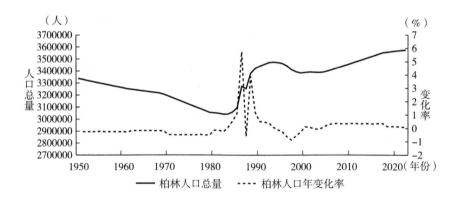

图 2-14　柏林人口总量及年变化率（1950—2020 年）

资料来源：macrotrends 数据库，https：//www.macrotrends.net/cities/204296/berlin/population.

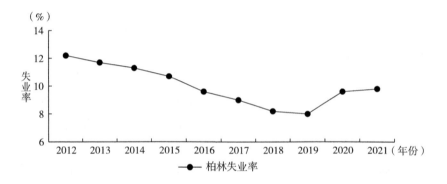

图 2-15　柏林失业率变化情况（2012—2021 年）

资料来源：柏林—勃兰登堡统计局。

市住房需求大幅下降（见图2-16），成为这一阶段柏林国有住房公司减少住房存量以及停止新项目建设的原因之一。

　　大量人口涌入，推动国有住房公司建设重启。2010 年后，柏林人口开始加速增长，越来越多的人口向柏林集中，柏林住房供应逐渐紧缺。与此同时，失业率的逐年下降增加了人们的收入，使住房需求快速上升。2015 年欧洲难民危机导致大量国际移民涌入柏林，他们大多收入低，生活困难，对社会住房需求高。住房供不应求的状况越发严重，受此影响，柏林市房价及租金迅速抬高。2012 年柏林市中心平均房价约2466 欧元/平方米，2022 年则为8426 欧元/平方米，涨幅高达242%，

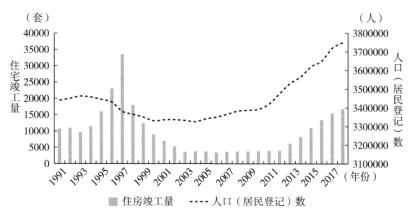

图 2-16　年度住房竣工量（1991—2018 年）

资料来源：https：//www. knightfrank. com/research/article/2020 – 05 – 20 – berlin – in – five –
charts-20-may-2020。

平均每年涨幅约为 24.2%，高居德国各大主要城市之首（见图 2-17）。
同期，房租也在迅速上涨。2012 年，柏林市中心一居室平均租金为
442.50 欧元，2022 年则为 1237.16 欧元，涨幅约为 180%[1]（见图 2-
18）。为缓解住房紧张问题，柏林市政房地产公司在市政府支持下重新
开始新项目建设活动，柏林住房竣工量开始逐年增加。

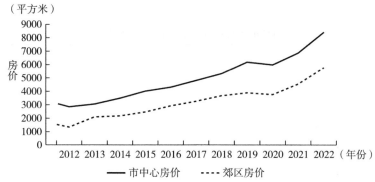

图 2-17　柏林市中心及郊区房价变化（2012—2022 年）

资料来源：柏林—勃兰登堡统计局。

---

①　Senate Department for Urban Development, Building, and Housing, " Alliance for Social
Housing Policy and Affordable Rent", https：//www. stadtentwicklung. berlin. de/wohnen/wohnungs-
bau/en/mietenbuendnis/.

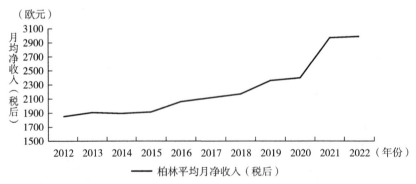

图 2-18　柏林人均税后薪资水平（2012—2022 年）

资料来源：https：//www. numbeo. com/cost-of-living/city-history/in/Berlin。

三　政策变迁的内部动力机制

政策变迁不仅受到政策环境的影响，政策主体的行为及其互动也会对政策变迁产生一定的影响。

（一）市政府通过国有住房公司提供社会住房

柏林市有六大市政房地产公司，具有显著的社会公益性和非营利性特点。作为市属企业，柏林市政房地产公司的发展受到市政府的直接影响，并在政府指导下制定各自不同的住房发展目标，如表 2-3 所示。

表 2-3　　　　　柏林市六大房地产公司住房发展目标

市政公司	2016 年	2021 年
Degewo	67001	73500
Gesobau	40731	47800
Gewobag	58753	65300
Howoge	58906	67700
Stadt Und Land	42720	50200
WBM	29076	35500
Berlinovo	20000	20000
总计	317187	360000

资料来源：钟庭军：《德国国有住房租赁公司运营模式——考察柏林 Gewobag 市政房地产公司的启示》，《上海房地》2019 年第 8 期。

2017 年柏林市政府还与六大房地产公司签订合作协议①：首先，对于 2017 年 7 月 1 日开始建造的新建项目，市政住房公司原则上有义务将至少 50% 的新建住宅提供给 WBS 资格人员。每年市政住房公司的库存住房中用于重新出租的住房中，约有 60% 是按照当地水平的租金出租给拥有 WBS 资格的家庭。在这些用于重新出租的住房中，有 25% 是出租给具有特别住房需求的资格群体。其中包括专项拨款福利领取人员、无家可归人员、难民、特殊监护人员、学生及具有类似需求的群体，以此确保每个家庭的租金负担不高于家庭净收入的 30%。房屋出租时，市政房地产公司在考虑柏林市民融合以及无差别出租的前提下，负责对享有租房资格的人员实现均衡的社会分配。这种形式对柏林其他租赁市场的租金价格起到抑制作用。如果收购的住房建筑的净租金超过了 6.50 欧元/（平方米·月），那么最高净租金 6.50 欧元/（平方米·月）中的一半由拥有 WBS 资格的家庭承担。

其次，确保租金增长不超过家庭收入的 30%。对于自 2017 年 7 月 1 日起新建的住房，国有住房（公共住房）的租金水平被限定为 10 欧元/（平方米·月）。市政住房公司承诺，租赁合同期内存量房屋租金的年度增幅将控制在 2% 以内。在房屋改造升级后，调整的租金仍在社会普遍认可的范围之内。净租金的增幅严格控制在改造成本的 6% 以内。为控制租金增长范围，市政住房公司采取了一系列综合性的改革措施，包括建筑构件的标准化，以期降低建筑成本②。

总之，柏林国有住房公司与柏林市政府之间保持着密切的合作关系。柏林市政府在不同历史阶段的住房保障政策依赖国有住房公司来具体实施。作为市属企业，国有住房公司需接受市政府的监督与指导，保证自身的活动与政府政策方向一致。

（二）国有住房公司与其他主体的竞争与合作

在柏林市住房租赁市场中，住房的供给主体主要有国有住房公司、

① 钟庭军：《德国国有住房租赁公司运营模式——考察柏林 Gewobag 市政房地产公司的启示》，《上海房地》2019 年第 8 期。

② Senate Department for Urban Development, building, and housing, "Alliance for Social Housing Policy and Affordable Rent", https://www.stadtentwicklung.berlin.de/wohnen/wohnungs-bau/en/mietenbuendnis/.

私人和私营企业以及住房合作社。国有住房公司与其他住房供应主体之间既存在竞争，也有合作。

国有住房公司与其他住房供应主体之间首先是竞争关系。根据德国联邦政府要求，住房租赁市场实行"单一制"，国有住房公司、私人及私营企业、住房合作社在统一的市场环境和政府监管下进行竞争。市场竞争使柏林市民能够享受稳定、可负担的住房价格，以及良好的居住环境。国有住房公司参与竞争使市场竞争的结果向更有利于市民的方向发展，因为在政府规制下，国有住房公司租赁住房租金遵循"成本定价"原则，相较于市场租金具有极大优势，客观上会对市场租金产生一定影响。但这种由竞争带来的利好市民的结果，只有在住房租赁市场供求相对均衡，以及国有住房公司市场影响力较大的情况下才能产生。2010年后，柏林人口加速增长，住房供给缺口日益严重，房价及租金迅速上涨。而国有住房公司经历了20世纪90年代以来大规模的私有化，市场份额大幅下降，无力调控住房市场价格。此后，国有住房公司重新开始增加自有住房存量。与此同时，柏林市政府开始诉诸其他手段抑制租金上涨，如2020年开始实行的"租金冻结"政策。

柏林国有住房公司与其他住房供应主体之间也存在合作关系。20世纪90年代柏林国有住房公司的大规模私有化主要是由私营企业承接。1998年，柏林市政府将旗下拥有4万套住房的国有住房公司（Ge-Hag）转让给国际投资者。在2000年至2006年，柏林市政府继续推进公共住宅私有化政策，共计将10万套公共住宅资产出售给国际投资者。至2004年，博龙（Cerberus）资本管理公司完成了对柏林城市社会福利住房建设公司（GSW）的收购，该公司是柏林市最大的市政住房企业，拥有6.5万套公共住房。2010年后，国有住房公司开始恢复自有住房存量。除了通过新项目建设，与其他住房供应主体合作建房也是增加住房存量的主要方式之一。例如，2018年，国有住房公司degewo、WBM联合私营房地产集团Kilian建造新住房，以一定比例分配建成后的住房单位。Gewobag也加强了与私营房地产公司的合作，与其合资完成住房建设并按照协商比例确定住房所有权。

（三）公民组织与公民行动推动政策发展

2010年后，面对加速上涨的租金，柏林市民住房负担日益加重。

另外，由于人口的增加，住房供应短缺问题越发严重，越来越多的柏林市民难以获得稳定长期的住房。2018 年，由部分柏林市民自发组织的游说团体 Expropriate Deutsche Wohnen & Co. 成立，该组织创立的目的在于促进对柏林私营房地产公司住房的征用，以快速增加社会住房数量。在持续不断的公众压力下，柏林市政府和国有住房公司必须采取措施回应公众需求。为了控制房租价格，2019 年 9 月底，国有房地产公司 Degewo 将位于 pandau 和 Reinickendorf 的 6000 套公寓收归国有。2019 年 12 月，房地产公司 Degewo 宣布，从柏林最大的租房公司"德国住房"（Die Deutsche Wohnen）手中买下位于市内的 Lichterfelde、Spandau 和 Schneberg 三个居民区共 2142 套住宅，其中还包括 33 间商铺，收购交易总额达到 3.58 亿欧元①。2020 年柏林出台"租金冻结"新规定，禁止市场租赁住房五年内上涨租金，以强制性手段控制租金。

然而"租金冻结"议案于 2021 年被联邦宪法法院裁定违宪而终结。该政策终结后，租户不得不向房东补交租金。与此同时，柏林市政府鼓励私营房地产企业降低租金的努力也以失败告终。市民对大型房地产公司以及柏林市政府越发不满。2021 年 9 月，在 Expropriate Deutsche Wohnen & Co 的组织策划下，柏林市就是否对部分私有住房进行征收举行全民公投，最终以 59% 对 41% 的结果通过。多数人认为，征收大房地产公司的住房是减少投机并保证合理住房成本的一次有益的尝试。参与 2021 年 9 月全民公投的市民规模远超政党换届大选，Expropriate Deutsche Wohnen & Co. 获得的支持票比社民党、绿党和左翼党组成的联合执政党获得投票的总和还多出近 5 万张②。全民公投的结果和 Expropriate Deutsche Wohnen & Co. 持续不断的活动给市政府施加了很大压力。2022 年 3 月，市政府组织了专家委员会，负责在一年内评估"征收"运动中所提法律草案的合法性。

四 政策变迁中的路径依赖与改革创新

柏林市政房地产公司从 20 世纪 20 年代即开始建设保障住房。从早

---

① 网易号：《柏林 2142 套住宅今日被收归国有》，https：//www.163.com/dy/article/F0C2RJGQ0514BIIR.html。

② Dave Braneck, "Berliners voted for a radical solution to soaring rents. A year on, they are still waiting", Euronews（September, 2022），https：//www.euronews.com/my-europe/2022/09/26/berliners-voted-for-a-radical-solution-to-soaring-rents-a-year-on-they-are-still-waiting.

期的萌芽到后期的发展和调整，这一制度既呈现路径依赖的特点，也有改革创新。

（一）政策变迁中的路径依赖

柏林国有住房公司在其发展变迁过程中，始终坚持公益性质，遵循公共价值导向，承担为市民建设住房及管理维护住房的责任。

柏林的大多数国有住房公司成立于 20 世纪初，许多公司在成立初期即以实现公共利益作为公司的使命和价值。例如，Gewobag 公司成立于第一次世界大战结束后不久，旨在为员工建造经济适用的住房；在柏林出现住房短缺时，七个股东于 1924 年成立了当时还是私人性质的"德国住房建设促进会"（简称"Degewo"），开始建造住宅区。1924 年 7 月 7 日，Stadt Und Land 公司成立，其宗旨是"以合理的价格为不幸的人们建造带有花园的公寓"。

第二次世界大战结束后，柏林市住房损毁严重，迫切需要建设大量住房以满足市民住房需求。柏林市政府开始主导住房建设，各国有住房公司成为实际建设单位，为柏林市民建成了大量住房，建设活动一直持续至 20 世纪 80 年代。

20 世纪 90 年代后，柏林国有住房公司所有的大部分住房变为私有，各公司也停止了新住房建设活动。但这一时期柏林国有住房公司仍在住房服务、能源和环境保护等其他方面从事公益性质活动。例如，Stadt Und Land 于 2005 年获得欧盟"EMAS"环保证书，成为第一家获得该证书的国有住房公司。2007 年，该公司与 Degewo 联合成立了 Sophia Berlin Gmbh，旨在协调和提供个人护理和养老援助领域的服务[①]。Gewobag 在 2005 年发起了一项公益行动，通过"Isigym"培训中心提供的拳击训练，让有移民背景或没有移民背景的年轻人不再流落街头，并传达了积极的价值观。2007 年，Gewobag 成立了子公司 Gewobag MB MieterberatungsgesellschaftmbH，为属于 Gewobag 集团的租户提供专业的社会咨询、租赁服务和租户咨询委员会的支持。为解决邻里矛盾，Gewobag 市政房地产公司不仅建立邻里中心，而且在 2013 年 5 月成立

---

① Stadt Und Land, "Chronik der Stadt Und Land", https：//www. stadtundland. de/Unternehmen/Unternehmensportraet. php.

了柏林生活基金会，旨在促进社区文化的发展①。该基金会的旗舰项目 URBANNATION，以培养年轻都市艺术家为重点，通过开设展览、工作坊等活动，为社会参与提供激励，并与柏林 KomischeOper 等知名文化机构合作，促进儿童、年轻人与老年人一起体验艺术和文化，以克服国别之间、男女之间、邻里之间的障碍，促进相互间更好的理解。

2010 年后柏林住房再次陷入短缺局面，国有住房公司再次承担起为市民提供住房的责任。2008 年国际金融危机和 2015 年欧洲难民潮的冲击，使柏林市政府开始重新思考保障性社会住房对住房市场稳定的重要作用。2012 年，柏林参议院城市发展与环境部和财政部联合六大国有住房公司组建了"社会住房政策和经济适用房联盟"，规定了国有住房公司提供经济适用房的解决方案和措施。包括以低廉的租金提供居住空间，将一定比例的住房提供给生活困难的持有"公共住房资格证书"（WBS）的家庭，限制租金涨幅在四年内不超过 15%，对旧房进行现代化改造后保证租金仍在可接受范围内等②。2014 年柏林市政府重新开始发放社会住房补贴，以增加成本型租赁住房供应。国有住房公司获得政府补贴资金，纷纷开始新项目的建设活动。每年在柏林国有住房公司出租的住房中，约有六成是按照当地水平的租金提供给中低收入者，而且租金被控制在家庭收入的 30%。由于建设成本上涨，以成本租金定价对于弱势群体而言负担较大，Gewobag 公司收取的租金甚至低于建设成本。鉴于 Gewobag 公司在社会责任和社会服务方面均有不错的表现，2018 年 6 月，Gewobag 再次由穆迪和标准普尔评为 A 级信用标准③。

总之，柏林国有住房公司无论在蓬勃发展时期，还是式微时期，始终都承担着社会责任，帮助市民解决住房问题，为市民提供住房相关服务，同时在节能、环保、养老、社会救助等公益活动方面也都有所作为，具有浓厚的非营利性。这种公益性和非营利性贯穿柏林国有住房公

---

① Gewobag, "über uns", https：//www.gewobag.de/ueber-uns/ueber-die-gewobag/chronik/.

② Senate Department for Urban Development, building, and housing, "Alliance for Social Housing Policy and Affordable Rent", https：//www.stadtentwicklung.berlin.de/wohnen/wohnungs-bau/en/mietenbuendnis/.

③ 钟庭军：《德国国有住房租赁公司运营模式——考察柏林 Gewobag 市政房地产公司的启示》，《上海房地》2019 年第 8 期。

司发展过程始终。

（二）政策变迁中的改革创新

柏林国有住房公司发展过程中的改革创新主要表现在 2014 年后各国有住房公司重新启动住房建设的阶段。在这一阶段，柏林的国有住房公司政策在工具和目标群体方面都有所调整。

一方面，增加自有住房存量解决再次出现的住房问题。由于 21 世纪前十年的人口持续增长，柏林再次陷入住房供应紧张局面。面对持续攀升的房价和租金，柏林市政府重新开始发放住房供给补贴，以增加社会住房供应，稳定住房市场。各国有住房公司在市政府资金支持下重新开始新建住房和收购存量住房。这一阶段国有住房公司的重新活跃并不同于 20 世纪 50—80 年代大规模的行动，各国有住房公司年均新建住房数量远少于先前。2014 年后，国有住房公司的自有住房存量在柏林租赁住房市场上的占比仅有小幅度提升。国有住房公司并非以来势汹汹的姿态卷土重来，而是在尽量避免冲击柏林市 20 世纪 90 年代后逐渐在住房领域建立起来的"市场经济"体制的基础上，增加自有住房存量以稳定住房市场，发挥国有住房"压舱石"作用。

另一方面，重启住房建设后扩展目标群体。国有住房公司在不违背其公共价值使命的前提下开始追求收益的提高。例如，柏林市国有住房公司在 2010 年后逐渐扩大了其住房供给对象，允许越来越多的非弱势群体成为其住房的承租方①。市政府力图让国有住房公司所持租房地段对高收入租客更有吸引力，也鼓励它们更加专业化，允许它们不再只从事福利性租房业务，并默许它们提高租金②。与此同时，在降低成本上，国有住房公司也采取了多种措施，如采取建筑构件的标准化与类型化等综合性措施降低建筑成本，通过在原住宅用地上加建以及与市政府合作将某些地价较低的非住房用地转化为住房用地等方式获取土地，以应对柏林市持续上涨的土地价格。

总之，2010 年后柏林国有住房公司政策发展过程中的改革创新最

①　Kitzmann R. , "Private Versus State-owned Housing in Berlin: Changing Provision of Low-income Households", *Cities*, Vol. 61, January 2017, pp. 1-8.

②　Soederberg S. , "The Rental Housing Question: Exploitation, Eviction and Erasures", *Geoforum*, Vol. 89, No. 2, 2018, pp. 114-123.

主要的体现在于:在坚持公共价值使命的前提下,使自身向市场化靠拢,避免冲击住房市场既有的"市场经济"体制基础。

五 小结

柏林国有住房公司自 20 世纪初成立,大致经历了 20 世纪 50—80 年代的蓬勃发展、20 世纪 90 年代后的式微以及 2014 年后重新开始活跃的变迁历程。其变迁受到经济因素如经济发展形势,政治因素如政府治理理念和方式,社会因素如人口变化情况等多方面外部因素的影响。同时,政策主体间的互动关系,如市政府与国有住房公司之间、国有住房公司与其他住房供应主体之间、公民组织与市政府之间的互动,影响了国有住房公司的发展变迁。

柏林社会住房的发展历程与国家政策、供给主体以及时代大背景的变化紧密相关。2010 年后,柏林国有住房公司虽再度活跃,但在公司运营方式和策略上作了一些改动,强化了其市场倾向。变迁也伴随着不变。柏林国有住房公司在各个发展阶段,始终承担社会责任,表现出浓厚的非营利性。这种公益性和非营利性贯穿柏林国有住房公司发展过程始终。

柏林国有公司住房政策也面临着挑战。一方面,国有住房公司的作用随着人口变化和住房供求有所调整。随着住房供应市场化进程的加快,国有住房公司需要在住房市场化进程中改变运营方式,提高自身的竞争力。另一方面,虽然国有住房公司是非营利性质的,但其运营方式与私营房地产开发商趋同,运营风险随之增加,特别是在资金投入方面产生许多问题。

第三节 旧金山社区发展公司政策变迁

旧金山位于美国加利福尼亚州北部,是美国第二大城市。旧金山三面临海,面积狭小,只有约 600 平方千米,居民 86 万人(截至 2023 年)。但旧金山市地理位置特殊,是旧金山湾区的商业与文化中心。旧金山湾区(San Francisco Bay Area)包括旧金山半岛上的旧金山(San Francisco)、东部的奥克兰(Oakland),以及南部的圣荷西(San Jose)等,是位于美国西海岸的大都会区,陆地面积达到 18040 平方千米,人口数量超过 760 万人①。

20 世纪 60 年代末,面对严重的贫民窟问题和社区发展问题,政府和市场模式都出现了失灵现象,美国政府不得不寻求与第三方非营利组织合作,鼓励和支持它们参与城市更新改造,并为低收入家庭开发廉价住房。第一个社区发展公司于 1967 年成立,之后快速发展。2022 年旧金山市规划局的年度报告显示,旧金山新增可负担住房 1205 套,占新增住房总量的 42%。在这些新增可负担住房中,超过 50% 的由社区发展公司等非营利组织供应。因此,社区发展公司在旧金山社会住房供给中发挥着重要作用②。

社区发展公司(Community Development Corporations,CDCs)是非营利性的、以社区为基础的城市发展组织。CDCs 主要从事住房建设、商业地产开发等经济发展活动,同时为社区居民创造就业机会,一些CDCs 还为社区居民提供教育、医疗、就业培训等各种社会服务,旨在振兴中低收入社区③。旧金山社区发展公司的主要特点包括:一是以社区为基础。社区发展公司聚焦社区发展问题,为社区居民提供产品和服务,解决社区居民亟待解决的问题。二是非营利性。虽然社区发展公司在运营和管理中有企业和社会资本的加入,但是社区发展公司的经营收益只能用于社区的改造和复兴。三是主要工作范围集中于住房建设及相关服务。几乎所有的社区开发公司都参与住房开发,并提供其他与住房相关的服务,如经济发展、创造就业岗位、劳动力培训和其他社区服务。虽然 CDCs 成立的初衷是社区复兴,但其核心任务仍是提供社会住房,也因此成为社会住房建设的主力军。

一 政策变迁历程

第二次世界大战之后,美国白人以及工厂向郊区外迁,乡村的黑人群体大量涌入城市,形成一个种族和阶级隔离的社会。20 世纪 50—60 年代,在联邦政府指导下,许多地方开始了"城市更新计划",拆除低

---

① Bureau, US Census, "Metropolitan and Micropolitan Statistical Areas Population Totals:2020-2022", Census.gov, 2023, https://www.census.gov/newsroom/stories/super-bowl.html.

② San Francisco Planning: "Housing Inventory 2022", April 2023, https://sfplanning.org/resource/housing-inventory-2022.

③ Krigtnan Y., "The Role of Community Development Corporations in Affordable Housing", *Journal of Affordable Housing & Community Development Law*, Vol. 19, No. 2, 2010, pp. 231-253.

收入人群的住房，消灭贫民窟，改善住房条件。"城市更新计划"不但未能解决种族隔离的问题，反而由于黑人社区被破坏，加剧了社会矛盾，甚至引发了种族骚乱。因此，社区内部要求自治的呼声越来越高，以部分黑人政治领袖和社会活动家为代表的社区居民认为，只有积极寻求社区、政府和私营企业的合作，才能够在市场和政府相继"失灵"的情况下，实现真正"自救"的目标。

基于制度变迁的关键节点，旧金山的社区发展公司政策变迁可以分为政策建立（1945—1968 年）、政策扩散（1969—1980 年）、政策困境与创新（1981—1986 年）、政策再发展（1987 年至今）四个阶段。

（一）政策建立（1945—1968 年）

第二次世界大战之后，为防止城市危房现象更加严重，联邦政府发起"城市更新计划"，并在 1949 年《住宅法》中正式确认，在 1954 年《住宅法》得以强化。政策要求社区参与城市更新，制订新的抵押贷款担保计划，帮助贫民窟居民迁移，鼓励在城市改建区再造新房。该政策还要求美国的各城市和市镇独立制定处理贫民窟和社区发展问题的"可行性计划"。受联邦政府影响，1945 年加利福尼亚州出台《社区重建法案》，授权各市县成立重建机构，以解决城市衰败问题，并向联邦政府申请拨款和贷款。在《社区重建法案》的授权下，1948 年 8 月，旧金山重建局（San Francisco Redevelopment Agency，SFRA）成立，主要目的是通过消除贫民窟来创造更好的城市生活条件。SFRA 以"消除凋敝"为名拆除了大量低收入住宅单元，致使许多人无家可归，大量小生意人失去生活来源。

20 世纪 60 年代，美国经济快速发展，但是贫困问题依然没有改观，贫困率基本维持在 22.5% 左右。为解决贫困问题和住房问题，约翰逊政府出台第一部反贫困法——《经济机会法》（*Economic Opportunity Act*，1964），开展扶贫运动。在消除贫困的运动中，"社区行动"成为重要的内容，即将消除贫困的着力点下沉到社区，由贫困人口、地方政府、企业和劳动组织组成非营利性的社区行动机构，执行联邦政府、州和地方政府的各类反贫困工作计划。通过政府申请标准的老旧社区可以直接获得政府的划拨资金，根据社区自身情况制订合适的建设计划，改善社区环境。社区行动使过去在美国政治议程中的弱势群体——贫困人口开始活跃于地方决策和实施中，创造了更广泛的公共参与，但也导致过去被抑制的政治矛盾以社区冲突的形式公开显现出来。由于管理不善，社区行动在地方政府、企业和非营利机构之间滋生腐败风险，进一步引发贫困民众的不满和矛盾①。

在贫困和种族冲突的交织下，抗议活动爆发并蔓延至全国。情况较严重的城市有洛杉矶（瓦特斯地区，1965 年），芝加哥和克利夫兰（1966 年），底特律（1967 年），孟菲斯、芝加哥、巴尔的摩及其他城市（1968 年）。其中，1967 年夏天就发生了 159 起种族骚乱。因此，第一家社区发展公司贝德福德-史岱文森复兴公司（Bedford Stuyvesant Restoration Corporation，BSRC），在纽约"最大的贫民窟"社区贝德福德-史岱文森（Bedford Stuyvesant）落地。②。1968 年联邦政府出台《社区自决法案》（*Community Self-Determination Act*）对于此类具有自主地位的集体企业予以法律确认。根据《社区自主法案》的规定，社区发展公司须在社区公司认证委员会（Community Corporation Certification Board）监督下成立，方能得到法律认可。同时，《社区自主法案》还建立了 CDC 融资系统——社区发展银行（Community Development Banks，CDBs），隶属 CDCs，帮助 CDCs 获得资金和信贷支持③。

（二）政策扩散（1969—1980 年）

20 世纪 70 年代，美国许多大城市债台高筑，已经无力继续资助大规模的公共住房建设计划。另外，城市的主要矛盾已不再是住房短缺，而是低收入阶层租金支出占收入比重过大。在联邦政府的大力支持下，这一阶段社区发展公司的数量快速增长。

1974 年的《住房和社区发展法》终止了公共住房计划，同时调整了联邦政府在公共住房领域的作用。《住房和社区发展法》主要包括两项内容：一项是取消补贴住房建设计划，并为低收入家庭提供补贴，明确任何家庭用于住房的支出不应超出家庭总收入的 25%（1983 年上浮

---

① 《向贫困宣战：60 年代美国的扶贫运动与启示》，2019-03-08，https：//www.sohu.com/a/299984020_778336。

② 马秀莲：《社区发展公司：一个组织的制度创新国家行政》，《中国经济时报》2014 年 7 月 30 日第 5 版。

③ United States Congress, "Proceedings and Debates of the 90th Congress, Second Session", July 24, 1968, https：//www.congress.gov/bound-congressional-record/1968/07/24/senate-section.

到 30%）。符合条件的家庭，可以到地方政府相关管理部门申请资格证书，并租赁私人市场上符合住房和城市发展部（Department of Housing and Urban Development，HUD）规定的质量等级和租金限额以内的住房。这一方案表明联邦政府的援助从住房供应转向住房需求，让低收入阶层直接受惠并有机会选择自己的住房。另一项是社区发展的一揽子拨款基金计划。该项目授权地方政府可以将联邦政府的多个补助合并使用，虽然并不只是针对可负担住房，但是社区在使用这些资金时必须说明这个资金用于社区最紧急的需求，因此许多地方政府将这些补助用于发展可负担住房。

为有效刺激各大基金会和社会资本投入社区，激活市场力量，联邦政府也出台了相关政策法案，如 1977 年国会通过《社区再投资法》（Community Reinvestment Act），要求银行对所有的社区提供贷款，并将此项任务作为银行发展的评分指标。随后 5 年内，全美私人银行共向 300 多个社区发展公司投资近 180 亿美元[1]。

旧金山所在的加利福尼亚州于 1975 年修订了该州总体规划中住房方面的内容，规定社区要"为社区现有和未来居民提供足够的住房"，5 年后，该要求再次被修改，要求地方政府设立政策和项目以满足该地区所承担的区域廉价住房需求的"公平份额"[2]。具体包括：①包容性区划。以法令形式要求开发者在住房单元中，提供一定比例的可负担住房。包括两种方法：一种是要求开发者为低收入者安排一定数量的开发单元，另一种是基于自愿通过提高密度的方式对开发部分可负担住房的开发者提供激励。②土地信托和住房信托基金。住房信托基金的目的是为政府和私人合作开发职工住房提供资金，或者为购买住房提供首付或租金支持。③补贴贷款和税费减免。一些州通过资金支持项目鼓励发展可负担住房。如加利福尼亚州的平衡改进项目，该项目给城市和乡村提供了 10 亿元贷款建设住房。一些州为职工在高房价大城市购买住房提供补贴贷款，还有一些州则采用税费减免政策。④雇主支持的住房。主要采取补贴或贷款的方式，给予首付或贷款支持。有些雇主提供补贴用

---

① Ackerson N. J., Sharf L. H., *Community Development Corporation：Operations and Financing*, Chicago：American Bar Foundation, 1970.

② ［美］阿列克斯·施瓦兹：《美国住房政策》，中信出版社 2008 年版，第 206 页。

于抵押补贴。通过这种方式，缩短通勤时间，提升了职工满意度。

（三）政策困境与创新（1981—1986 年）

20 世纪 80 年代，美国陷入以"滞胀"为特点的结构性经济危机中，政府财政资金紧张。里根政府在总结上一阶段的改革成果之后，认为联邦政府对贫困社区的投入过多，不仅没有达到预期计划的效果，反而严重影响经济正常运行。为突破这一困境，里根政府通过了《住房和社区发展修正案（1981）》（*Housing and Community Development Amendments of 1981*），收缩政府职能，大幅度削减了用于住房和社区发展的预算开支。1980—1987 年，联邦住房预算下降了 72%。许多社区发展公司因为过度依赖联邦政府资助而受到严重影响，旧金山 Mission 社区发展公司是其中之一。经过几年的努力，Mission 社区发展公司才从对联邦政府的过度依赖中恢复过来。

虽然联邦政府削减资金支持导致许多社区发展公司遭遇发展危机，但这一时期美国社区发展公司数量并没有减少或停滞，依旧保持快速增长。面对联邦政府资金的削减，社区发展公司积极寻求新的、多样的资金来源（如公司和基金会），并与地方和州政府建立伙伴关系[1]。在旧金山，为弥补联邦资金削减造成的财政缺口，政府与社区发展公司共同努力。一方面，社区发展公司与旧金山市政府组成伙伴关系，争取政府项目资金以及技术支持。旧金山市政府通过直接投入的方式为非营利组织的运营提供财政支持，同时为非营利组织免费提供包括建筑、工程、设计在内的各种技术支持。另一方面，社区发展公司积极争取并利用来自基金会、私人企业、宗教团体、慈善团体和其他社区组织等组织的多方资金，拓宽资金来源的渠道，也为形成具有潜力的地方网络打好了基础。这一时期，新兴的社区发展公司与私人机构建立"伙伴关系"，并在全国性非营利组织的技术支持和资金扶持下，提供更加专业化的社区服务。

在旧金山，成立于这一时期的田德隆社区发展公司（Tenderloin Neighborhood Development Corporation，TNDC）最具有代表性。田德隆

---

[1] Gittell R., Wilder M., "Community Development Corporations: Critical Factors That Influence Success", *Journal of Urban Affairs*, Vol. 21, No. 3, 1999, pp. 341-361.

社区位于旧金山最核心的闹市区艾迪大街，东临联合广场，西临市政府。该社区少数族裔人群聚集，低收入者和无家可归者人数多，面临高犯罪率问题。TNDC 自 1981 年成立起就开始了收购住房的行动，并将这些住房改造为保障性住房，供社区里的老人、单亲贫困家庭、流浪汉居住。目前 TNDC 共拥有建筑 45 栋，为 6300 名居民提供了 4293 套住房，在城市贫困社区的稳定方面发挥了重要作用①。社区发展公司不仅是非营利住房的主要提供者，在复兴社区和积累财富方面也发挥着重要作用：①开发住宅和商用房，防止社区资金外流。②理事会中至少 1/3 成员是社区居民，使居民直接参与决策成为可能。③在改善社区环境的过程中，社区组织赋予居民自主权②。

（四）政策再发展（1987 年至今）

20 世纪 80 年代末，美国社区发展公司的数量及其在可负担住房领域的活跃度持续上升。这个时期社区发展公司有近 2000 家（比 70 年代中期增长了 10 倍），平均每年新建 3 万—4 万套可负担住房③。其主要原因在于，联邦、州及地方政府再次增强了对可负担住房开发的支持力度。

1986 年美国税收改革法案创立低收入住房税收减免计划（The Low-Income Housing Tax Credit，LIHTC），规定至少将 10% 的低收入住房税收减免资金分配给非营利组织。除了税收减免这样的间接投入，联邦政府还增加了在社会住房领域的直接投入。美国通过《国民可负担住房法（1990）》（National Affordable Housing Act of 1990），提出 HOME 合作投资计划，每年拨款约 20 亿美元用于地方保障性住房开发项目，并要求将至少 15% 的 HOME 资金分配给社区发展公司。通过这种安排，至 1992 年社区发展公司等非营利组织已实际获得多达 28% 的 HOME 资金。

1988 年，加利福尼亚州通过了第 77 号提案和第 84 号提案，前者是用于地震安全和住房修复的 1.5 亿美元债券，后者是用于无家可归者

---

① TNDC，"Our History"，https：//www.tndc.org/about/our-history.
② 马秀莲：《社区发展公司：一个组织的制度创新国家行政》，《中国经济时报》2014 年 7 月 30 日第 5 版。
③ Gittell R.，Wilder M.，"Community Development Corporations：Critical Factors That Influence Success"，*Journal of Urban Affairs*，Vol.21，No.3，1999，pp.341-361.

的住房购买、租赁和修复计划的 2.85 亿美元住房债券。1989 年，旧金山市将住房重建机构用于可负担住房建设的增值税收入比例从之前的 20%提高至 50%。增值税收入的增加很大程度上刺激了旧金山可负担住房的建设。1990—2014 年，用于可负担住房开发的增值税收入投资超过 6 亿美元，建成可负担住房 1 万余套[1]。

由于联邦、州与地方政府的各项财政支持，社区发展公司再次迎来大发展，参与的经济活动范围也更加广泛。就住房而言，众多社区发展公司收购并翻新现有住房，为中低收入群体提供购房或租房服务，协助他们申请购房贷款等；在住房领域之外，社区发展公司还参与社区组织建设、社区企业和商业开发、劳动和就业培训、养老照护，以及在紧急情况下提供食物支持等[2]。

第一个社区发展公司于 1967 年成立，经历 20 世纪 70 年代和 80 年代的快速发展，90 年代到达高峰。目前，社区发展公司是旧金山非营利住房机构中非常重要的组成部分[3]。总的来看，旧金山的社区发展公司政策变迁表现出一些特征。首先，政策内容有所调整。社区发展公司的社会住房供给从自发建设向政府积极干预转变。政府干预程度和方式的变化，决定社区发展公司的兴衰；住房筹资发生了较大变化，从政府直接投入到自我筹资，再到政府间接支持发展。社会住房分配对象从低收入人群和特殊人群，扩展到其他收入群体。其次，政策目标没有变化。社区发展公司政策最初的目标就是为低收入人群提供可负担住房，改善社区环境，解决社区贫困问题。之后，社区发展公司政策目标始终保持不变。最后，社区发展公司的政策变迁表现出诱致性的特点。最初的社区发展公司是一个社区自发组织，之后得到政府的认可，并得到政府的不断支持，表现出自下而上的过程。

二 政策变迁的外部影响因素

社区发展公司是社会住房的重要生产者，其政策变迁受到政治、经

---

① Rosen M., Sullivan W., "From Urban Renewal and Displacement to Economic Inclusion: San Francisco Affordable Housing Policy 1978 – 2014", *Stanford Law & Policy Review*, Vol. 25, No. 1, 2014, pp. 121–162.

② [美] 阿列克斯·施瓦兹：《美国住房政策》，中信出版社 2008 年版，第 206 页。

③ [美] 阿列克斯·施瓦兹：《美国住房政策》，中信出版社 2008 年版，第 206 页。

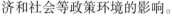

济和社会等政策环境的影响。

（一）政治因素

政策变迁不能脱离所处的政治环境。美国联邦政府理念变化以及相应的权力下放，是影响社区发展公司政策变迁的重要因素。

联邦政府放权，推动社区发展公司建立。1968 年尼克松当选美国总统后，提出"新联邦主义"，主张把一部分权责从联邦政府下放给各州，缓解联邦政府的政治压力，同时也调动地方政府的工作积极性，增强地方政府的社会责任感。1968 年联邦政府出台《社区自主法案》，对于社区发展公司的法律地位予以确认。1970 年，尼克松政府叫停"社区行动"，削减了联邦政府对社区发展的支持①，并出台《住房和社区发展法（1974）》（Housing and Community Development Act of 1974），鼓励地方自主进行社区开发建设。因此，自 20 世纪 70 年代起，联邦政府开始了其"权力下放"的过程，逐渐让州和地方政府承担起住房项目开发和资助的重任。

联邦政府改革，促进社区发展公司创新。受经济危机影响，联邦政府开始反思其在社会住房领域过度干预所造成的不良影响。1981 年里根政府通过了《住房和社区发展修正案》，大幅削减社会住房投资。一些社区发展公司因过度依赖联邦资金而受到波及，陷入困境。受此影响，社区发展公司开始摆脱资金来源的单一性，寻求多样化的资金来源渠道，如私营公司和基金会，并与地方和州政府建立伙伴关系，增强了组织韧性。从整体上看，资金渠道的拓展使社区发展公司的发展并未遭遇"滑铁卢"，反而在 1981—1986 年使自身数量翻了一番②。

政府支持力度加大，促进社区发展公司再发展。20 世纪 80 年代末，联邦、州及地方政府再次增强了对可负担住房开发的支持力度。联邦层面推出低收入住房税收减免计划和 HOME 合作投资计划，为社区发展公司提供资金支持；州政府发行政府债券，用于住房修复；旧金山

---

① Alice O'Connor, "Swimming against the Tide, a Brief History of Federl Policy in Poor Communities, inJames Defilippis", Susan Saegert (eds), *The Community Development Reader*, Routledge, 2008, pp. 9–27.

② Gittell R., Wilder M., "Community Development Corporations: Critical Factors That Influence Success", *Journal of Urban Affairs*, Vol. 21, No. 3, 1999, pp. 341–361.

市政府提高住房重建机构用于经济适用房建设的增税收入比例。政府的资金支持对旧金山社区住房公司的发展形成了新的刺激，加之企业、基金会等其他渠道的资金补充，社区住房公司的发展速度明显加快。

因此，旧金山市社区发展公司的发展与联邦政府的支持息息相关。一是在1974年，联邦政府改变了先前的集中化、分类别化的资助方法，出台了《住房和社区发展法》，促进了CDCs的诞生。二是在1981年，联邦政府大幅削减对社区发展公司的资金支持倒逼社区发展公司努力拓宽资金来源渠道，提高了自身发展的韧性。三是在1987年后，联邦、州和地方政府再次提高了对社区发展公司的资金支持力度，刺激了社区发展公司的快速发展。

（二）经济因素

旧金山湾区的发展模式与其他大都会区有显著不同。在其他大都会区，通常以单一城市为核心发展，但旧金山湾区则由9个城市共同构成，旧金山、圣何塞和奥克兰三个城市是其发展的中心[1]。影响旧金山社区发展公司变迁的经济因素主要包括经济转型与经济增长。二者在很大程度上影响了旧金山市的人口结构与数量，导致住房需求扩大，进而影响地价与房价，带来住房可负担问题，引发可负担住房运动并促进社区发展公司的诞生与发展。

经济转型导致居民流离失所，诱发社区发展公司的诞生。20世纪60年代起，旧金山市的经济基础逐渐发生变化，房地产价格攀升。首先，60年代海运业的集装箱化导致了旧金山港口经济的衰落，工作岗位大量流失。其次，商业和服务业蓬勃发展，办公楼及旅游用地大量侵占经济适用房。最后，汽油价格上涨刺激郊区人口返回城市，导致房价上涨。经济的转型、工作岗位的缺乏以及居民的流离失所，催生了以社区为基础的可负担住房运动，促进了社区发展公司及其他非营利组织的诞生[2]。

---

① "U. S. Census website". U. S. Census Bureau, 2022, https：//guides. loc. gov/census-connections/decennial-census/1990-2020.

② Rosen M., Sullivan W., "From Urban Renewal and Displacement to Economic Inclusion：San Francisco Affordable Housing Policy 1978-2014", *Stanford Law & Policy Review*, Vol. 25, No. 1, 2014, pp. 121-162.

　　经济增长激化住房供求矛盾，推进社区发展公司的发展。自 20 世纪 70 年代开始，旧金山市在硅谷、生物技术公司和世界一流大学的带动下，经济持续快速增长。1975—1990 年，旧金山的房价整体上持续上升，相较于 1975 年，1990 年房价交易指数增长了约 270%，房价涨幅高居全美前三（见图 2-19）。然而，同时期旧金山人均收入增长幅度约为 200%，不及房价的增长速度。居高不下的房价增加了居民的住房成本，增加了居民对住房的负担压力（见图 2-20）。因此，自 20 世纪 70 年代经济崛起后旧金山的住房供需矛盾愈发严重，可负担住房问题亟待解决，促进了社区发展公司的发展。

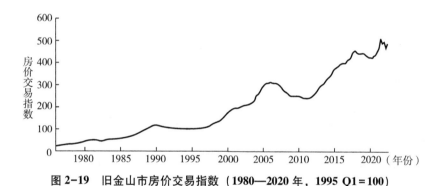

图 2-19　旧金山市房价交易指数（1980—2020 年，1995 Q1=100）

资料来源：U. S. Federal Housing Finance Agency。

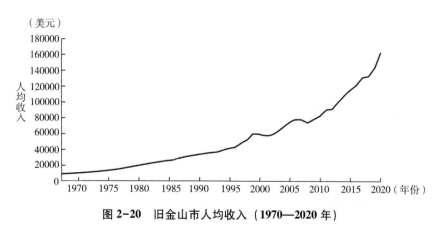

图 2-20　旧金山市人均收入（1970—2020 年）

资料来源：U. S. Bureau of Economic Analysis。

（三）社会因素

20 世纪 70 年代迎来了美国经济的昌盛时期，被西方经济学家称为"黄金时代"。然而在富裕的表象背后，贫困问题日益凸显。进入 80 年代，美国贫困率始终在 12%—13% 波动，最高达到 15%（见图 2-21）。财富在种族间分布不均衡，尤其是非裔、西班牙裔等少数族裔贫困问题更加严重（见图 2-22）。其中，非裔美国人的贫困率超过 30%，西班牙

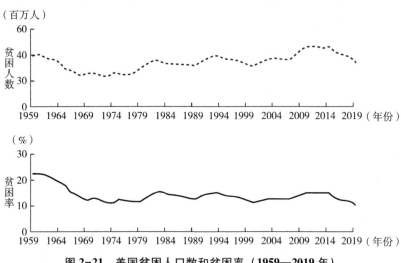

图 2-21　美国贫困人口数和贫困率（1959—2019 年）

资料来源：美国经济分析局。

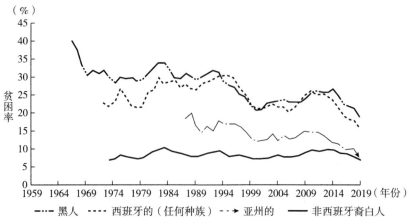

图 2-22　美国各个主要族裔贫困率的变化（1959—2019 年）

资料来源：美国经济分析局。

裔贫困率超过 20%，且在 80 年代接近 30%，亚裔美国人贫困率整体也在 15% 以上，超过美国平均水平。这些贫困人口的住房质量通常很差，甚至流落街头成为"无家可归者"。

人口快速增长加剧住房供求不平衡，成为社区发展公司发展的前提。首先，作为湾区的核心城市，旧金山市发展高科技产业，其提出的"高工资、高技能"蓝图吸引了大量高科技人才，使之成为世界各地科技精英的聚集地。数据显示，从 1860 年起，旧金山湾区总人口数呈现上升趋势。[①] 1980—2020 年，旧金山市人口总数持续上升，年均增长率约为 0.56%，人口增长速度较快（见图 2-23）。然而，人口集聚后激增的住房需求，住房供应却无法匹配。由于旧金山空间狭长并以丘陵为主，土地资源紧张限制了住房开发，加之政府在建筑密度和高度上的严格管理，导致旧金山湾区的房屋价格非常高。住房供求不平衡，推动了社区发展公司的发展。

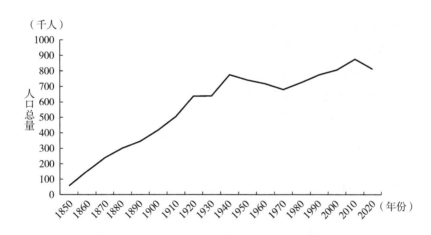

图 2-23　旧金山市人口统计（1850—2020 年）

资料来源：美国人口普查局。

阶层矛盾激化引发可负担住房运动，促进社区发展公司的发展。旧金山的科技精英对经济和社会作出了巨大贡献，但是他们与当地普通民

① Storper M., et al., *The Rise and Fall of Urban Economies: Lessons from San Francisco and Los Angeles*, Stanford University Press, 2015.

众的矛盾日益激化。其根本的原因在于科技精英和普通居民之间的收入差距大，硅谷科技行业的平均收入处在全美最高水平，远远超过非科技行业人员收入，更是旧金山中低收入人群的数倍。多数精英选择在旧金山市居住使土地和住房价格昂贵。以单栋住宅为例，1984 年，46 个都市区土地价格平均占比 32%，而旧金山占比 75%；2004 年，其他都市区土地价格占比 51%，而旧金山土地占比 89%。虽然 2007 年房地产泡沫破灭之后房屋价格回到 1984 年的水平，土地价格仍然是房屋价格中的主要部分，旧金山湾区尤其高。同样，旧金山的房屋租金在美国最高，其他区域租金中位数比旧金山湾区低 45%[①]。在原有居民看来，这些外来精英固然对经济和社会作出了巨大贡献，但给自己的生活环境带来了直接冲击，甚至在繁华的旧金山市区出现大量流浪人群聚集的现象。精英阶层和普通居民的矛盾激化，亟须社区发展公司发挥积极作用。

总之，中低收入群体的住房负担压力促使一些社区发展公司（TNDC、Reality House West、Tenderloin Housing Clinic 等）开始承担起为贫困居民提供可负担住房和振兴社区的工作，它们在贫困社区复兴和社区财富积累方面扮演着重要角色。

三　政策变迁的内部动力机制

政策变迁不仅受到政策环境的影响，还受到政策主体行为的影响。政策主体的行为使政策变迁具有一定的自主性。

（一）政府失败寻求发挥非营利组织的作用

20 世纪 60 年代后期，为缓解美国市场失灵所带来的社会问题，旧金山市政府决定重新分配社会资源，以政府主导的方式，拯救低收入人群，维护社区居民利益，形成社区行动计划[②]。这一时期政府的做法是在社区内成立社区行动代理处，管理和落实政府的住房、教育、就业等方面资源和政策，借助政府的政策扶持改善社区环境。然而，完全以政

[①] Barton S. E., "Land Rent and Housing Policy: A Case Study of the San Francisco Bay Area Rental Housing Market", *The American Journal of Economics and Sociology*, Vol. 4, No. 70, 2011, pp. 845-873.

[②] O'Connor A., *Swimming Against the Tide: A Brief History of Federal Policy in Poor Communities*, London: Routledge, 2013, pp. 29-47.

府主导进行的社区改造方式，无法在全市区域范围内得到有效的执行①。

第一，旧金山市政府资源规模有限。随着广大居民住房需求的增加，政府面对大量的社区改造资助申请，财政方面入不敷出。从政府内部行政机构设置上来看，社区行动计划将政府机构扩大到旧金山每个社区的层级中，势必带来更大的公共预算以及更低的行政效率。而行政机构的增加，使居民提交的社区申请审批流程也极其烦琐，政府将无法有效指导社区层面的工作开展。

第二，政府干预具有滞后性。政府主导方式进行的社区改造虽然可以在一定程度上弥补市场失灵的问题，政府是与社区居民利益不同的政策主体，由政府代替社区居民进行决策，不仅存在信息误差，而且自上而下的政策机制缺乏及时性和灵活性，影响到政府作用的发挥，也会导致资源的浪费，进而与政府的初衷相背离。因此，政府主导方式进行的社区改造，无法达到预期的社会公共目标。

在 20 世纪 70 年代的旧金山，市政府致力于为来自各种背景，来自不同地方的黑人、亚洲和拉丁裔移民创造更有社会归属感的公平社区。时任旧金山市市长的约瑟夫·阿利奥托的政治观点与"中央放权，地方对社区开发建设具有更大责任"的基调一致。他承诺为少数族裔及低收入群体扩大社会和经济机会，主张无论非裔、亚裔还是墨西哥裔美国人，都应该考虑到整个社区的总体利益，为城市发展建立合作伙伴关系。

（二）地方政府与社区发展公司的合作

地方政府在社区发展中拥有了更大的自主权和能动性，为社区发展公司创造了良好的经营环境。社区发展公司因其公益属性而得到居民信任，成为地方政府开发社会住房的重要帮手。地方政府与社区发展公司基于共同的目标，形成了相互依赖的合作伙伴关系。

在旧金山市，大多数社区发展公司的前身是 20 世纪中期各类联邦援助计划的组织机构，这些组织机构在计划项目结束或被叫停之后，为

---

① 毛键源、孙彤宇：《效率与公平调和下的美国社区发展公司》，《时代建筑》2020 年第 1 期。

继续存活下来，开始与其他社区组织合并，形成了旧金山市社区发展公司的初始形态。目前在旧金山运营的 CDCs 中，近一半创立于 1973—1980 年，这些 CDCs 的主要任务是开发可负担住房，其最主要的资金来源是联邦政府的社区发展专项拨款。

在社区发展公司的发展过程中，地方政府起到了不可或缺的作用。在 20 世纪 60 年代"对贫困开战"时期，初生的社区发展公司与地方政府之间多少有某种天然的敌意。因为在这种由上而下开展的保障住房建设、社区发展及城市更新项目中，社区发展公司代表了另一种治理结构——自下而上的社区治理，打破了原本由政府、开发商、土地主和房东等精英群体组成的土地开发"联盟"。到了 80 年代，这一敌对关系逐渐发生转变。里根政府大幅削减联邦住房预算开支并将中央责任下沉至地方政府，使地方政府不得不通过与社区发展公司等非营利组织合作开展住房保障和社区建设。一方面，地方政府提供的资金等多方面支持为社区发展公司开发可负担住房提供了诸多便利；另一方面，地方政府也需要借助社区发展公司的力量实现社会住房供应目标。

旧金山的 Mission 社区发展公司，成立于 20 世纪 70 年代初，被公认为美国最成功、最有竞争力的住房管理公司之一。Mission 社区发展公司资金来源渠道多样，市政府的资金是其中重要的一部分。Mission 公司一方面依靠市政府的资金支持，另一方面成为市政府开发社会住房的重要帮手[①]。该组织一直立足社区，是社区利益和需求的倡导者，聘用来自该社区的员工，在董事会中保留大量居民代表，推动租户组织工作，并将居民的意见和参与纳入其发展活动中。多年的良好业绩为 Mission 公司赢得了居民、其他非营利组织、当地企业和政府官员的尊重和信任，积累了一定的政治影响力和可信度。与其他地区一样，旧金山市获得了联邦政府住房和城市发展部 HOPE Ⅵ 计划的资助，用于翻新旧的公共住房。但是住房和城市发展部的这一举措引起了许多社会住房倡导者的担忧，他们担心重建项目会导致低收入家庭的住房存量减少。尽管居民欢迎改造工程，但他们对政府是否能在不造成现有居民流离失所

---

① Gittell R., Wilder M., "Community Development Corporations: Critical Factors That Influence Success", *Journal of Urban Affairs*, Vol. 21, No. 3, 1999, pp. 341-361.

和生活困难的情况下实施计划表示怀疑。为了尽量减少来自社区的阻力，住房管理局将开发合同授予了 Mission 社区发展公司。由此可见，地方政府与社区发展公司之间因各自的优势互为依赖，共同实现社会住房的供应①。

（三）社区发展公司与市场主体的合作

20 世纪 70 年代到 80 年代初，随着里根政府大量削减财政支出，联邦政府对非营利组织的拨款呈现下降趋势。为了弥补政府财政拨款减少而带来的收入损失，大量非营利组织转向经营营利性项目，直接导致了与营利企业之间的竞争和合作。这时社区中公共服务市场化趋向普遍受到关注，即公共服务不再由政府直接生产，而是在政府规制之下，由不同主体生产和供给，体现了政府与企业、非营利组织的合作伙伴关系。

受到经济发展和教育水平提高的影响，公众社区意识逐步觉醒。企业为体现自身的道德感和社会责任意识，开始与非营利组织开展公益合作，实现优势互补。一方面，非营利组织通过积极寻求与营利企业的合作，请资产雄厚的企业为其融资担保，或者与经验丰富的企业共同开发混合型住房项目②；另一方面，企业倾向与非营利组织结成联盟，以获得房产税费减免的资格，或承接社区开发项目。由于二者可以相互取长补短，企业在非营利组织主导的保障房建设中发挥着重要作用③。

此外，企业和一些基金会还为社区发展公司提供了直接的资金支持，20 世纪 80 年代初联邦政府削减财政支出后这种联系加强。1970—1990 年，基金会、企业和个人捐助了近 20 亿美元，用于支持社区发展工作。全国性的中介机构，如邻里再投资公司、地方倡议支持公司（LISC）和企业基金会为社区发展公司提供了资金支持、技术援助和专业培训。自成立以来至 1999 年，它们提供了超过 50 亿美元的支持。以旧金山 Mission 社区发展公司为例，除了联邦、州及地方政府的财政支

---

① Mission Housing, https：//www. missionhousing. org.

② 毛键源、孙彤宇：《效率与公平调和下的美国社区发展公司》，《时代建筑》2020 年第 1 期。

③ 马秀莲：《多元主体竞争下的企业提供》，《中国经济时报》2014 年 12 月 10 日第 5 版。

持，休利特基金会、旧金山基金会、太平洋贝尔、太平洋煤气和电力公司等均是 Mission 公司重要的资金来源渠道①。

四 政策变迁中的路径依赖与改革创新

美国社区发展公司既是美国政府主导社区发展模式失败的产物，也是非营利组织和社区发展相结合的形式。

（一）政策变迁中的路径依赖

非营利组织在美国住房政策历史中有着悠久的历史，最早可以追溯到 20 世纪早期的进步运动。一些非营利组织，如宗教团体、社会服务机构参与住房建设，但建设住房并不是这些组织的主要使命。60 年代，政府主导的"社区行动"难以支撑社区改造，在联邦政策的支持下，非营利的社区发展公司开始参与社区开发活动，并且其非营利的属性一直保持下来。

在社区发展公司成立之初，国会和政府在肯尼迪的说服下资助城市贫困社区发展机构，同时，大公司、大财团及基金会等的权力与财富被撬动。一批顶级企业（如 IBM 和花旗银行）在政府的支持下进入 BSRC 理事会，社区发展公司因此收获大量企业捐赠资金（如福特基金会 75 万美金，阿斯特基金会 100 万美金）②。

20 世纪 80 年代之后，联邦政府改变政策，从直接投入转向间接支持。社区发展公司项目的主要资金源于低收入住房税收抵免。1986 年，联邦政府开始推行低收入住房税收减免计划。该计划规定，在新建住房项目中，五分之一以上的住房要按照政府控制的租金水平（出租水平在 15 年以上）出租给低于当地平均收入 50% 的家庭，或者将五分之二的住房出租给低于当地平均收入 60% 的家庭。在严格遵守规定的基础上，开发企业可以自行选择优惠方式，如税收优惠，直接抵扣税额，或打包为证券向投资者出售。其后，联邦政府于 2000 年设立"新市场税收抵免计划"（New Markets Tax Credit，NMTC），该计划与"低收入住房税收减免"类似，不同的是，该计划主要在社区发展领域实施，尽

---

① Gittell R., Wilder M., "Community Development Corporations: Critical Factors That Influence Success", *Journal of Urban Affairs*, Vol. 21, No. 3, 1999, pp. 341–361.

② 马秀莲：《透视保障房：美国实践、经验与借鉴》，社会科学文献出版社 2018 年版，第 160—161 页。

管营利机构也有资格参与其中，但该计划的主体仍是 CDCs 等非营利组织。

1987—2015 年，旧金山市所在的加利福尼亚州通过低收入住房税收抵免建造的可负担住房数量总计为 363369 套，涉及 4217 个项目，平均每年约 13000 个项目①。旧金山田德隆社区也不例外，在长达 15 年的时间里，利用税收抵免和其他税收优惠来换取开发资金。

在社区发展公司制度变迁过程中，国家始终发挥着重要作用。社区发展公司政策变迁中国家力量的强弱以及国家介入社区发展公司的程度和方式，不仅成为社区发展公司政策变迁的动力，也决定社区发展公司政策改革的成败。

（二）政策变迁中的改革创新

社区发展公司作为一种社区管理的新型组织，目的是解决社区贫困和社区衰败问题。与之前政府主导的社区行动相比，社区发展公司政策的工具和目标都有很大改变。

首先，最初社区管理与公司资本融合形成两个组织，分别代表社区与公司，并各自在社区和曼哈顿核心区办公。富兰克林·托马斯（福特基金会的主席）任总裁之后采用企业的运营方式，与多方合作创造社会效益，避免走以往扶贫机构失败的老路。如在 5 年内，经过积极的协商，联邦住房管理局共批准了 850 笔抵押贷款，有效提升了社区住房所有率。此外，通过与 IBM 公司的合作，为 125 个急需资金支持的社区提供了贷款服务，并增加了 1000 多个就业岗位。1974 年两个分割的组织合并，并建立了现代企业治理结构，以公司管理的方式运营，进一步提高了效率②。

在发展的过程中，社区发展公司与社区的联系日趋紧密。大部分社区发展公司的业务都以社区土地、社区住房及相关服务为主，一方面继续从事最基本的住房建设工作，另一方面在条件允许的情况下从事与土地和住房相关的服务。其组织构成、服务宗旨、运营计划、项目开发等

---

① Karlinsky S. , *What it will Really Take to Create an Affordable Bay Area*, San Francisco Bay Area Planning and Urban Research Association, April, 2021.

② 马秀莲：《透视保障房：美国实践、经验与借鉴》，社会科学文献出版社 2018 年版，第 161 页。

都体现明确的社区价值理念和社区目标。由于社区发展公司由社区代表控制并且以地方发展为基础，对每个社区所特有的问题了解更深入，因此，在规划的制定和执行过程中，社区发展公司这种模式更行之有效且具有地方特色。

一般来说，旧金山湾区的绝大多数可负担住房项目在法律上都是作为独立的资产项目实体公司来运作的，每个项目公司完全独立于母公司。通过内部社区控制，外联公司及更广泛的社区资源，同时按公司模式运作，奠定了社区发展公司成功的基础。其主要特点有三个：一是实现真正的社区自治。二是外联其他社区。三是效仿公司模式运作①。这些特点彰显了 CDCs 的弹性，即在政府资助充足时大力发展；在政府资金紧缩时能向内寻求社区支持，构建更广泛的社区网络，走向网络治理。在内外支持下，社区发展公司成为具有竞争力的市场实体，既提高了效率，又促进了公共利益。

五　小结

旧金山的社区发展公司作为提供廉价社会住房的非营利性公益组织，大多成立于 20 世纪 60 年代，其后经历了 20 世纪 70 年代、80 年代的快速发展，至 90 年代达到高峰。其变迁受到经济因素如经济结构变迁与经济增长，政治因素如政府治理理念，社会因素如人口变化情况、住房需求变化等多方面外部因素的影响。同时，内部行动者之间的互动关系如联邦及地方政府与社区发展公司、社区发展公司与企业关系也推动着旧金山社区发展公司的制度变迁。在制度创新的同时，社区发展公司始终坚持承担提供可负担住房的责任。

旧金山社区发展公司是政府和市场双重失灵下的产物，发挥着非营利组织的替代作用。以非营利组织为代表的社区发展公司可以协调各方开展最大维度的合作，以专业人员和居民主体为组织中心，根植于本地社区的自身情况，随时有效解决社区成员的需求问题。除此之外，非营利组织可以寻求更为广泛的资金来源，有效解决过度依赖政府资金的效率问题，保障社区服务的供给。

---

① 马秀莲：《透视保障房：美国实践、经验与借鉴》，社会科学文献出版社 2018 年版，第 162—163 页。

　　尽管如此，旧金山的社区发展公司依然面临多方面问题，缺乏长期的运营支持和长久的活力。首先，前期开发资金和投资欠缺。社区发展公司所获得的资金不足以支付庞大的前期开发费用，包括获得开发权、开发可行性研究等。如此一来，社区发展公司对潜在开发机会做出快速反应的能力很大程度上被抑制①。其次，可负担住房的承销相对复杂。通常住房及其服务是根据具体项目确定的，每个项目都有多种资本开发来源，如基金和其他低息贷款等，每个项目都有自己的承销要求。最后，由于筹集资金的复杂性较高，社区发展公司很难对其开发过程进行标准化，从而要求投入更多的人员服务时间，其运营成本也因此成为其发展过程中的一大负担。

---

① ［美］阿列克斯·施瓦兹：《美国住房政策》，中信出版社 2008 年版，第 207 页。

第三章

住房合作社政策变迁

住房合作社源于合作社运动。合作社运动是 19 世纪无政府主义思潮的产物。出于对当时国家集权制度的不信任，无政府主义者试图建立一个平等互助、没有等级管理的小社会。虽然无政府主义对私有财产抱有敌视态度，但并不完全拒绝财产，而是主张通过共有财产帮助个体和家庭实现自给自足，保证其享有一个高质量的生活。住房合作社最早出现在 19 世纪的欧洲，第一个独立的住房合作社在德国柏林成立，之后向其他地区传播。虽然不同国家住房合作社的模式和所占比例不同，但有两个共同特点：共同所有和民主管理。经过 100 多年的发展，合作社住房不仅对其成员有利，也促进更广泛的公共利益，如提供可负担住房、维护住房市场的多样性、平抑住房市场价格等。

第一节　纽约住房合作社政策变迁

纽约（New York City），是美国第一大城市及第一大港口。截至 2017 年，纽约市总面积达 1214.4 平方千米，人口约 862 万人（2017年）。纽约湾区是"金融湾区"，是美国金融业最发达的地区，面积 2.15 万平方千米，人口达 2340 万人，经济总量约占美国的 8%。[1]

住房合作社是纽约提供可负担住房的重要形式。目前美国的合作社住房一半以上在纽约，大部分是市场价格住房，其他城市新建合作社大

---

① "World Urban Areas", Demographia, 2018, http：//www.demographia.com/.

多是可负担住房。

纽约住房合作社的其主要特点是[①]：①住房合作社通常采用公司形式运营。房产由合作社所有或租赁，其成员（又称股东）共同拥有公司。②以住房合作社的名义贷款，并以全部房产做抵押。③成员出资购买股票或股权证书，并按份承担贷款。股份和协议（自有或租赁）为贷款提供担保。④成员需要签署租赁或占有协议。只要成员履行合作社的义务就享有合法占有一个住房单元的权利。⑤多数合作社限制成员出租或出售其公寓，以保护合作社批准的新成员或新居民的权利。⑥合作社的房产税以合作社整体房产（如一栋建筑）来评估。

一 政策变迁历程

美国最早的合作公寓建筑可以追溯到 19 世纪中后期，且大多位于纽约市。基于关键节点，纽约住房合作社的政策变迁历程大致可以划分为政策缘起（1876—1950 年）、政策建立（1951—1973 年）、政策发展（1974—1998 年）、政策衰退（1999 年至今）四个阶段。

（一）政策缘起（1876—1950 年）

随着城镇化发展和外来人口不断涌入，美国第一个住房合作社于 1876 年在纽约市成立，旨在为高收入阶层提供个人住房[②]。第一次世界大战后美国住房合作社得到较好发展，当时的住房合作社有两种形式：一种是为高收入家庭提供的公寓住宅，主要由私人房地产开发商开发；另一种是由少数民族、移民团体和工会组织的住房合作社，目的是在第一次世界大战后住房紧张时期为其成员提供负担得起的住房。

20 世纪 20 年代起，为解决工人的住房问题，工会和社会活动家共同推动了美国合作社住房蓬勃发展，由工会赞助建造了 1 万多套有限权益合作社住宅。其中，最著名的是纽约市联合服装工会。该工会受到社会主义思潮的强烈影响，积极维护工人权益，并在许多工人家庭社会福

---

① Cecodhas Housing Europe and ICA Housing, "Profiles of a Movement: Cooperative Housing around the World", 2012, pp. 85-90.

② Schill M. H., et al., "The Condominium versus Cooperative Puzzle: An Empirical Analysis of Housing in New York City", *The Journal of Legal Studies*, Vol. 36, No. 2, June 2007, pp. 275-324.

利项目方面积累了经验①。受住房短缺和工会运动影响，1927 年，纽约州州长推动通过了《纽约州有限股息住房公司法》②。该法案支持各类可负担住房的开发，是政府为住房合作社提供的第一个大规模支持计划。根据该法案，开发商可以享受房产税减免，前提是同意将每年的利润限制在 6%以内从而降低租户成本。在该法案支持下，纽约市建成了13 个合作社，其中许多是在联合服装工会的亚伯拉罕·卡赞的领导下建成的。

20 世纪 30 年代大萧条导致住房合作社面临困境。在纽约，超过75%的由私营开发商推动的住房合作社因经济危机而破产，但是大多数由工会发起的可负担住房合作社幸存了下来③。这类住房合作社得以生存的原因在于：①住房合作社的市场覆盖面更广，这使临时出租空置住房成为现实。②住房合作社的财务管理更保守。③这些住房合作社具有强烈的合作精神。随着 1935—1937 年工会会员人数的增加，劳工运动开始更多地参与到争取可负担住房的斗争中，加上这一时期经济大萧条在全国范围内造成的压力，美国联邦政府通过了《住房法》（1937年），开始直接参与建设公共住房，住房合作社并未被纳入该法案中。虽然人们为住房基本需求进行了广泛的抗争，但联邦政策的目标仅限于为有工作的穷人提供临时租赁住房。许多国会议员认为，公共住房只是为生活困难的工薪家庭提供的临时救济，联邦政府没有必要帮助中低收入家庭获得自有住房产权。另外，由于房地产利益集团向公众鼓吹"拥有独栋住宅是中产阶级的标志"，公众也逐渐接受了"独栋住宅是成功象征"的观念。

在 1937 年《住房法》通过后的几年里，房地产利益集团和自由市场倡导者一直游说联邦政府退出公共住房建设，但第二次世界大战期间军事工厂工人的住房需求使得该法案及公共住房得以保留。1942 年，

---

① Sazama G. W. , "Lessons from the History of Affordable Housing Cooperatives in the United States: A Case Study in American Affordable Housing Policy", *The American Journal of Economics and Sociology*, Vol. 59, No. 4, January 2003, pp. 573-608.

② Heshkin A. , Leavitt J. , *The Hidden History of Housing Cooperatives*, Center for Cooperatives, University of California, 1995, pp. 218-235.

③ Cecodhas Housing Europe and ICA Housing, "Profiles of a Movement: Cooperative Housing around the World", 2012, pp. 85-90.

《住房法》修订，开始将公共住房出售给私人投资者。1945 年，由于退伍军人无家可归现象普遍，《住房法》再次修订，确保政府公共住房优先出售给退伍军人，其次是居民。一些出售项目交给住房合作社经营管理①。

（二）政策建立（1951—1973 年）

20 世纪 50 年代，联邦政府倾向通过市场解决住房问题，工会运动开始受到限制。此外，中产阶级在经济增长和联邦政策的推动下，热衷于购买郊区的独栋房屋，以强化他们的阶级身份。因此这个时期，联邦政府主张通过私营企业为中等收入家庭提供住房，对住房合作社的支持不多。1949 年，《住房法》再次修订，但是一些社会活动家提出设立专门住房合作社管理局的建议并没有被采纳②。

虽然住房合作社被排除在第二次世界大战后的联邦住房立法之外，但纽约市工会还是建立了许多住房合作社。1951 年，在亚伯拉罕·卡赞的领导下，这些团体成立了联合住房基金会（United Housing Foundation，UHF）。到 1965 年，UHF 已在纽约市创建了 23 个合作建房项目，规模从 124 个单位到 5860 个单位不等。1965 年，在纽约市市长和州长的支持下，UHF 开始打造"Co-op City"项目，最终建成 15382 个住房单位③。

1955 年，纽约《有限利润住房法》（*the Limited Profit Housing Act*）通过。该法也称"米切尔·拉马法案"，即通过财产税减免和低利率贷款，鼓励开发面向中低收入者的住房。由于政府的抵押担保和减税，米切尔·拉马法案被认为是发展可负担住房最成功的项目之一。20 世纪 60 年代，民权运动带来的压力、民众对越南战争的不满，以及中心城市日益严重的贫困问题，推动了改革。联邦政府政策从此前直接建造公

---

① Sazama G. W., "Lessons from the History of Affordable Housing Cooperatives in the United States: A Case Study in American Affordable Housing Policy", *The American Journal of Economics and Sociology*, Vol. 59, No. 4, January 2003, pp. 573-608.

② Heshkin A., Leavitt J., *The Hidden History of Housing Cooperatives*, Center for Cooperatives, University of California, 1995, pp. 218-235.

③ Sazama G. W., "Lessons from the History of Affordable Housing Cooperatives in the United States: A Case Study in American Affordable Housing Policy", *The American Journal of Economics and Sociology*, Vol. 59, No. 4, January 2003, pp. 573-608.

共住房转向为其他开发主体提供财政援助，包括为私营企业贷款提供担保、提供低于市场水平的利率及为私人团体提供补贴，以建设和管理可负担住房。

在联邦政府补贴的支持下，住房合作社快速发展。1960年，住房合作社协会（NAHC）成立，这代表住房合作社组织走向鼎盛时期。该合作社协会的使命是代表和服务全国的住房合作社，它的成员包括住房合作社、互助住房协会、合作住房协会、拥有合作社住房的居民、专业人士，以及其他有兴趣促进合作住房社区利益的个人和组织①。1965年，聚集在纽约皇后大街的服装行业工人建立了美国第二大住宅合作社——罗奇代尔村。截至目前，罗奇代尔村一共拥有约7000套公寓和100多个商业店铺②。

1972年，在工会的资金支持下，美国最大的住房开发项目——"Co-op City"合作社在纽约市布朗克斯区建成③。该项目由亚伯拉罕·卡赞提议，UHF负责建设，并得到了州长纳尔逊·洛克菲勒（Nelson Rockefeller）和市长罗伯特·瓦格纳（Robert Wagner）的支持。"Co-op City"项目于1966年开工建设，1973年完工。董事会由15名成员代表组成，任何符合选举规则和标准的在册合作社成员都有权竞选董事会成员。董事会负责指导和监督物业经理，确保Co-op City的运营符合专业管理规范。董事会鼓励合作社成员通过加入董事会和委员会来参与社区管理，出席大会的合作社成员、董事和管理人员能够交流意见和共同决策。由于管理不善和腐败，Co-op City社区自1975年以后一直拖欠贷款。原董事会辞职后，政府接管并将每月维护费增加25%，引发合作社成员抗议。政府威胁将收回住房所有权并驱逐居民，住房合作社成员组织居民发起长达13个月的罢工运动，最终二者达成妥协，合作社成员补交2000万美元的维护费后接管Co-op City，并自行决定收费标准。截至目前，该住宅合作社有超过15000套公寓，惠及约50000名居民，

---

① NAHC, "About Us", https: //coophousing. org/about-us/.

② Rochdale, "About Us", https: //rochdalevillage. com/about/.

③ Sazama G. W., "Lessons from the History of Affordable Housing Cooperatives in the United States: A Case Study in American Affordable Housing Policy", *The American Journal of Economics and Sociology*, Vol. 59, No. 4, January 2003, pp. 573-608.

拥有自己的学校、购物中心、发电站、警察局和教堂。

（三）政策发展（1974—1998 年）

20 世纪 70 年代，随着尼克松政府上台，美国可负担住房政策开始全面改革。1974 年，国会修改《住房法》，停止了对可负担住房建设的直接补贴计划，取而代之的是面向住户的租金补贴，即联邦资助从供给方转向需求方。此外，70 年代后联邦政府开始了其"放权"的过程，倾向让州和地方政府承担住房保障的重任。《住房和社区发展法（1974）》（*Housing and Community Development Act of* 1974）的第 8 条规定，将联邦政府的九个分类贷款项目合并为一个联邦社区开发组团基金（The Federal Community Development Block Grant，CDBG）项目，地方政府有权利自主决定联邦政府拨款的具体用途，但 70% 的基金必须用于保障低收入人群住房需求。可负担住房建设补贴计划的终止，对住房合作社的发展是一个重大打击。

20 世纪 80—90 年代，联邦政府更加注重通过放权地方解决住房问题。仅在里根政府时期，住房和城市发展部援助住房（包括新建住房和现有住房）的预算从 1980 年的 267 亿美元削减到 1988 年的 83 亿美元[①]。与此同时，联邦政府在法律上作出了具体规定。例如：1986 年联邦政府通过《税制改革法案（1986）》（*Tax Reform Act* 1986）、《有限利润住房法》（*the Limited Profit Housing Act*）和"低收入家庭住房建设税收抵免计划"（The Low-Income Housing Tax Credit，LIHTC）等，不仅为可负担住房税收减免提供法律依据，使这种类型的住房比公寓拥有额外税率优惠，还明确规定州和地方住房管理机构可以设立自己的标准来决定补贴的住房种类，进一步扩大了州和地方政府的保障住房发展自主权[②]。联邦政府出台《国家可负担住房法（1990）》（*National Affordable Housing Act of* 1990），规定通过提供担保和信贷证明的方式，为租客提供帮助，以有效利用存量住房。同时，减少联邦政府住房支出预算，加强地方政府、私营部门、非营利社区组织在地方住宅建设中的

[①] Rasey K. P., "The Role of Neighborhood-based Housing Nonprofits in the Ownership and Control of Housing in US Cities", *Contributions in Political Science*, Vol. 316, 1993, p. 195.

[②] Elmedni B., "The Mirage of Housing Affordability: An Analysis of Affordable Housing Plans in New York City", *SAGE Open*, Vol. 8, No. 4, 2018, pp. 21-58.

作用。

由于联邦政府政策改变削减了对可负担住房的直接资助，20 世纪 80 年代房地产繁荣时期可负担住房更加紧缺。除了联邦、州和地方政府的资金，私有企业的资金也越来越多地用于可负担住房。例如，成立于 1978 年的全国合作银行（National Cooperative Bank）是一家在联邦政府注册的合作企业，为地方可负担住房合作社提供资金。Fannie Mae 是由联邦政府批准成立的开发住房抵押贷款二级市场企业，它也在努力为包括合作社在内的可负担住房提供更多资金。然而，这些私有资金要求市场回报，收取的是市场利率，增加了项目的运营成本。随着合作社住房不再"廉价"，新建项目数量大减①。

与大多数城市相反，纽约的合作社住房在这个时期走向顶峰。在 1980 年合作社住房占全市住房总量的 95%，之后虽有所下降，但是一直保持至今并且数量可观。1999 年，合作社住房占比仍超过 80%（美国其他地方只有 10%）；2021 年，合作社住房占比约为 75%。

（四）政策衰退（1999 年至今）

20 世纪 90 年代，纽约合作社住房在与共管公寓的竞争中开始逐步走向衰落。美国共管公寓最初于第二次世界大战后出现，但数量有限。直到 20 世纪 60 年代，各州通过了公寓授权法案，联邦住房管理局也提供了抵押贷款保险，共管公寓才得以推广。1976 年，美国合作社住房和共管公寓共 103.9 万栋，其中 10.6 万栋在纽约市；1999 年，合作社住房和共管公寓 339.5 万栋，其中 25.5 万栋在纽约。美国 2006 年房屋调查显示，25 年间合作社住房和共管公寓增长 227%。其中，美国从 1976 年的 2.2% 增长到 1999 年的 4.9%，而纽约从 1976 年的 15% 增长到 1999 年的 30.5%②。虽然合作社住房和共管公寓都属于共有房屋，但是共管公寓和合作社住房在纽约住房市场中的份额差距较大。1999 年，纽约市共有住房中只有 18.3% 是共管公寓，其余 81.7% 都是合作社住房。

---

① Sazama G. W., "Lessons from the History of Affordable Housing Cooperatives in the United States: A Case Study in American Affordable Housing Policy", *The American Journal of Economics and Sociology*, Vol. 59, No. 4, 2000, pp. 573-608.

② Schwartz A., "New York City and Subsidized Housing: Impacts and Lessons of the city's MYM5 Billion Capital Budget Housing Plan", *Housing Policy Debate*, Vol. 10, No. 4, 1999, pp. 839-877.

但后来新建的大多数多户住宅采用了共有公寓的形式。1998—2001 年，共管公寓的建造数量为 9743 套，而合作社住房只有 349 套（见表 3-1）。

表 3-1　　　纽约新建共管公寓和合作社住房数量（1998—2001 年）

年份	新建建筑		转换住房	
	共管公寓	合作社住房	共管公寓	合作社住房
1998	3079	146	159	51
1999	1049	74	397	10
2000	1911	0	150	612
2001	3704	129	683	370

资料来源：Schill M. H., et al., "The Condominium versus Cooperative Puzzle: An Empirical Analysis of Housing in New York City", *The Journal of Legal Studies*, Vol. 36, No. 2, 2007, pp. 275-324。

进入 21 世纪，纽约的可负担住房问题依然严重。由于美联储连续降息导致流动性过剩，加上大量移民的住房需求，美国房地产价格进入了快速上涨阶段。相对于当地居民的收入，纽约住房价格一直处于偏高状态。2004 年的统计数据显示，纽约大都市区住房价格的中位数为 40 万美元，房价收入比在 10 倍左右。2005 年纽约市的存量住房中，自有住房占 31.6%，租赁住房的套数占 64.2%（见表 3-2），纽约市租赁住宅所占份额是美国全国平均水平的 2 倍[1]。

表 3-2　　　　　　　2005 年纽约市自有住房和租赁住房比例 （单位：万套，%）

住房存量	自有住房数量	自有住房比例	租赁住房数量	租赁住房比例
326.1	103.2	31.60	209.2	64.20

注：另有不可租售的空置住房 13.7 万套，占住房存量的 4.2%。
资料来源：U. S. Bureau of the Census, 2005NYCHVS。

针对纽约的住房难题，纽约的各位市长采取了多种措施[2]。2004—2013 年，市长布隆伯格将占据住房总量 68% 的人群指定为收入为 AMI80% 的低收入家庭，颁布了"新住房"计划，计划开发 16.5 万套住房（新建住房 5.3 万套，存量住房 11.2 万套）。2014 年，德布拉西

---

① 陈淮等编著：《国际大都市建设与住房管理》，中国发展出版社 2007 年版，第 133 页。

② Marom N., Carmon N., "Affordable Housing Plans in London and New York: Between Marketplace and Social Mix", *Housing Studies*, Vol. 30, No. 7, 2015, pp. 993-1015.

奥市长采取新建和改造现有可负担住房的措施，实现住房目标。一是更优先考虑低收入家庭。德布拉西奥计划指定的低收入家庭为 79.5%。此外，区分"极低收入"家庭（0—30%）、"非常低收入"家庭（30%—50%）和"低收入"家庭（50%—80%）。二是强制性住房（MIH）项目。2016 年批准的 MIH 项目对开发商提出要求，规定了必须提供的最低住房比例，即开发商将总建筑面积的 25% 分配给平均占AMI 60% 的家庭，并将这 25% 中至少 10% 分配给收入不超过 AMI 30%的家庭；或者开发商将 40% 的住房分配给低收入家庭，但收入上限更高，平均占 AMI 的 80%。三是财产税减免。为中低收入人群或者中等收入家庭的新建住房和存量住房减免房产税。在最富裕地区（如曼哈顿以南 96 街），只有开发商为中低收入人群或中等收入家庭提供 20%的住房时才有资格享受房产税减免[①]。

与之前的市长住房计划相比，德布拉西奥的目标是为极低收入家庭提供更多的住房。然而，该计划因效果不佳而受到广泛批评。原因在于，纽约市一直依靠基于市场和补贴的方法来提供可负担住房，无法满足日益增长的需求，导致大量的人群无家可归，因此根据需求与非营利开发者和社区居民合作，集中资源建设是正确的方法。2015 年，比尔·德布拉西奥（Bill de Blasio）继续当选纽约市长，加大了可负担住房投资力度。为此，市政府提出"增建 15000 套住房，并配以社会服务支持"的计划[②]。2017 年，纽约市宣布计划投资 2.5 亿美元，用于保持住房合作社开发项目的可负担性。2020 年新冠疫情暴发导致纽约市失业率骤增，加大了纽约市低收入人群对住房的需求。纽约市政府计划到2026 年，投资 66 亿美元用于纽约市可负担住房。同时，纽约市政府于2020 年 4 月开展号称世界上最大的"布朗克斯合作住房项目"，该项目由纽约市最著名的 Co-op City 住房合作社和 Cooper Square 住房合作社负责，将为纽约市居民保留 16083 套可负担住房，以保证 2052 年之前

---

① Schwartz A., "New York City's Affordable Housing Plans and the Limits of Local Initiative", *Cityscape*, 2019, Vol. 21, No. 3, 2019, pp. 355–388.

② Elmedni B., "The Mirage of Housing Affordability: An Analysis of Affordable Housing Plans in New York City", *SAGE Open*, Vol 8, No. 4, 2018, pp. 21–58.

纽约市住房的可负担性①。

纽约住房合作社的社会住房建设，经历了 20 世纪 50 年代工会建设、60—80 年代高峰发展、90 年代衰落的过程，至今仍在社会住房供应中发挥积极作用。总的来看，纽约住房合作社政策变迁表现出一些特征。首先，政策内容变化比较大。纽约合作社的住房供给从国家支持向地方分权转变，呈现地方发展态势；除了政府资金，其住房筹资越来越依赖私人资本。由于住房合作社的类型不同，住房分配对象比较广泛，涉及低收入人群、中等收入人群和中高收入人群。其次，政策目标单一。纽约住房合作社是基于不动产开发而形成的合作社，其政策目标主要是解决住房可负担问题，实现资产的保值增值。最后，纽约的住房合作社政策变迁表现出诱致性和强制性相结合的特点。最初的住房合作社由工会支持建设起来，之后得到联邦政府和地方政府的支持，表现出自下而上和自上而下的过程。

二 政策变迁的外部影响因素

在纽约，合作社住房引人瞩目。纽约住房合作社政策变迁同样受到经济、社会、政治等政策环境因素的影响。

（一）经济因素

经济基础决定上层建筑，经济的发展对政策变迁具有重要影响。通常情况下，经济高速发展时期，政府有能力保障社会住房供给，经济发展放缓时期，政府财政压力增大，则易使住房保障陷入困境。政府财政补贴是影响纽约住房合作社发展的重要因素。

联邦政府补贴，促进住房合作社发展。20 世纪 60 年代，美国经济显露疲态。在这一阶段，美国深陷战争泥沼而不能自拔，巨大的军事费用开支耗费了国力，对国内经济产生不利影响。一方面，不断加剧的通货膨胀给美国民众的日常生活带来巨大压力，低收入群体更是雪上加霜；另一方面，政府出现财政危机，难以维系传统的公共住房供给。这一时期联邦政府的公共住房政策从直接建造公共住房转向为其他可负担住房开发主体提供财政援助。1961 年，国会通过 BMIR（Below-Market Interest Rate）贷款计划，将这些贷款提供给私人开发商、非营利性开

---

① Co-op City, https：//www.coopcity.com/20220428.

发商以及低收入家庭合作社，抵押贷款可以支付高达 100% 的住房建设或修复成本①。为监督这些得到联邦援助的住房合作社能够持续提供可负担住房，联邦政府对住房合作社成员的收入、股份价值的增加做了严格限制，并对合作社提前偿还贷款的行为处以重罚，从而使住房合作社在其由抵押贷款的期限内始终处于联邦可负担住房法规的监管之下。在联邦政府补贴项目的支持下，住房合作社得到快速发展。

联邦政府放权，迫使住房合作社资金来源多元化。在联邦政府层面，1974 年《住房法》及随后的立法废除了为可负担住房建设提供贷款支持的 BMIR 计划，这对住房合作社的发展是重大打击。与此同时，联邦政府倾向为地方政府提供用于住房和社区发展的组团基金（Community Development Block Grant Programs，CDBG），支持和推动地方发展保障住房，鼓励地方政府探索自由市场的经济发展模式，事实上是将住房保障责任下放至州和地方政府。由于社会福利支出不断增长，纽约市政府不得不依赖增税和借债来维持运营，城市财政不堪重负。进入 20 世纪 70 年代，受到石油危机的冲击，市政府债务已超过 40 亿美元，占前 20 个城市债务总额的 1/3②。1974 年，亚伯拉罕·比姆（Abraham Beam）当选纽约市长，银行经过评估之后拒绝为市政府提供新的贷款。1975 年财政危机爆发，纽约市政府濒临破产，难以维持开销巨大的可负担住房。这使住房合作社不得不寻求新的资金支持，资金来源也愈加多元。

地方政府支持，住房合作社差异化发展。20 世纪 80 年代，地方政府用于住房和社区发展方面的支出急剧上升（见图 3-1），许多地方政府不堪重负，但纽约市政府始终坚持支持当地住房发展，积极提供资金。为应对联邦政府住房补贴削减和无家可归人口数量增长带来的可负担住房难题，纽约市政府发起了住房计划（又称"十年计划"），拨款 40 亿美元用于中低收入家庭的住房建设和维护。1985 年联邦政府的财政

---

① Sazama G. W., "Lessons from the History of Affordable Housing Cooperatives in the United States: A Case Study in American Affordable Housing Policy", *The American Journal of Economics and Sociology*, Vol. 59, No. 4, January 2003, pp. 573-608.

② Schwartz A., "New York City's Affordable Housing Plans and the Limits of Local Initiative", *Cityscape*, 2019, Vol. 21, No. 3, 2019, pp. 355-388.

支持大幅下降之后，纽约市仍然将超过40%的财政预算用于住房和经济发展[①]。因此与其他城市不同，纽约的住房合作社继续保持增长态势。

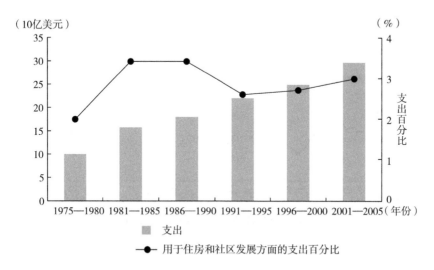

（10亿美元）　　　　　　　　　　　　　　　　　　　　　　（%）

图3-1　地方政府用于住房和社区发展方面的支出（1975—2005年）

资料来源：美国人口普查局。

（二）社会因素

纽约市是国际大都市，一直以来不仅对美国人口具有吸引力，也对全世界的人口具有吸引力。人口因素对其住房合作社政策有着较大影响。

贫困人口聚集，促进以社区共治为特征的住房合作社的发展。20世纪60年代中后期，纽约市面临转型。中产阶级随着制造企业迁移到地价相对低的郊区，大量贫困少数族裔居民涌入城市。因技能缺失、通勤费用高等原因，很多贫困居民失业（见图3-2），不得不依赖政府救济勉强维持生计，进一步增加了城市的财政压力[②]。因此，该阶段纽约陷入"城市危机"中，突出表现为富裕人口流失、种族骚乱和公共服务水平下降，据统计，1971—1980年，纽约市人口减少约80万人

---

① Schwartz A. , "New York City's Affordable Housing Plans and the Limits of Local Initiative", *Cityscape*, 2019, Vol. 21, No. 3, 2019, pp. 355-388.

② 李文硕：《20世纪七八十年代纽约市保障性住房政策的转变及其影响》，《世界历史》2021年第5期。

（见图 3-3）。为了寻求和谐的社区邻里关系，住房合作社成为探索可负担住房管理的新路径。

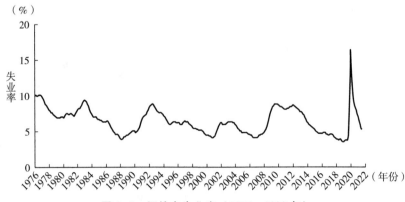

图 3-2　纽约市失业率（1976—2022 年）

资料来源：美国劳工统计局。

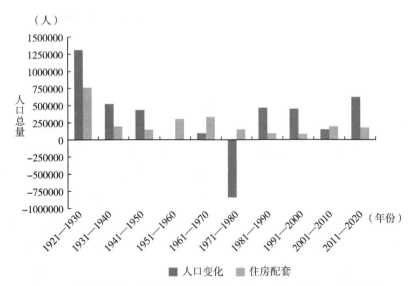

图 3-3　纽约市人口变化与住房单元竣工情况对比（1921—2020 年）

资料来源：美国劳工统计局。

人口增长推动住房需求增加，促进住房合作社发展。1980—2000年，纽约市人口数量一直保持较高水平。然而人口增加的同时，纽约可负担住房数量处于低位。可负担住房数量下降的主要原因有两方面。一方面是住房投机。在租金管制期间，纽约政府规定了房东在租赁期间可收取的最高租金涨幅。但是在租户更换时，房东可将租金上调20%。房东还可以上调租金，以支付整栋公寓的维护支出和特定投资支出。来自国外的住房投资者在中低收入社区收购大量租赁住房，寄希望于未来在这些住房解除租金监管时收取高额租金获取利润。另一方面是租金管制的放松。自1994年起，法律规定，若住房空置后受管制的租金超过特定水平（2018年为每月2700美元），或者如果租户在过去两年中年收入超过20万美元，且租金超过特定金额，则可以解除对住房租金的管制。因为这些规定，1994—2017年有近29.1万个住房单元解除了管制①。其中2014—2017年，月租金低于1500美元的单位数量减少了近16.6万个（12.3%），月租金低于1000美元的单位存量减少了8.7万多个（14.5%）（见表3-3）。

表3-3   按月租金划分的住房单元数量

租金	2014年	2017年	2017年平均百分数（%）	2014—2017年的变化	
				总数（个）	百分比（%）
少于500美元	161776	143488	7	-18288	-11.3
500—799美元	188006	160238	8	-27768	-14.8
800—999美元	253337	211673	10	-41664	-16.4
1000—1499美元	740732	662466	31	-78266	-10.6
1500—1999美元	351847	401444	19	49597	14.1
2000—2499美元	130871	176370	8	45499	34.8
高于2500美元	228877	282972	13	54095	23.6
没有月租	53391	65223	3	11832	22.2
合计	2108837	2103874	100	-4963	-0.2

资料来源：Schwartz A., "New York City's Affordable Housing Plans and the Limits of Local Initiative", *Cityscape*, 2019, Vol. 21, No. 3, 2019, pp. 355-388。

---

① Schwartz A., "New York City's Affordable Housing Plans and the Limits of Local Initiative", *Cityscape*, 2019, Vol. 21, No. 3, 2019, pp. 355-388.

（三）政治因素

纽约合作社的发展，受到政治因素的影响，与美国各级政府的治理理念、治理体制和治理方式的改变有着非常密切的关系。

联邦政府资助，推动合作社的全面发展。20 世纪 60 年代中后期，新自由主义盛行。联邦政府试图通过政府干预推动经济增长、提高社会福利和保护弱势群体。在林赛市长（1966—1973 年）和洛克菲勒州长（1959—1973 年）执政时期多次尝试新型保障性住房建设，对联邦和州政府的保障性住房项目增加补贴，并制定相应政策，整合资金以支持中低收入者获得保障性住房[1]，纽约市的住房合作社也得以建立并初步发展。

联邦政府趋于保守，导致合作社发展走向衰落。1973 年后，受经济危机及越南战争影响，联邦政府财政紧张，对于社会福利供给的态度全面趋向保守，这种趋向也影响了纽约。在 1975 年 1 月的就职演说中，纽约州州长休伊凯里特别强调了纽约市面临的财政困境，并敦促州内各级政府根据自身能力采取行动。在这种政治氛围下，纽约市政府在20 世纪 70 年代末期对社会福利的重视程度有所下降。原本旨在促进可负担住房建设的政策，在执行过程中转变为高端住宅和商业地产的开发。结果，许多原本计划提供给中低收入群体的住房并未交付给相应的合作组织，而是被开发商购得，改造成了豪华公寓[2]。

地方政府支持差异，促进合作社个性化发展。20 世纪 80 年代，纽约市的可负担住房危机格外严峻。为此，科赫市长在 1985 年提出"十年计划"，出资拯救衰败社区，创造更多保障性住房，鼓励保障性住房供给方式的多样化。在美国住房合作社因联邦政府财政缩减整体上趋于衰败的 80 年代，纽约市住房合作社反而走向巅峰。

三　政策变迁的内部动力机制

纽约住房合作社的政策变迁涉及多个行动主体，这些行动者之间的利益博弈推动住房合作社政策的变迁。

---

[1] 李文硕：《20 世纪七八十年代纽约市保障性住房政策的转变及其影响》，《世界历史》2021 年第 5 期。

[2] 李文硕：《20 世纪七八十年代纽约市保障性住房政策的转变及其影响》，《世界历史》2021 年第 5 期。

（一）地方立法支持住房合作社发展

美国住房合作社早于独立产权公寓。第一栋合作社住房 Randolph 是一个高收入人群享有完全住房所有权的建筑，建在曼哈顿西区 18 街。独立产权公寓从欧洲传入美国，在 1961 年合法地位和抵押保险确立之后才慢慢流行起来。第一个公寓项目于 1965 年建在曼哈顿东 64 街，当时还不被纽约市民接受①。

合作社住房和独立产权公寓一直存在竞争②。首先，法律地位不同。独立产权公寓对独有部分享有所有权，对共有部分享有共同管理权。合作社住房是由合作社公司享有所有权，股东享有优先租赁或占有的权利（一般是 99 年）。其次，资金来源不同。独立产权公寓的资金来源于不动产抵押贷款，单元所有者只向公寓支付运营成本。合作社住房的资金来源于公司担保，住房所有者每月向公司支付贷款、运营成本和不动产税。最后，独立产权公寓管理机构不限制所有者转让住宅，而合作社住房转让受到限制，必须得到公司的批准。因此，有的人认为合作社住房的价格比独立产权公寓的价格低；但是也有不同观点，认为合作社的限制加强了物业的价值，保护了业主的利益。

纽约政府在住房合作社发展中发挥重要作用。1960 年《公司法》对租赁住房转变成合作社的形式和程序作出了严格的规定。因此在纽约，租赁住房转变成合作社住房需要遵守法律法规的程序要求：①发起人向有资质的政府办公室提出转换的计划，包括出售的价格、建筑物的情况、经营报告、保证文书等。②提交计划 4—6 个月政府办公室批准后同意归档管理。③发起人开始实施，要求租户购买房屋。通常租赁住房转换成合作社住房涉及土地开发者和租户的利益矛盾和冲突。转换有两种方式：驱逐计划和非驱逐计划。驱逐计划必须 51% 以上的租客同意购买，一旦政府批准，其余的租客在 3 年或合理的期限内驱离。非驱逐计划要 15% 的租客同意，没有购买的租户仍然可以继续居住。不过，1960 年的《公司法》只要求发起人提出申请，没有要求购买者是现有

① Schill M. H., et al., "The Condominium versus Cooperative Puzzle: An Empirical Analysis of Housing in New York City", *The Journal of Legal Studies*, Vol. 36, No. 2, June 2007, pp. 275-324.

② Schill M. H., et al., "The Condominium versus Cooperative Puzzle: An Empirical Analysis of Housing in New York City", *The Journal of Legal Studies*, Vol. 36, No. 2, June 2007, pp. 275-324.

的租户。

在此之后，法律经过了几次修改。1962 年纽约要求驱逐计划中购买者必须是现有的租户，并且 35% 以上签署同意协议。1974 年古德曼·迪尔法（*Goodman Dearie Law*）生效，要求无论是驱逐计划还是非驱逐计划，都需要 35% 以上的租客同意购买，这导致 1974—1977 年转换大幅减少。在 1974 年之后，纽约市只要求驱逐计划中 35% 的租客同意即可。因此 1976 年纽约市的转换申请大幅增加，非驱逐计划多于驱逐计划，转换的焦点集中于租户是否有能力和有意愿购买。1977 年不动产管理局制定非驱逐计划指南。1982 年非驱逐指南正式发布，同时加强对残疾人和低收入人群的保护①。

正是因为政府的支持，使住房合作社在与独立产权公寓的竞争中获胜，在 20 世纪 80 年代的纽约占据优势，成为重要的社会住房形式。

（二）住房合作社回应居民需求

住房合作社是一种集体所有权形式，即居民共同拥有和管理他们所居住的住房项目。合作社享有土地、建筑和公共区域的所有权，居民可以购买合作社的股份，对特定的住房具有经营管理权。合作社的成员也称"股东"，因为他们购买了合作社不动产的股份。在理想状态下，成员对合作社实行民主管理，并且从合作社的经营管理中获得收益。成员选举的董事会，基于成员的最优利益对合作社事项做出决策，并对合作社成员和社区发展负责。通常，董事会成员是志愿职位，他们遵守法律规定的义务，维护合作社的整体利益。如果董事从合作社获取报酬，那么董事还应该从事一些管理工作，如收取租金、支付账单、代表合作社处理法律事务等。

在住房合作社发展过程中，租金管制是激发纽约合作社发展的重要原因。由于法律限制投资回报，纽约的房屋所有者更愿意将共有公寓转换成合作社住房。另外，纽约住房合作社发展，也与纽约居民选择邻里的愿望有密切关系。住房合作社类似于俱乐部，可以保证成员有较高的收入水平，并将不符合条件的人群排除在外。通过合作社的方式限制未

---

① Schill M. H., et al., "The Condominium versus Cooperative Puzzle: An Empirical Analysis of Housing in New York City", *The Journal of Legal Studies*, Vol. 36, No. 2, June 2007, pp. 275-324.

来购房者，可以实现富人对居住环境的要求，实现房屋的保值；同时也不违背联邦、州和地方的法规，规避租金管制的要求。另外，住房合作社可以通过集体谈判减少交易成本，尤其是在谈判人数很多的情况下能获得更有利的结果。

（三）政府资金补贴促进住房合作社发展

纽约市政府在可负担住房领域的资金支持对其住房合作社的发展产生了重要影响。早在1955年，纽约通过米切尔·拉马法案，对同意限制利润的开发商提供财产税减免和低利率贷款鼓励开发面向中低收入者的住房。20世纪50年代和60年代，约有60000个住房合作社的住房单元是根据该法案建造的①。但1975年财政危机导致该计划被迫终止。20世纪70年代后，联邦和州政府逐步削减住房保障支出，纽约市政府的资金支持越发重要。

1986年，埃德·科赫（Ed Koch）市长启动了纽约市住房"十年计划"。面对越来越多无家可归者，以及联邦住房补贴的减少，科赫市长决定从城市资本预算中拨款40亿美元，用于建设和维护主要面向中低收入家庭的住房②。该计划持续了15年，并延续到了丁金斯和朱利安尼两任市长执政时期。"十年计划"涵盖100多个项目，一般可分为三种政策工具。第一种是向业主提供低息贷款，用于住房改造和维修；第二种是为新项目提供补贴；第三种则是利用住房合作社等非营利组织提供可负担住房③。

2002年，迈克尔·布隆伯格（Michael Bloomberg）市长希望加强纽约作为"全球可负担住房领导者"的地位，宣布了一项"新十年计划"。该计划由纽约市住房保护与发展局（Department of Housing Preservation and Development，HPD）实施。与科赫市长"十年计划"相比，"新十年计划"虽然援助住房单元总数相似，但预算拨款却更高，主要

---

① Sazama G. W., "Lessons from the History of Affordable Housing Cooperatives in the United States: A Case Study in American Affordable Housing Policy", *The American Journal of Economics and Sociology*, Vol. 59, No. 4, January 2003, pp. 573-608.

② Schwartz A., "New York City's Affordable Housing Plans and the Limits of Local Initiative", *Cityscape*, 2019, Vol. 21, No. 3, 2019, pp. 355-388.

③ Elmedni B., "The Mirage of Housing Affordability: An Analysis of Affordable Housing Plans in New York City", *SAGE Open*, Vol. 8, No. 4, 2018, pp. 21-58.

原因是新建项目所占比例不同。"十年计划"援助项目中,新建住房项目占比约为 10%,其余 90% 是旧住房维修和保护;而"新十年计划"援助项目中,新建住房项目占比约为 33%,旧住房维修占比约为 67%。2005 年,纽约设立了年预算为 1.35 亿美元的住房信托基金,它为建设和保护 4500 个住房单元提供资金①。住房信托基金由政府设立,面向中低收入住户,为解决地方住房需求提供灵活多样的资金支持。

2015 年,比尔·德布拉西奥(Bill de Blasio)当选纽约市长,加大了可负担住房投资力度。首次当选时,德布拉西奥承诺解决大量无家可归者的问题。为此,市政府提出"新建 15000 套住房,并配以社会服务支持"的计划。2017 年,纽约市宣布计划投资 2.5 亿美元,用于保持住房合作社开发项目的可负担性②。数据显示(见图 3-4、表 3-4),纽约市 2015—2018 年用于住房的资本预算支出金额增长显著。

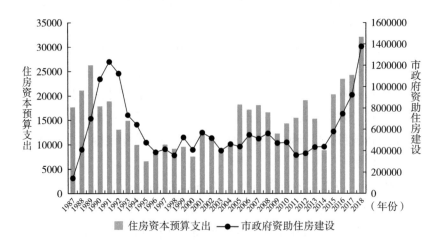

图 3-4 年度住房资本预算支出及市政府资助

住房建设情况(1987—2018 年)

资料来源:Schwartz A.,"New York City's Affordable Housing Plans and the Limits of Local Initiative",*Cityscape*,2019,Vol. 21,No. 3,2019,pp. 355-388。

---

① 住房和城乡建设部政策研究中心、中冶置业集团有限公司联合课题组:《求索公共租赁住房之路》,中国建筑工业出版社 2011 年版,第 49 页。

② Schwartz A.,"New York City's Affordable Housing Plans and the Limits of Local Initiative",*Cityscape*,2019,Vol. 21,No. 3,2019,pp. 355-388.

表 3-4　　　1987—2018 年纽约市五任市长住房年均支出和开工量

市长	任期（年）	新建筑（栋）	保存建筑（栋）	合计（栋）	资金投入（美元）
科赫	1987—1990	2337	18531	20869	591561
丁金斯	1991—1994	2454	11785	14239	932059
朱利安尼	1995—2002	2554	6909	9463	457515
布隆伯格	2003—2014	4619	9937	14556	459124
德布拉西奥	2015—2018	7958	17179	25137	914020

资料来源：Schwartz A., "New York City's Affordable Housing Plans and the Limits of Local Initiative", *Cityscape*, 2019, Vol. 21, No. 3, 2019, pp. 355-388。

四　政策变迁中的路径依赖和改革创新

（一）政策变迁中的路径依赖

住房合作社是基于不动产开发利用而形成的合作社。住房合作社类似于不动产投资信托，但是又有所不同。

不动产投资信托（以下简称"REITs"）是基于不动产的一种投资模式。该模式通过发行股票或收益凭证募集资金，并交由专业投资管理机构负责运营和管理。投资者根据其持有的股份比例，获得相应的投资收益。第二次世界大战后，美国经济腾飞，房地产市场繁荣，但 1958 年经济负增长后大量新建房屋无法消化。因此，1960 年美国国会制定房地产投资信托法案并修改相关税收内容，标志着美国房地产投资信托制度的建立，并诞生 REITs 公司。

基于管理架构的不同，不动产投资信托（REITs）可分为外部管理型 REITs（Externally Managed REITs）与内部管理型 REITs（Internally Managed REITs）[1]。在外部管理型架构中，REITs 委托外部第三方管理机构承担投融资任务，以及资产运营和物业管理，并支付相应的管理费用。该管理费用由两部分构成：一是基于资产规模的固定费用，二是与投资结果相关的绩效费用。在内部管理型架构中，REITs 的内部机构则承担起金融资产和不动产的全部管理职责。不同的管理架构将导致 REITs 在代理环节及代理链条上存在差异，进而影响到相应的代理成本。

---

[1]　Singer, Russell J. "Understanding REITs, UPREITs, and Down-REITs, and the Tax and Business Decisions Surrounding Them", *Virginia Tax Review*, Vol. 16, No. 2, 1996, pp. 329-345.

相比内部管理型 REITs，外部管理型 REITs 的管理人员基于专业能力、知识、技能等的优势，实现规模效应，促进 REITs 的发展。然而，采纳外部管理模式的房地产投资信托（REITs）必须聘请第三方管理机构的管理人员，此举增加了代理环节，导致代理成本相应上升。特别地，由于信息不对称及利益冲突，代理问题可能更为严重。此外，当外部管理者追求个人利益时，会产生额外成本，从而降低外部管理型 REITs 的收益率。与之形成对比的是，采用内部管理模式的 REITs 往往具有更低的运营成本和更高的收益率。1986 年税制改革之前，由于立法限制 RE-ITS 公司必须为权益型外部管理公司，且公司损失不能抵减个人投资者所得税，美国 REITs 普遍采用外部管理模式。1986 年修订并颁布的《税制改革法案》（*Tax Reform Act*）正式授权不动产投资信托（REITs）采纳内部管理模式[1]。

与不动产投资信托不同，住房合作社属于非营利组织。合作社虽也以不动产资产为支撑，通过发行股票或收益凭证来募集资金，并交由专业机构经营与管理，但不得向投资者分配利润。其宗旨在于实现物业的保值与增值。1986 年的税制改革，是住房合作社发展的一个关键节点。正是因为其非营利性，所以住房合作社不仅可以为其成员提供可负担住房，同时也得到了各级政府的支持，显示出旺盛的生命力。

（二）政策变迁中的改革创新

与美国多数城市住房合作社的衰落不同，纽约住房合作社一直保持下来，与其多样化的属性有关。纽约住房合作社在发展的过程中逐渐形成了三种主要类型与模式[2]。

第一类是市场价格的住房，主要针对中高收入家庭，在个人购买房产困难的大城市中较多。这类合作社由于资产抵押、较低的房产税以及邻里的相互支持，对其成员具有优势。主要特征是：①由营利性房地产开发商发起，多数合作社是对纽约现有出租建筑的改造。②股份按市值出售。在某些情况下，合作社公司向转售的所有者收取一定比例的资本

---

① 闫琰：《不动产投资信托基金的治理问题》，《清华金融评论》2020 年第 12 期。

② Cecodhas Housing Europe and ICA Housing, "Profiles of a Movement：Cooperative Housing around the World", April, 2012, pp. 85 - 90, http：//issuu. com/cecodhas/docs/housing - coop - web/71.

收益。③出售股份被视为出售个人财产，转让成本较低。大多数州的交易费用为成本的 2%—3%，而独立产权公寓的交易费用占比为 7%—10%。④基于持有股份数量享有投票权。⑤住房合作社的所有权对信托开放，可以用来规避遗产税和遗嘱公证。人口老龄化和房地产的保值增值，使这些住房合作社对股东有吸引力。在纽约的住房合作社中，大多数住房单元可以保留在开发商手中，只有极小比例的住房出售，为合作社发展带来一些困难。在某些转换成合作社住房的项目中未售出的股份可能带来一些风险，如投资者可以购买股份，他们享有类似于开发商的特权，能够永久保留住房单元，出售或转租住房单元也无须董事会批准。

第二类是有限股份住房合作社，主要针对低收入和中等收入家庭。其特征是：①最初由工会和少数民族移民协会发起，现在通常由非营利组织或租户团体发起，必须符合联邦立法补贴计划要求。②合作社的目的是防止投机，鼓励长期居住，并保持可负担性。③政府财政资助可用于维持可负担性。资助方式可以是联邦和州政府对合作社的低息贷款，也可以是对居民的租赁补贴。④股份根据合作社章程中规定的回报率标准出售，股份价格通常远低于独立产权公寓的首付。

第三类是租赁住房合作社。纽约将一些公共住房转为合作社住房，借助第三方专业团体的帮助，租户也可以选择成立合作社。选举产生的公共住房租户，在接受训练后可在过渡期临时管理他们的建筑，在所有资产经过处理后，租户支付一定的费用后转变成合作社住房。其主要特点是：①房产由住房合作社从业主处长期租赁，有时可选择购买。居民以合作社管理者的身份管理建筑物。②股价可以像任何有限股份合作社一样，每年调整。③住房合作社与投资者或投资集团之间是合作关系，投资者或投资集团可以利用这一优势获得联邦所得税抵免。④如果使用税收抵免计划融资，在 15 年税收抵免期结束后，住房合作社可以从投资者那里购买该建筑。

纽约合作社住房比重高，也离不开纽约政府的政策支持。与公寓相比，合作社住房有着额外的税率优惠[1]。1971 年，基于合作社的风险，

---

[1]　Schill M. H., et al., "The Condominium versus Cooperative Puzzle: An Empirical Analysis of Housing in New York City", *The Journal of Legal Studies*, Vol. 36, No. 2, 2007, pp. 275-324.

纽约州鼓励金融机构向合作社提供贷款，贷款利率可降低 1.5%。另外，公共租赁住房转成合作社住房在抵押方面有更多的灵活性，使更多人能够接受。此外，纽约市政府还通过纽约市社区住房服务组织（Neighborhood Housing Services of New York City，NHS）为全市住房合作社提供免费培训和技术援助，通过城市家庭援助委员会（Urban Homesteading Assistance Board，UHAB）每月为住房合作社董事会和股东提供各种免费的培训。

总的来看，住房合作社政策变迁受到内外多种因素的影响，是兼具路径依赖和改革创新的过程。虽然相比其他城市，纽约住房合作社的数量多，占比很高。但长期以来纽约市与营利性开发商合作，营利性开发商在 2015—2018 年获得了该市 80% 的住房补贴，而有限股份合作社和社区土地信托处于政策边缘。

五 小结

纽约住房合作社政策变迁受到经济因素如财政支持和经济发展态势，社会因素如贫困加剧和经济适用房短缺，政治因素如政府执政理念等外部因素的影响。同时，地方政府与住房合作社、居民与住房合作社等内部行动主体的互动也对住房合作社的发展产生了显著影响。在纽约住房合作社政策变迁的过程中，住房合作社保持其非营利性的特征，同时根据不同人群的需求，在经营管理模式上进行了一些调整。

20 世纪 90 年代后，合作社住房在与共管公寓的竞争中逐渐衰落，主要原因在于合作社住房存在一些缺陷[①]。首先，合作社成员共担风险，个别成员的财务风险可能会影响合作社的财务情况。例如，若一位成员拖欠维修费，那么合作社的其他成员需要补齐相关款项，否则不能全额支付费用导致的违约，会威胁到整个合作社住房。合作社成员必须对自己的住房负责，但并非所有低收入家庭都愿意或有能力这样做。而在共管公寓的情况下，由于所有按揭贷款和物业税的支付都是单个业主的责任，因此不存在这种共同的违约风险。其次，住房合作社关于审批

---

① Schill M. H. , et al. , "The Condominium versus Cooperative Puzzle: An Empirical Analysis of Housing in New York City", *The Journal of Legal Studies*, Vol. 36, No. 2, 2007, pp. 275-324.

和融资的限制性规定可能会影响人们参与的意愿。如一些不愿公开自己财务状况的潜在购房者，可能会避免购买合作社住房；要求成员以其份额承担抵押担保责任，会导致现金不足的潜在购房者放弃申请；限制转租的规定，也会让那些住房投资人失去兴趣。最后，住房合作社在获得优先融资方面比较困难。相对于出租物业或公寓，金融机构对合作社住房不太熟悉，不敢冒险涉足这一领域。

第二节　巴黎住房合作社政策变迁

巴黎是法国的首都，是法国最大的城市，也是法国政治、经济、文化中心。巴黎可细分为核心区域与外围区域。核心区域，又称"小巴黎"，其范围限定于大环城公路以内，总面积为 105.4 平方千米，人口数量达到 216.5 万人。外围区域，又称"大巴黎"，包括核心区域周边的上塞纳省、瓦勒德马恩省、塞纳—圣但尼省、伊夫林省、瓦纳德瓦兹省、塞纳—马恩省以及埃松省，共计 7 个省份，古称"法兰西岛"，人口1302.4 万人，占据全国人口的 1/6[①]。

法国的社会住房由廉租住房公共机构（Habitations à Loyer Modéré，HLM，英文为 Housing at Moderate Rent）和非廉租住房管理机构（多数由大型企业和金融公司建立）所有的住房组成，都需遵守廉租住房租金管理规定。其廉租住房主要服务于那些在市场条件下难以获得住房的中低收入阶层。法国的社会住房既包括租赁住房，也包括自有住房，可以由公共或私营部门供应和管理。2009 年，法国共有社会住房约 450 万套，占家庭首套住房的 17%[②]。而每年给低收入者提供的社会住房中，60%的住房由 HLM 合作社建造[③]。

---

① "Populations légales 2019：Commune de Paris（75056）". INSEE, 2022, https：//www. insee. fr/fr/statistiques/6005800？ geo=COM-75056.

② Whitehead C., Scanlon K. J., *Social housing in Europe*, London School of Economics and Political Science, 2007.

③ Cecodhas Housing Europe and ICA Housing, "Profiles of a Movement：Cooperative Housing around the World", April, 2012, pp. 85-90, http：//issuu. com/cecodhas/docs/housing-coop-web/71.

法国有三种类型的合作社①：①廉租房生产合作社（SCP，the HLM production co-operative），这是最古老的也是最多的一种住房合作社形式，会员包括租户和员工，拥有51%的投票权（与股金无关），非租户的合伙人，包括个人或组织基于股金按比例享有35%—49%的投票权。②廉租房集体合作社（SCIC，HLM collective interest co-operative），依据2003年法律规定开展城市更新项目，是法国近期的合作社类型。会员由不同的合作者联盟组成。法律主要规定了三种类型的合作联盟：租户联盟、雇员联盟和公共机构联盟，每个联盟有10%—50%的投票权，雇员联盟投票权不超过15%。合作社还可以有其他的联盟参与。③地方廉租房合作社（HLM local law co-operatives），其运作方式与HLM SCPs类似。目前只有三个公司，都依据摩泽尔省地方法律来管理。早期的住房合作社是生产合作社，主要从事开发建设活动，扩大住房供应数量；后期在城市化发展稳定时期，住房合作社参与城市更新计划，提高住房质量，促进社区发展。

一 政策变迁历程

随着工业革命的发展，用工需求快速增长，加剧了城市住房紧张。1844年，首家合作社——罗奇代尔合作社在英国建立；1861年，罗奇代尔合作社在英国建造了36套合作社住宅②。

基于关键节点，巴黎住房合作社的政策变迁历程大致可以划分为政策缘起（1867—1948年）、政策困境（1949—1980年）、政策恢复（1981—2007年）、政策转型（2008年至今）四个阶段。

（一）政策缘起（1867—1948年）

19世纪，在工业化大发展的时代背景之下，大量产业工人向城市流动，由此伴生的房屋供给不足、卫生条件差等住房问题开始成为一些大型公司和慈善家关注的热点。1867年，巴黎工人住房合作协会成立，这也是最早的住房合作社。合作社的主要任务是整治危旧房屋和建设以独立式住宅为主的工人住宅，改善居住条件（特别是卫生条件）。这个

---

① Cecodhas Housing Europe and ICA Housing, "Profiles of a Movement: Cooperative Housing around the World", April, 2012, pp. 85 – 90, http://issuu.com/cecodhas/docs/housing – coop – web/71.

② Cole G. D., *A Century of Co-operation*, London: George Allen & Unwin Ltd., 1994: p. 43.

时期，工人住宅建设多为企业的行为，因此建设规模普遍较小，缺乏社会服务设施配套。

19世纪中期以后，巴黎的工业化进程加速发展。随着企业大量聚集和产业工人数量不断增加，住房需求也在不断扩大。因此，巴黎建设了以花园新城为代表的集合式廉价住房，为不断增长的产业工人提供适宜住房。这个时期，地方直接投资建设公共住房，国家为公共住房建设提供资金支持。这些工人住宅有一些基本特点，①建于乡间或郊区，密度低，以联排为主。②居住者都是工人。③功能单一，主要是居住及辅助功能。④居住的供给者对居住者进行管理。

20世纪初，法国的住房合作运动在一系列立法支持下开始蓬勃发展。1894年，《施格弗莱德法案》（*La Loi Siegfried Act*）建立了廉价住房机构（Habitations à Bon Marché，HBM），提出成立地方廉价住房委员会（comités Locaux d'habitations à bon marché），倡议企业通过向工人集资的方式建设集合式住房，鼓励慈善组织和公共机构投资建设廉价住房，国家鼓励和帮助没有住房的工薪家庭购买房屋，为企业建设廉价住房提供财政支持①。1906年，《斯特劳斯法》（*La loi Strauss Act*）授权各省成立廉价住房（HBM）公司，并要求各省级政府及市镇通过提供土地、购买股份、贷款或担保等方式支持廉价住房公司②。1908年，《里博法案》（*La loi Ribot Act*）创立了不动产信托担保公司，引入低利息的政府贷款帮助人们购买合作社住房，将财政优惠政策拓展至中低收入家庭。同年，HLM合作社国家联盟成立，代表HLM合作社成为社会住房的主体之一，取得合法地位。这个联盟不仅促进住房合作社间的合作、制定政策促进合作社的发展，还对合作社提供开发和运营支持。1912年，《博纳维法案》（*La loi Bonnevay Act*）授权各省级政府及市镇成立"廉价住房机构"（HBM），指导廉价住房的规划建设并提供住房公共服务，为政府介入社会住房建设与管理奠定了法律基础。

第一次世界大战之后，住房供给的矛盾更加突出，迫使政府直接建设廉价住房。1928年，《卢舍尔法案》（*La loi Loucheur Act*）通过成立

---

① 王思琦等：《分权治理视角下法国央地协同实施社会住房政策的经验与启示》，《国际城市规划》，2022年8月9日（网络首发）。

② 孙莹：《法国社会住房的政策演变和建设发展》，《国际城市规划》2016年第6期。

"廉价住房公共机构"的方案，负责建设和管理由政府资助的住房。同时提出政府计划在 5 年内建设 26 万套廉价住宅，其中包含 6 万套用于出租的低租金住宅①。

（二）政策困境（1949—1980 年）

第二次世界大战结束，法国经济复苏，城市化进程进入加速发展阶段。1949 年，"廉价住房"（HBM）更名为"廉租住房"（Habitations à Loyer Modéré，HLM），并规定廉租房公共机构的职责是"进行住宅开发建设，以低于市场的价格将住宅出租、出售（以出租为主）给低收入居民，并负责房屋的日常维修和管理"②。1953 年，国家出台"库朗计划"，确认了国家在提供住房方面的责任，扩大土地征收权；同时对 10 人以上的公司征收工人工资总额 1% 的住宅建设税作为社会住房建设的专款资金。为了调动其他主体的积极性弥补住房缺口，法国政府还通过大幅度发放"住房建设补贴"，低息贷款鼓励私人和非营利机构投资建设社会住房。1957 年，法国出台"优先城市化地区"（ZUP）政策，由国家负责在全国划定 ZUP 区域进行整体规划与开发建设，建设以大型住区为代表的集合式廉租住房。1958—1969 年，在大巴黎的 21 个优先城市化地区（ZUP）中，6 个位于近郊区，15 个位于远郊区，大型住区的住宅开发规模为 2000—9000 套③。

当时存在两种合作社④：一种是非租金管制的住房合作社，中等收入人群基于个人和社区的努力建造非租金管制住房；另一种是租金管制住房合作社（the HBM co-operatives），开发独栋住宅，从房屋租赁过渡到逐步实现房屋所有。合作社也开发少数租赁项目，成员分担 15% 以上的成本，同时交纳月租金支付运行费用。除了建房，合作社管理团结互助储蓄基金，为成员解决资金问题，与金融机构合作，占有和管理租赁住房。

---

① 孙莹：《法国社会住房的政策演变和建设发展》，《国际城市规划》2016 年第 6 期。

② 赵明、［法］弗兰克·合雷尔：《法国社会住宅政策的演变及其启示》，《国际城市规划》2008 年第 2 期。

③ 王一、张尚武：《法国〈社会团结与城市更新法〉对中国保障性住房建设的启示》，《国际城市规划》2015 年第 1 期。

④ Cecodhas Housing Europe and ICA Housing, "Profiles of a Movement: Cooperative Housing around the World", April, 2012, pp. 85–90, http://issuu.com/cecodhas/docs/housing-coop-web/71.

由于国家的大力干预，这一时期住房危机得以缓解。但是基于战后国家经济实力的客观限制和过快的建设速度，大型住区普遍存在建筑质量不高的问题。1963 年之后，政府逐渐加强合作社的管理，调整合作社的组织结构和资金结构以减少合作社的风险，合作社的成员为了保护自身权益也要求政府立法削弱合作社的权力。1965 年，法令限制了合作社的租金，改变了股份付费制度，禁止合作社从租赁向所有转换，要求由 HLM 自己组织安排投融资。这个时期，27610 个合作社的住房单元全部转为所有权房屋，以满足人民住房所有的需求①。1971 年，宪法修正案（"Infamous" Laws）（将个人自由作为宪法规定的基本权利）对合作社运动进一步打压，强制它们使用第三方服务，将建设和管理的职能交给其他的法人组织。如果想发展，这种"租赁—所有"的合作社（SCLA, the rent-to-own co-operative societies）必须转为生产合作社"Société coopérative de production"（SCP）。在法律法规变化的情况下，很多合作社转为公司。之后十年，合作社变得稀少，多数非租金管制合作社也因为金融问题而停止。

1977 年，随着住房短缺问题基本得到解决，法国进行住房政策改革，将之前的住房建设资助转向个人购房补贴（APL），鼓励住房供给多样化。这项改革促进了住房的自有化，满足了不同收入群体的居住需求，但是加剧了住房分层。一些经济条件比较好的家庭从原来的城郊社会住房区搬离，郊区大型住区成为贫困人口、弱势群体的聚集地，使社会隔离问题出现。

（三）政策恢复（1981—2007 年）

20 世纪 80 年代，法国居住隔离现象加剧。由于产业结构调整，部分传统工业街区和郊区大型住区既缺乏生产性活动，无法提供充足的就业岗位，又缺乏必要的商业服务和社会服务，逐步展现出物质环境和社会环境的多方衰退②。中高收入人群，包括富裕阶层、中产者逐渐搬离并向城区集中；而贫困人口，包括占有相当比例的、来自北非和南亚等

---

① "Histoire de l'habitat coopératif en France", Passerelle Eco（April 2021），https：//www. passerelleco. info/spip. php？page=article&id_article=2412.

② 刘健：《城市快速发展时期的社会住房建设：法国的教训与启发》，《国际城市规划》2012 年第 4 期。

原法属殖民地的移民拥向郊区。聚集在郊区的贫困家庭逐渐增多,导致多数大型住区沦为移民、失业者和困难家庭聚集的贫民窟。政府对这些区域的公共基础设施投入不足,进一步导致这些区域呈现"贫民窟化",社会治安问题越发严重①。

鉴于传统工业街区和大型住区的衰败,巴黎进入城市化转型时期,住房发展开始从大量新建住宅向老旧住宅改造转变。1981年,法国政府提出了《社会住房区复兴计划》(La Rehabilitations des Quartiers D' Habitat social)以及《城市复兴法案》(La Rehabilitations Urbaine Act),支持廉租住房部门筹集资金,改善社会住房区域的居住环境。主要政策措施包括修缮老旧住宅、增加公共空间及公共设施、增加绿地、美化街区环境等,试图通过改造物质环境吸引富人、中产或中低产阶层回迁。1982年,针对"城市敏感区"又实施了一系列综合性的"城市更新"计划②,即在基于失业率、收入和社会住房比重等指标划定城市敏感区,对这些贫困人口过度集中的城市敏感区域,不仅改造物质环境,还要加强经济建设、就业激励、教育帮扶和犯罪预防等方面的工作。这些城市更新计划虽有成效,但重点是对贫困人口给予多方的帮助,并没有改变社会住房区域的人口结构。由于富人或中产阶级并没有回来,社会隔离问题依旧严重。

在这一背景下,1983年,地方的住房合作社在遵守强制审查法定义务的前提下,开始全面恢复。合作运动重新定位,以促进低收入人群住房所有权为目标。"租赁—所有"的方法依然适用,并在1984年的法律中做了规定。这个阶段法国的HLM合作社建立由HLM住房合作社、不动产信用公司和地区HLM协会组成的合作社联盟。1989年,在合作社经历严重困难、危及其生存的情况下,合作社联盟和政府公共机构之间签署备忘录,明确合作社联盟的责任是给存在困难的合作社提供支持。

---

① 赵明、[法]弗兰克·合雷尔:《法国社会住宅政策的演变及其启示》,《国际城市规划》2008年第2期。

② 注:城市敏感区居民的贫困水平是全国平均水平的3倍以上,失业率高达20%且为全国平均水平的2倍以上,60%的居民住在社会住房内。转引自法国城市政策中"社会混合"原则的实施方式。

1990 年之后，巴黎进入城市化稳定发展时期。针对住房发展中存在的因文化和收入差距出现的社会隔离现象，1990 年，法国颁布《贝森法案》（La loi Besso Act），首次提出"居住权"（le droit au logement）概念，明确保障居住权是维持社会团结的必然要求，"所有因收入水平或生存条件而面临住房困难的个人或家庭，均有权得到资助，以获取独立成套的适宜住所"；要求城市滚动编制为期 5 年的"地方住房发展规划"，根据人口和社会发展计划，确定社会住房的分布和建设数量①。1991 年，《城市指导法》出台，在市镇实施社会混合，在城市发展中引导居民的多样化。该文件指出，"每个人口超过 2 万的市镇都应该拥有不少于 20% 的社会住房。如果向社会住房机构缴纳一定数量的罚金，可以代替社会住房建设"②。

1992 年的《合作社现代化法》（La Modernisation des Entreprises Coopératives）和 2000 年的《社会团结和更新法》（La Loi Solidarité et Renouvellement Urbains）确认 HLM 住房合作社是法国社会住房的主体，赋予 HLM 办公室更多的决策权。鉴于合作社资金不足，HLM 合作社开始对不是其成员的合作人开放。同时合作运动带来一些新的工具，如成立合作住房开发的公司 SDHC（the Société de développement de l'habitation coopérative），以及采取保护金融投资者和合作社成员的措施。

2003 年，法国颁布《城市更新计划与指导法》（又称"Borloo 法"，Loi d'Orientation et de Programmation pour la Ville et la Rénovation Urbaine），提出"在未来 5 年内拆除 20 万套社会住房的计划，同时增建等量的社会住房"，即拆除城市敏感地带住宅区内不符合居住标准的社会住宅，同时在原有街区重建一半住宅，在其他街区新建另一半住宅。在其他街区新建社会住房的实现方式除了直接新建，还有两种重要途径，即改造收购和协议收购。其中，改造收购是指收购存量房产改造为社会住房，用于改造的费用大于购买成本的 20%；协议收购是指收购之后用于改造的费用小于购买成本的 20%，这两种方式在城市土地稀缺、社会住

① 乔宇等：《基于"社会融合"政策的社会住房发展建设——以巴黎圣安东尼街 76 号项目为例》，《住区》2020 年第 4 期。
② 赵明、[法] 弗兰克·合雷尔：《法国社会住宅政策的演变及其启示》，《国际城市规划》2008 年第 2 期。

房比例偏低的"富裕"城镇中得到了推广和应用，短时间内实现了多种住房类型的混合。在巴黎富裕阶层集中的中心区域及西部郊区，普遍采取协议收购的方式来增加社会住房的数量①。

然而城市更新计划和相关法律出台后，大巴黎的社会住房问题依然严重，社会住宅的分布失衡仍然存在。由于富人聚集和公共设施集中，巴黎市中心以及西南部的社会住宅比例仍低于10%。一些远郊市镇以独立住宅为主，社会住宅比例大多也低于10%②。

（四）政策转型（2008年至今）

2008年，国际金融危机之后，法国面临前所未有的住房危机。面对收紧的信贷和高利率，住房建设成本不断提高，可负担住房项目尤为困难。住房危机导致低收入人数不断增加，在需要住房的400万人中约1/3的人在寻求可负担住房。他们不仅需要可负担住房，更希望有可负担的自有住房。在法国，住房占有率达到50%，但是渴望自有住宅的法国人达到90%以上，这种供求差距影响法国住房合作社的住房所有形态③。

另外，社会住房由集中统一向分散均衡发展④。为了更好地促进社会融合与社会住房建设，2012年，法国议会提出SRU法的更新计划，建立了"地方社会住宅保障基金"，加大监管和处罚力度。2013年，《关于利用共有土地建设社会住房以及加强社会住房建设责任》［又称《迪弗洛1号法》（*Le Loi Duflot* 1）］进一步要求地方政府通过新建、收购、更新等方式在社会住房不足、富裕阶层集中的市镇内增加社会住房，并到2025年将市镇社会住房的目标比例提高到25%。

住房合作社因其灵活的形式，可以适应空间均衡的要求，在存量住房改造社会住房、促进社会融合方面发挥着积极作用。但是，合作社的

---

① 李明烨等：《法国城市政策中"社会混合"原则的实施方式与效果研究》，《国际城市规划》2017年第3期。

② 乔宇等：《基于"社会融合"政策的社会住房发展建设——以巴黎圣安东尼街76号项目为例》，《住区》2020年第4期。

③ Cecodhas Housing Europe and ICA Housing, "Profiles of a Movement: Cooperative Housing around the World", April, 2012, pp. 85-90, http://issuu.com/cecodhas/docs/housing-coop-web/71.

④ 孙莹：《法国社会住房的政策演变和建设发展》，《国际城市规划》2016年第6期。

发展也面临一些挑战，即如何以与首次购房者收入匹配的成本建设高标准住房的能力；如何提高合作社的地位，给合作社成员提供长期的住房及相关服务。

在巴黎的住房合作社中，"芭芭雅嘉"合作社具有代表性，法国《解放报》称之为"现实的乌托邦"①。法国老龄化问题尤为严重，3个法国人里就有1个超过65岁。到2025年，将有两千万法国人超过65岁，65岁及以上男女比例为0.74∶1。法国养老服务的起步与其他西方发达国家相比较晚，随着人口老龄化和养老问题的日益凸显，政府开始重视养老服务。20世纪80年代开始，政府出台一系列措施支持和推动养老服务的发展②。"芭芭雅嘉"合作社是作为一个女性老年人自助社区而建立起来的合作社，2009年动工，2012年完成，市政府提供400万欧元的财政援助。该合作社不仅体现了自我管理、团结互助、公民参与等价值观，也表明了合作社可以在住房建设和维护之外发挥积极作用。

巴黎住房合作社的社会住房建设起步较早，经历了20世纪初的全面发展、50年代恢复、60—80年代衰落、80年代地方发展的过程，至今仍在社会住房供应中发挥积极作用。总的来看，巴黎住房合作社政策变迁表现出一些特征。首先，政策内容变化大。巴黎合作社的住房供给从国家支持向地方分权转变，呈现地方发展态势；住房筹资比较单一，严重依赖政府资金。住房分配对象相对广泛，涉及低收入人群、中低收入人群和中等收入人群。其次，政策目标改变。在住房短缺时期，巴黎住房合作社政策目标主要是解决住房可负担问题，而在住房分层时，巴黎住房合作社政策目标是解决社会隔离问题，促进社会和谐发展。最后，巴黎的住房合作社政策变迁表现出强制性的特点。最初住房合作社在国家立法支持下快速发展，之后国家推动地方政府利用合作社住房解决居住隔离问题，其过程表现出自上而下的发展趋势。

---

① 汇橙养老：《法国的"乌托邦"互助养老新模式——芭芭雅嘉》，搜狐网 https://www.sohu.com/a/110008578_464403。

② 杨钊：《法国多样化产业化养老服务模式的发展及启示——兼论我国养老服务产业发展》，《当代经济管理》2014年第7期。

二 政策变迁的外部影响因素

工业化时期，巴黎的住房合作运动和合作社就蓬勃发展，政策几起几落，经历了多个阶段。在不同的阶段，明显受到经济、社会和政治因素的影响。

（一）经济因素

经济是影响巴黎住房合作社政策发展的重要因素。经济快速增长时期，国家资金支持促进住房合作社快速增长，成为解决住房短缺问题的重要力量，而经济低迷出现危机之后，更需要国家资金支持住房合作社发挥作用。

经济增长，国家支持住房生产促进合作社发展。第二次世界大战后，法国经济复苏。经济增长带来城市化进程加快，由人口增长导致住房短缺严重。这个时期，法国的住房政策是鼓励政府以外的其他主体，如私人和非营利机构投资建设社会住房，缓解住房压力。另外，经济发展提高了政府财政收入，政府对建设主体给予低息贷款和大量的住房建设补贴。其中，1950—1965 年基于 35 年 2% 的贷款低利率，140 个租金管制合作社成立，建设了 13 万住房单元①。

经济低迷，国家支持住房消费导致合作社大幅减少。20 世纪 70 年代石油危机引发全球经济动荡，法国长达 30 年的经济繁荣宣告结束，城市化进程也进入稳定发展阶段。此时，巴黎地区的住房短缺问题基本解决，政策重心从住房生产转向住房消费，对个人住房消费提供补贴。随着国家建设投资的急剧缩减，大型住区建设计划停止。另外，由于建设太快，大型住区的住房质量不高，国家进一步加强了对合作社的规范管理，住房合作社大幅减少。

地区经济不均衡，合作社恢复发展。1996 年后，HLM 的年建设量由 7 万套下跌至 2000 年的 4 万套，社会住宅的建设进入低谷期。因此，国家决定给予社会住房建设更多的补助。2001 年，法国政府宣布将加大用于新建社会住宅或者收购存量住宅用作社会住宅的资金投入，出资规模达 10 亿欧元，补助比例由先前的 40% 提高到 60%，同时根据居民

---

① 刘健：《城市快速发展时期的社会住房建设：法国的教训与启发》，《国际城市规划》2012 年第 4 期。

收入类型，提供不同的借贷方式（见图 3-5）。

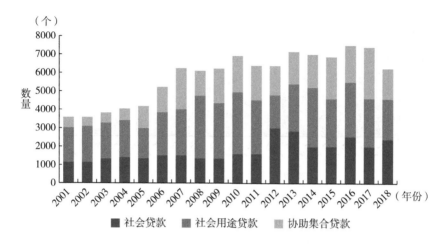

图 3-5　巴黎社会住房的融资类型（2001—2018 年）

资料来源："Les Derniers Chiffres du Logement Social à Paris", Apur, April 2021, https：//www. apur. org/dataviz/offre-logement-social/。

　　巴黎地区是法国的主要经济活动地区，2011 年，巴黎地区的人口占法国大都市的 18.8%，巴黎地区的国内生产总值占法国大都市国内生产总值的 30%。然而在法国 23000 个家庭生活在不足 9 平方米的住房中，大部分在法兰西岛和房地产市场繁荣的巴黎地区①。因此，2001—2019 年，巴黎每年批准的社会住房单元数量整体上呈递增趋势，2007—2018 年，每年有超过 6000 套房屋获得许可（见图 3-6）。

　　（二）社会因素

　　人口增长和社会分层导致的冲突和矛盾是巴黎政府加强社会住房政策、促进合作社发展的重要原因。人口增长导致的住房短缺，需要住房合作社提供有力的补充。人口分布不均衡形成的社会隔离，仍然需要合作社发挥作用。

---

① Cecodhas Housing Europe and ICA Housing, "Profiles of a Movement：Cooperative Housing around the World", April, 2012, pp. 85 - 90, http：//issuu. com/cecodhas/docs/housing - coop - web/71.

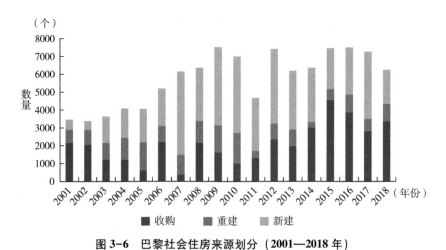

（个）

图 3-6　巴黎社会住房来源划分（2001—2018 年）

资料来源："Les Derniers Chiffres du Logement Social à Paris", Apur, April 2021, https：//www. apur. org/dataviz/offre-logement-social/。

　　人口增长增加需求，促进合作社建设。20 世纪 50 年代，法国大规模建设住房，以填补因战争破坏和人口增长导致的住房供给缺口。20世纪 60—70 年代，法国执行"优先城市化地区"政策，继续大规模建设大型住宅区。同样在巴黎，为城市化加速发展和城市空间不断拓展所推动的住房需求扩张，促使巴黎不断推进住房建设。综合各方因素，这个时期的大型住区建设多选址在土地价格相对低廉、土地征用相对方便的城市边缘和城市郊区①。

　　人口分布不均衡，促进地方住房合作社发展。20 世纪 90 年代，巴黎的社会问题日益突出。尤其是在住房领域，由文化差异和收入不平等导致的"社会排斥"现象尤为普遍。鉴于此，巴黎的住房政策从注重住房供给逐步转变为重视住房权利。巴黎将社会住房建设与城市复兴计划结合起来，致力于保障居民的住房权利，促进社会的混合发展。进入 21 世纪以来，巴黎社会住房数量一直在持续增长，占比也在稳步上升。2014 年，巴黎社会住房数量占总住房数量的比例为 18.46%。2017 年，巴黎拥有社会住房 237858 套，占总住房比例为 20.53%，

① 刘健：《城市快速发展时期的社会住房建设：法国的教训与启发》，《国际城市规划》2012 年第 4 期。

越过了 SRU 法规定的 20% 的门槛，并在 2018 年、2019 年继续稳步上升，至 2019 年新增社会住房 12760 套，社会住房占比上升至 21.4%（见图 3-7）。

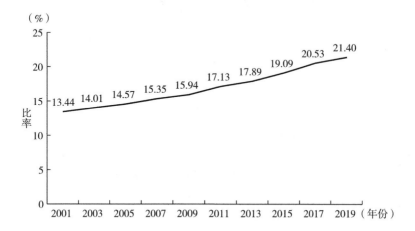

图 3-7　巴黎社会住房单元数量与主要住宅
数量之间的比率（2001—2019 年）

资料来源："Les Derniers Chiffres du Logement Social à Paris", Apur, April 2021, https：// www. apur. org/dataviz/offre-logement-social/。

但是从空间分布来看，巴黎社会住房分布呈现"外圈多于内圈，东部多于西部"的特征。如图 3-8 所示，2019 年巴黎中心地区的第1—11 区社会住房数量较少，第 7 区仅有 622 个社会住房单元，在该区住房总量的占比仅为 2.1%。相比之下，位于外围的第 19 区则配备了36584 套社会住房，占比高达 42.1%。尽管因为巴黎的公共建筑、广场、市政设施大多分布在城市中心，中心区域社会住房占比可能不高，但同样以居住功能为主的位于市中心的第 3 区，社会住房比例也仅有8.3%。可以说，巴黎社会住房的空间分布体现了其阶层分布，总体上符合与房价负相关的规律，即相较于房价较低的巴黎郊区，在房价较高的中心城区中社会住房数量和占比更低[1]。因此，SRU 法提出到 2025 年

----

① 乔宇等：《基于"社会融合"政策的社会住房发展建设——以巴黎圣安东尼街 76 号项目为例》，《住区》2020 年第 4 期。

底，巴黎主要住房中的社会住房占比要达到25%的目标。

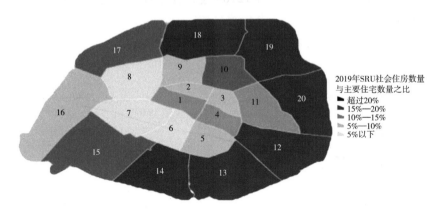

图 3-8　2019 年巴黎各区社会住房占住房总量的比重

资料来源："Les Derniers Chiffres du Logement Social à Paris", Apur, April 2021, https：//www.apur.org/dataviz/offre-logement-social/。

（三）政治因素

自 19 世纪中叶起，城市化和经济发展对法国社会住房政策产生了深远影响。虽然在各个历史时期，面对多变的环境，法国的社会住房政策在政策目标和政策工具方面都做出了相应的调整，但是保障住房供给、促进社会融合始终被视为国家不可推卸的责任[①]。

国家干预，推进解决社会隔离问题。法国社会住宅在当时客观条件的推动下选址郊区，短期受益的同时也必然为以后社会隔离的产生埋下导火线。1981 年，社会排斥和贫困阶层的集聚导致巴黎爆发"郊区危机"。社会隔离所产生的不利影响，不限于居民区，更扩展到周边街区及整个城市。20 世纪 90 年代起，法国政府开始提出"社会混合"政策。《法国城市规划字典》将"社会混合"定义为："通过住房计划，使得不同社会阶层的人们能够共同生活在一个城市单位里，是各项社会政策所希望达到的终极目标。"通过社会住房的优化布局，推动城市内

---

　　① 刘健：《城市快速发展时期的社会住房建设：法国的教训与启发》，《国际城市规划》2012 年第 4 期。

的人口迁移，促进城市中不同社会阶层人口的均衡分布①。

地方分权，推动社会住房建设。随着地方分权改革的不断深入，国家与地方在住房发展领域的分配职能发生了改变，具体表现为国家层面的调控力度降低，地方政府的职能得到增强。尽管国家旨在促进各市镇均衡发展及社会融合，但在执行层面难以得到经济条件较好地区的支持。这些地方政府倾向选择支付罚款，而不愿增加社会住房供应以接纳低收入群体。因此，在社会住房集中的郊区，低收入人群过度聚集的问题持续存在。2000 年颁布的《社会团结与城市更新法》（*La Loi Solidarité et Renouvellement Urbains*）提出了一系列措施，对社会融合政策的有效推进起到了重要作用：一方面，强化社会住房的建设要求，将"不少于 20% 应为社会住房"的市镇标准提升到 3.5 万人以上，并综合考量人口增长率、社会住房需求紧张程度等指标。另一方面，借助税收等手段实现更灵活有效的双向激励，如指标的完成与否与市镇需缴的税款挂钩，新纳入 SRU 体系的市镇在三年内将获得税收减免，与此同时，经济发达区域如未能实现目标，则将面临更为严格的处罚。《社会团结与城市更新法》更对巴黎提出了要求，如第 55 条规定，大巴黎地区中人口在 1500 人以上的市镇，社会住房比例应达到 20%。如果 2014 年社会住房比例未达到目标，则将处以税收罚款，每缺一套社会住房，罚款数额为居民人均年缴税额的 20%。中央政府保留直接从地方征地，用于建设社会住房的权力②。

重点突破，推动社会住房的均衡建设。针对巴黎市中心和西南部社会住房比例过低的问题，巴黎市政府通过收购，加大城市中心区的社会住房供给，以促进不同收入阶层在城市、街区等不同空间尺度上的混合居住。有关数据显示，2005 年底，巴黎市政府发现市内有千栋左右的危旧住房可以进行修缮和改建，以作为社会住房提供给经济能力不足的普通家庭，遂通过收购落实了这一想法，解决了相当一部分家庭的住房危机。2006 年，《巴黎地方城市规划》提出促进社会住房均衡布局的住

---

① 孙莹：《法国社会住房的政策演变和建设发展》，《国际城市规划》2016 年第 6 期。
② 乔宇等：《基于"社会融合"政策的社会住房发展建设——以巴黎圣安东尼街 76 号项目为例》，《住区》2020 年第 4 期。

房政策，即"在社会住房相对困乏的西部地区加强社会住房的建设，以促进东西部地区之间在社会住房建设上的均衡发展"，同时还对市区内相关地块上的社会住房建设比例作了明确的规定①。

因此从不同年份上看，基于社会住房短缺情况，建设总量和融资类型都有所调整。在社会住房短缺区域，住房建设主要面向特殊困难人群。而在社会住房较为充足的区域，建设更多限制租金的住房，解决中低收入家庭和中等收入家庭的住房问题。

三　政策变迁的内部动力机制

巴黎人口集中，不仅社会住房短缺，而且分布极不平衡。在国家法律法规的推动下，不同政策主体采取了积极的行动，广泛地开展合作。

（一）巴黎市政府与 HLM 合作社的合作

社会住房主要有三个来源：新建、改造以前空置的破旧建筑及购买在房地产市场上出售的住宅建筑。由于巴黎在 19 世纪就已基本完成了城市建设，因此后两种方式是政府促进社会住房增加的主要手段，同时对有益于社会住房增加的个人或社会机构的行为采取一系列补贴和激励措施，如政策规定个人或者社会机构可签订合约将住房用作社会住房，享受国家的优惠政策，如税收减免、津贴补助等；住房合作社等社会机构进行房屋改造及修缮，除了资金补贴以及税收减免，还可享受长期的低息或者免息贷款。

在社会住房开发建设过程中，地方政府或社区可以通过提供廉价土地、降低基础设施成本、对购房者的资金支持、认购股份等方式，与住房合作社合作开发社会住房，确定社会住房数量，解决地方或社区的住房短缺问题。

另外，政府对 HLM 住房合作社的租户与购房者予以区分②：对于租赁的单元，HLM 合作社由公共资金（最开始是政府保证储蓄项目）资助；对于购买者，由政府提供的银行资助（PAS loans, zero-interest

---

① 刘健：《城市快速发展时期的社会住房建设：法国的教训与启发》，《国际城市规划》2012 年第 4 期。

② Cecodhas Housing Europe and ICA Housing, "Profiles of a Movement: Cooperative Housing around the World", April, 2012, pp. 85 - 90, http://issuu.com/cecodhas/docs/housing - coop - web/71.

loans)。"租赁—所有"的支持贷款（PSLA）可以让家庭购买租赁住房，包括两个阶段，第一阶段家庭直接从 HLM 住房合作社租赁获得住房，支付租金和管理费。第一阶段结束之后（时间长短有不同），家庭可以签订购买新房屋或老旧房屋的合同。通过 PSLA，购房者的增值税可以从 19.6% 大幅减少至 5.5%。HLM 住房合作社也可以从 SDHC 得到资金和运营支持。

（二）住房合作社之间建立联盟

HLM 合作社由 HLM 合作国家联盟（HLM National Federation of Co-operative Societies，FNSC - HLM）管理，是一个区域联盟的成员。FNSC-HLM 于 1908 年成立，在政治上代表 HLM 合作社，以及社会住房的相关合作伙伴。FNSC-HLM 在促进合作之外，还制定促进合作社发展的政策，对合作社的开发和运营活动提供支持。2008 年，合作运动围绕"更多生产、更好生产、更多地方生产"三个目标采取新的战略发展计划。

FNSC-HLM 联盟由一个 28 人组成的委员会管理，这些成员由总会和 6 个区选举产生。全国有 7 个联盟，各联盟之间经济地位独立，并在地方实施合作目标。联盟有 165 个 HLM 合作社，代表 23000 个社会住房单元，每年生产 5000 个有所有权的住房单元。作为联盟的成员，合作社必须遵守联盟的自治制度，也要参与 SDHC 资金联盟，以支持开发活动。

为了更好地执行任务，联盟建立了担保公司和投资公司。其中，担保公司是 SDHC（the Société de développement de l'habitation coopé rative）[1]，其任务是通过建立指导委员会提供资金和运营管理支持已有合作社的发展。该公司的作用是提供项目担保，资金源于其他联盟成员。投资公司是 SICAV（Société d'Investissement à Capital Variable）[2]，其也是一个建立于 1995 年的资金合作社，给政府或政府担保的合作项目提供投资。

另外，联盟还在 20 世纪 80 年代建立 A. RE. COOP 协会[3]，加强内

---

[1] Coopeartive Housing International，https：//www. housinginternational. coop/co-ops/france/.

[2] SICAV，https：//www. investopedia. com/terms/s/sicav. asp.

[3] Coopeartive Housing International，https：//www. housinginternational. coop/co-ops/france/.

部的审查和支持，同时作为合作社的担保人。其任务是培训管理者和雇员，并予以监督，这是联盟自治体系的一个部分。

（三）住房合作社对个人提供支持

法国是世界上罢工最频繁的国家之一，任何触动民众利益的改革政策都可能引起激烈的示威游行。尤其是法国有超过总人口的 12%、数量近 800 万人的外国移民（2015 年），若出现集体抗议，则必然会造成重大的负面影响①。在这一方面，每隔几年的骚乱就是有力的证明。因此，法国非常重视社会福利，包括鼓励住房供给的多样化，建设社会住房。

在法国，社会住房项目根据其资金来源的差异，细分为三个类别，各自服务于特定的收入群体并设定相应的租金水平：①集中补助资金（PLAI）项目，主要针对经济条件特别困难或者有其他困难的低收入家庭。②社会用途租金（PLUS）项目，旨在为居民提供租金相对较低的住宅，其租金上限确保了约 62% 的法国公民能够符合条件，享受相应的住房支持。③社会租金（PLS），由社会租赁贷款资助的住房，主要对应收入超过 PLUS 租户 30% 的家庭，大约 70% 的法国家庭可以获得②。从 2001 年至 2019 年，巴黎共批准建设了 104484 套社会住房单元，这些单元按照以上三类融资方式进行划分包括：27786 套 PLAI 住房（占 26.6%）、44980 套 PLUS 住房（占 43.6%）和 31718 套 PLS 住房（占 29.8%）。大多数家庭能够享受社会住房。从个人租赁成本的角度而言，2019 年巴黎私人租赁住宅的月均租金为 1126 欧元，按平方米计算则为 36.21 欧元，占私人租赁住宅租金的 1/6—1/2。在各类住房补助方案中，PLAL（住房补助计划）提供的租金补助最高，其租金成本最低，仅为 5.97 欧元/平方米。其次是 PLUS（住房补助计划）的 6.71 欧元/平方米，以及 PLS（住房补助计划）的 13.08 欧元/平方米③。

---

① 盛仁杰：《法国社会福利制度的实际体验：以个人住房补贴为例》，《法国研究》2020 年第 1 期。

② 张恺：《从巴黎社会住宅及旧房改造实践看公共资源在旧城更新中的运用》，《国际城市规划》2016 年第 6 期。

③ 乔宇等：《基于"社会融合"政策的社会住房发展建设——以巴黎圣安东尼街 76 号项目为例》，《住区》2020 年第 4 期。

四 政策变迁中的路径依赖和制度创新

（一）路径依赖

早期的合作社以信用资本为主，住房合作社比较晚才出现。如1849年，浦鲁东提出"人民银行"的设想。1851年，赫尔曼·舒尔茨·德利施成立第一家德国信贷合作社；1861年，弗里德里希·威廉·莱斐逊成立第一家德国信用合作社。莱斐逊的"3S"原则——自我帮助、自我管理、自我负责成为住房合作社的基本宗旨①。

在法国，HLM住房合作社在1894年得到确认，被作为政府向国民提供支持的重要行动者，给无力通过市场获得住房的低收入人群提供住房，包括在政府支持下建设和出售住房，在HLM规定下建设和管理租赁住房，管理共有产权协会。法律也明确了HLM合作社出售住房的条件：一是主要针对低收入家庭购买其首套住房，他们的收入没有超过限额；二是出售的价格不能超过规定；三是购买者接受HLM的支持。

住房合作社有一些共同的特征：①遵守同样的规则。②坚持可持续和稳定长期的住房要求，在可持续国土空间开发中发挥地方行动者的作用。③要求职业经理人的经济贡献。④在管理控制下，董事会制订计划并确保实施；董事会由志愿董事组成，租赁合作社中必须有一个租户代表。⑤股份收益有限度，储备金不能分享。⑥董事会主席作为执行董事管理合作社；会员对合作社中的非成员股份持有者开放，这些持有者投票权优先于股金，但是属于少数（在SCPs中不超过49%）。由于票数计算是基于出席人数，因此少数人的作用非常重要，对合作社的运营有重大影响。合作社的成员获得所有权的成本低以及从租赁到所有项目具有临时性，一旦权利转移完成，成员收回股份就不再参与决策。⑦参与联盟的自我监督系统，目的是优化合作社管理，预防风险问题。主要有三个措施：年度金融报告，年度审计，每5年的金融、运营和组织结构的审核。⑧安全措施，保护金融投资者和成员的住宅，包括再出售的保险（10年）、以协议价格赎回的担保（15

---

① 杨舢：《欧洲住宅合作社的历史流变与当今实践》，《建筑师》2021年第4期。

年）、重新安置的保证（15 年）①。

作为一种社会实践，住房合作社运动的初衷是应对城市化进程带来的各种社会不公正问题。住房合作社通过成员间的平等互助为每个人提供住房保障，使其免受贫困和居无定所带来的各种威胁。这种理想贯穿住房合作社实践的不同阶段。

（二）改革创新

面对日益衰败的社会住宅，20 世纪 70 年代末的法国政府尝试通过改造社会住宅以优化物质和社会环境的方式，吸引除低收入人群以外的群体入住，从而达到社会融合的目的，但收效甚微。20 世纪 80 年代法国政府开始从另一个角度思考社会住宅改造的方式——"相对集中地建设社会住宅，力图设计类型多样的住宅来吸引不同阶层的人群入住，抑或在已建的社会住宅中进行环境、服务设施、交通条件甚至就业资源的改造，试图让中产或中低产阶级重新入住社会住宅"②。然而这一做法被认为是一种"乌托邦"，即便可以保证第一批居民社会阶层的融合，但随着居民的不断搬迁，集中建设的社会住宅中被留下的也仍然会是低收入人群，融合会再次被打破。因此，政策不应该局限于从街区尺度解决社会问题，而应该从城市全局出发，审慎考虑社会住宅的优化布局以及特定群体的合理分布。

在此之后，法国采取了多种策略进行社会住房更新，促进社区融合。合作社住房作为有益补充，也是适应政府管理方式转变的结果。首先，筹集方式转变。依据 SRU 法"新建社会住宅、收购或更新现有住宅为社会住宅"的规定，社会住宅的管理机构有权购买存量住宅，与房东签订租赁合同，或者收购并更新现有住宅，以满足社会住房的需求。在住房短缺时期，集中新建是最有效率的方式。在住房短缺问题解决之后，采取了多元化的筹集方式，其中收购和改造存量住房成为重要的方式。法国在 2003—2009 年通过签订合约或更新现有住宅所筹措的

---

①　Cecodhas Housing Europe and ICA Housing, "Profiles of a Movement: Cooperative Housing around the World", April, 2012, pp. 85 - 90, http://issuu.com/cecodhas/docs/housing - coop - web/71.

②　王一、张尚武：《法国〈社会团结与城市更新法〉对中国保障性住房建设的启示》，《国际城市规划》2015 年第 1 期。

社会住宅数量逐渐增多①，这为缺乏土地和财政资金的市镇提供了一种筹集社会住房的有效途径。在大巴黎地区，合约住宅占新增社会住宅总数的 40%；而市区的比例更高，存量住房转换的比例达到 60%②。

其次，政策目标转变。早在 1982 年，法国就开展综合性的城市更新计划，即在城市内部街区，从单纯的物质环境改造，转向经济建设、就业激励、教育帮扶等综合整治。随着由居住隔离造成的社会问题日益严重，政府认识到这是一个城市整体空间的问题，需要在整个城市范围内重新分布社会住房，以带动不同阶层的人口在城市空间内的重新分布，消除居住隔离，并提出"社会混合"（mixité sociale）的概念③。1990 年，法国住房政策开始从强调住房供给向强调住房权利转变，开展社会和谐发展的综合性行动。相对而言，巴黎社会空间分布不平衡的情况比较突出，至今仍然在为消除社会隔离努力，其政策目标始终是促进社会融合，社会住房建设和维护与环境改造、经济发展、就业帮扶、养老照护等，将社区发展与一个地区或者城市的综合开发结合在一起。

五 小结

HLM 住房合作社作为提供廉价社会住房的非营利性公益组织，成立于 19 世纪末，其后经历了 20 世纪 70 年代和 80 年代的快速发展，以及 90 年代至今的功能转变。其变迁受到经济因素如政府财政支持、经济发展态势，政治因素如政府治理方式和理念，社会因素如人口变化情况、住房需求变化等多方面外部因素的影响。同时，内部行动者之间的互动关系如 HLM 住房合作社与巴黎政府之间的合作关系、HLM 住房合作社的联盟关系也推动着巴黎住房合作社政策的变迁。

HLM 住房合作社为市民供应可负担的社会住房，缓解了住房短缺的紧张局面。但是随之而来的社会隔离，使法国在 20 世纪 80 年代之后一直致力于促进社会混合（社会融合）。相对于社会隔离，社会混合是一个比较理想化的概念，政策没有对混合的标准、程度与空间尺度作出

---

① 杨舢：《欧洲住宅合作社的历史流变与当今实践》，《建筑师》2021 年第 4 期。
② 王一、张尚武：《法国〈社会团结与城市更新法〉对中国保障性住房建设的启示》，《国际城市规划》2015 年第 1 期。
③ 孙莹：《法国社会住房的政策演变和建设发展》，《国际城市规划》2016 年第 6 期。

明确的规定①。另外，社会混合的合法性源于社会隔离和贫困人口过度集中导致的街区衰败，但是社会混合的正面效应仍然存在争议，如空间距离不能缩减社会距离，空间上的混合可能导致弱势群体受到控制和压迫等。尽管存在争议，但是巴黎近 40 年不断努力，通过在衰败的街区迁出贫困人口，以及在富裕街区增加社会住房的方式不断推进社会住房在空间上的均衡分布和城市的综合开发。在这个过程中，HLM 住房合作社在分散管理社会住房和提供公共服务方面发挥了重要作用。但是原居民和新邻居的融合并没有得到真正实现，住房合作社也在如何提高服务能力和如何提高自身地位方面面临挑战。

---

① 李明烨等：《法国城市政策中"社会混合"原则的实施方式与效果研究》，《国际城市规划》2017 年第 3 期。

第四章

社区土地信托政策变迁

社区土地信托（Community Land Trust，CLT）是一个以社区成员为基础，为社区利益获取和利用土地，实行民主管理的非营利性组织。社区土地信托最早起源于美国南部的民权运动。1968 年，第一个社区土地信托机构"新社区"（NEW Communities）在美国佐治亚州的农村建立，其目标是为长期遭受种族隔离的美国非裔农民提供住所和可供谋生的土地，避免他们因土地投机而无家可归①。20 世纪 80 年代，社区土地信托开始在美国城市出现。1981 年第一个城市社区土地信托组织由普世教会在美国辛辛那提市（Cincinnati）一个低收入者居住的社区建立，旨在房地产投机中保护低收入非裔美国人的土地和房屋，防止他们被迫失去住房，离开长期居住的社区。之后城市社区土地信托快速成长，并传播到英国、澳大利亚、加拿大等国家。

第一节　多伦多社区土地信托政策变迁

多伦多（Toronto），位于加拿大安大略湖的西北沿岸，是安大略省的省会，加拿大的政治、经济、文化中心。多伦多市的地位，接近美国东部工业发达城市芝加哥，全球城市排名中位列第六（2023 年）。多伦多市面积约 630 平方千米，人口约 302.6 万人，其汽车工业、电子工业、金融业及旅游业占有重要地位，高科技产品占全国的 60%。大多伦多地

---

① Bunce S. , "Pursuing Urban Commons: Politics and Alliances in Community Land Trust Activism in East London", *Antipode*, Vol. 48, No. 1, 2016, pp. 134–150.

区（Greater Toronto Area，GTA），由多伦多市和周边 25 个市镇组成，面积 7124 平方千米，人口有 600 万人之多，是北美第五大都会区。

加拿大的土地信托组织有三种形式[①]，第一种是保护和管理城市土地的信托组织；第二种是保护和管理农业用地的信托组织；第三种是保护乡村和敏感生态用地，如森林、草地、海岸等的信托组织。早期的社区土地信托应用于保护耕地和生态用地，防止城市过度扩张。随着城市人口的快速增长，政府鼓励私人投资房地产市场导致可负担住房紧缺，在邻里之间形成非常严重的两极分化。为保护城市中低收入人群的土地和房屋，阻止土地投机行为，同时建设可负担住房，城市社区土地信托开始出现。

多伦多的社区土地信托学习美国波士顿、纽约和旧金山的做法，强调组织的作用和社区的治理。其主要特征包括：①具有非营利性。社区土地信托机构以社区为基础，提供可负担住房及相关服务。②社区对土地享有所有权，为社区发展获取和利用土地。③实行民主管理。社区居民对社区土地利用和管理事项享有决策权，成员资格向居住于该社区的所有居民开放。

一 政策变迁历程

20 世纪 70 年代，由于民众普遍对公共住房和城市更新项目不满，阻止政府在公共住房上注入更多资金，于是加拿大开始探索公共住房的替代方法。1973 年国家住房法的修订增加了社会住房的内容，鼓励非营利的公私企业和住房合作社参与社会住房建设，并在土地获取、自有住房建设和住宅维护方面给予资助。从这时起，传统的由国家拥有和管理的公共住房形式，已经让位于更广泛的社会住房概念[②]，包括非营利住房合作社和非营利住房供应者（如私人非营利组织、公共非营利组织），以建造更多的住房，并面向更广泛的人群。人们期望通过中低收入群体混合居住于同一社区，解决传统公共住房所带来的社会问题，同时使低收入群体可以在较好的居住环境中获得高质量且可负担的住房，

---

① Bunce S., Aslam F.C., "Land Trust and the Protection and Stewardship of Land in Trusts", *Canadian Journal of Urban Research*, Vol. 25, No. 2, 2016, pp. 23-34.

② Sousa, J., Quarter, J., "Non-Market Housing Models in Ontario: A Stakeholder Analysis", *Canadian Journal of Urban Research*, Vol. 13, No. 2, pp. 220-240.

防止社会及空间的两极分化。

加拿大社区土地信托基本上以多伦多为代表。基于制度变迁的关键节点，多伦多社区土地信托的政策历程分为三个阶段：政策缘起（1986—2009年）、政策发展（2010—2014年）、政策创新（2015年至今）。

（一）政策缘起（1986—2009年）

多伦多最早出现的CLT模式，是第一代社区土地信托，或被称为组织主导型土地信托。它们主要由加拿大合作住房联合会（Cooperative Housing Federation of Canada，CHF）、非营利开发商及其他社会活动团体组建，专注收购土地以提供可负担住房。组织主导型CLT更多强调特定组织对CLT的领导权，而非社区居民。多伦多的组织主导型CLT，由已投资过社区住房的成熟组织创建，如CHF、非营利开发商等。采取土地信托模式的原因在于，该模式能够汇集分散的资产，并将股权重新分配到开发和更新项目中。第一代CLT主要受到美国CLT模式的启发，虽然是在缺乏公共政策和立法支持的背景下产生的，但通常能得到政府可负担住房计划的资助。

多伦多社区土地信托的典型代表是多伦多的Colandco社区土地信托。Colandco社区土地信托是多伦多第一个组织主导型CLT，于1986年由加拿大合作住房联合会（CHF）成立。Colandco购买土地，开发住房，在保留土地和住房所有权的前提下，将住房租赁给各个住房合作社。通过保留对土地和住房的长期所有权和控制权，Colandco可以确保住房的长期可负担性。Colandco的可负担住房建设活动得到了省政府的资金支持，到20世纪90年代初，Colandco共拥有14个住房合作社的土地，住房单元2350个，分布于多伦多市中心及郊区[①]。

然而自1994年起，Colandco的土地收购和住房开发活动开始面临挑战，主要原因是1994年联邦政府宣布停止对社会住房的所有联邦资助，同时对省政府的住房支出实施了特别的限制[②]。另外，20世纪90

---

① Davis J. E., et al., *On Common Ground: International Perspectives on the Community Land Trust*, Madison, Wisconsin: Terra Nostra Press, 2020, pp. 93-113.

② Carroll B. W., Jones R. J. E., "The Road to Innovation, Convergence or Inertia: Devolution in Housing Policy in Canada", *Canadian Public Policy-Analyse de Politiqeues*, Vol. 26, No. 3, 2000, pp. 277-293.

年代初国际金融危机产生的影响，在安大略省一直持续了数年之久。这些压力导致 Colandco 缩小了住房开发活动的规模。

除了 Colandco，多伦多还有一个特殊的 CLT 组织——多伦多群岛住宅社区信托公司（Toronto Islands Residential Community Trust Corporation）。该 CLT 组织创建于 1993 年，由省政府所有[①]。该信托公司也是加拿大全国范围内唯一一个政府主导的土地信托[②]。由于该 CLT 强调省政府的领导权，并非由社区所有，符合组织主导型 CLT 的特点，故可以归为第一代社区土地信托。

（二）政策发展（2010—2014 年）

自 2010 年起，在省和市政府的支持下社区土地信托呈现显著增长的态势。一些省，如哥伦比亚省制定社区土地信托法支持社区发展。

第二代社区土地信托，或被称为社区主导型土地信托。它们由社区居民自发组织，开发和提供社区住房，应对市场驱动带来的精英化影响。对于中低收入者来说，精英化是一个有害的过程，它意味着曾经为中低收入者的居住空间逐渐被迎合富人群体需求的市场取代，可负担住房减少和拆除，进而导致很多人流离失所。面对精英化带来的不利影响，政府未能制定适当的应对措施，因此，一些深受其害的社区开始将 CLT 作为抵制精英化不良影响的一种方式。

相较于第一代组织型 CLT，社区型 CLT 的重点是保护社区的土地所有权，其组织者不是特定的组织，而是社区居民、社区组织、社会活动家，在某些情况下还包括市政工作人员。除了收购土地和供应可负担住房，社区型 CLT 更积极行动参与城市建设之中，涉足更广泛的社会议题，诸如精英化和流离失所、食品供给与食品安全、种族化与多元化社区等[③]。

多伦多最具有代表性的社区型 CLT 是帕克戴尔社区土地信托（Parkdale Neighbourhood Land Trust，PNLT）。PNLT 由帕克戴尔文娱中

① Spicer J. S., et al., "Oranges Are Not the Only Fruit: The Publicly Owned Variety of Community Land Trust", *Journal of Planning Education and Research*, 2022.

② "Canadian Network of Community Land Trusts: History of CLTs in Canada," https://www.communityland.ca/history-of-clts-in-canada/.

③ Davis J. E., et al., *On Common Ground: International Perspectives on the Community Land Trust*, Madison, Wisconsin: Terra Nostra Press, 2020, pp. 93-113.

心（Parkdale Activity-Recreation Centre，PARC）发展而来。20 世纪 90 年代，PARC 开始关注可负担住房。1994 年，PARC 首次宣告其使命是"为社区有精神障碍或孤独感的居民建立一个稳定的、有价值的场所，激发个人活力，让每个成员身体健康、精神饱满、生活舒适"。2007 年，PARC 重新将其使命定位为"建设一个人们重建生活的社区"，引导居民成为支持邻里公平发展的重要力量。之后 PARC 购买了皇后街和道林街用于为被驱逐居民提供住房，同时加强了与政府及企业的合作。

2010 年，PARC 开始认真探索如何在帕克戴尔应用社区土地信托模式。2012 年，在其他组织的支持下，PARC 主持召集 the Parkdale Neighbourhood Land Trust 董事会临时会议。2014 年，成立了帕克戴尔社区土地信托（PNLT），一个由代表不同利益的地方非营利组织和团体组成的非营利法人组织。该组织主要关注社会公正问题，以及商业和居住空间的士绅化导致中低收入群体住房情况恶化问题。PNLT 的工作目标是收购土地使其脱离投机市场，促进社区居民参与土地利用和管理决策。通过争取各种资源，如社会捐赠、市政府的资金支持，PNLT 获取低于市场价格的土地，用于开发可负担住房，满足中低收入人群的住房需求①。

（三）政策创新（2015 年至今）

2015 年，加拿大社区土地信托网络（Canadian Network of Community Land Trusts，CNCLT）成立。CNCLT 是非政府的、城市的社区土地信托机构组成的网络组织，因为关注更广泛的公共利益（全国范围），得到了更多的支持。这一网络旨在将社区主导的城市土地信托和较成熟的组织主导型社区土地信托联合起来，形成一个有凝聚力的全国性运动。加拿大社区土地信托网络的目标包括：①通过宣传，提高政府对社区土地信托模式的认可度。②加强同行之间的资源共享和能力建设。③以社会公正为重点②，促进城市社区土地信托发展。加拿大土地信托网络不仅为国内的 CLT 提供技术咨询，而且与其他国家的 CLT 组织，如美国

---

① Davis J. E. , et al. , *On Common Ground：International Perspectives on the Community Land Trust*，Madison，Wisconsin：Terra Nostra Press，2020，pp. 93-113.

② Davis J. E. , et al. , *On Common Ground：International Perspectives on the Community Land Trust*，Madison，Wisconsin：Terra Nostra Press，2020，pp. 93-113.

的 National CLT network 加强合作。更重要的是，这一网络的建立，激发了公众关于 CLT 的讨论，尤其是涉及土地权利的公平分配及中低收入人群的住房问题①。

在国家网络的支持下，多伦多肯辛顿市场社区信托（Kingston Market CLT，KMCLT）于 2017 年成立。该组织是"肯辛顿市场之友"（Friends of Kensington Market）的一个组成部分，位于多伦多市中心肯辛顿社区的商业市场核心区域。"肯辛顿市场之友"是一个以社区为基础、居民领导的委员会，一直积极参与（位于肯辛顿市场入口附近主干道上）大型超市（沃尔玛和 Loblaws 超市）侵占居民生活空间的抗议活动。由于这些超市威胁到该社区居民的生活环境，甚至将原有居民赶出住所，因此出现了很多人无家可归的情况。"Kensington 市场之友"采取 CLT 模式，加强"邻里保护"和凸显社区边界以对抗外来压力，使 Kensington 远离精英化对传统工人阶层住房、商业和邻里文化的影响②。

多伦多社区土地信托机构的社会住房建设，经历两个时期。前期是组织主导型，后期是社区主导型，在多伦多社会住房供应中发挥积极作用。总的来看，多伦多社区土地信托政策变迁表现出与伦敦不同的特征。首先，政策内容有变化。多伦多社区土地信托的住房供给经历从地方发展，再到社区行动的过程；住房筹资是自愿筹资和私人资本相结合，缺乏政府资金的支持。住房分配主要涉及中低收入人群，对抗精英化的不良影响。其次，政策目标多元化。多伦多的社区土地信托，不仅解决中低收入人群的可负担住房问题，还积极参与社区其他行动，促进社会公正。最后，多伦多的社区土地信托政策变迁，是一个自下而上的过程。初期的社区土地信托是居民自治组织，随着力量不断壮大，推动地方政府的政策议程和政策改变。

二 政策变迁的外部影响因素

政策环境的变化带来政策系统的结构性变迁。在多伦多的社区土地

① Bunce S. , et al. , *Critical Dialogues of Urban Governance*, *Development and Activism*, London: UCL Press, 2020, pp. 274-288.

② Bunce S. , et al. , *Critical Dialogues of Urban Governance*, *Development and Activism*, London: UCL Press, 2020, pp. 274-288.

信托政策变迁的历程中，政治、经济和社会环境具有深远的影响。

（一）政治因素

社区土地信托产生的重要原因是政府在住房市场中的逐步撤出，人们被迫求助于其他方式满足住房需求。政治因素对多伦多社区土地信托的产生和发展具有重要的影响。

国家资助减少，CLT 组织代替政府发挥住房保障作用。20 世纪 70 年代之前，公共住房一直是加拿大政府的重点，但这些住房规模大，低收入人群集中，存在一些社会安全问题，民众普遍对这些住房和相应城市更新项目不满，反对政府在公共住房上注入更多资金，于是加拿大开始探索公共住房的替代方法。1973 年加拿大修订了《国家住房法》，限制政府直接参与住房建设和资金支持，鼓励非营利的公私企业和住房合作社建设社会住房，并在土地支持和住宅修缮方面给予资助①。虽然在 20 世纪 80 年代，社会租赁住房占租赁生产的 39%，但社会租赁住房逐渐减少。到 1993 年，联邦政府已完全收回了对新增社会住房的所有资助。

财政赤字扩大，制约 CLT 住房供给。20 世纪 90 年代，受新自由主义以及政府财政赤字的影响，政府进一步从住房市场撤出，鼓励发挥私人部门的作用。1994 年，除已有协议外，联邦政府停止了对住房的所有联邦资助。同年，联邦预算对政府住房支出规定了 21.3 亿美元的上限。1996—1997 年，这一上限减少至 19.42 亿美元。与此同时，加拿大联邦政府不再支持租赁住房行业，转向"基于资产的福利"政策②。"基于资产的福利"是指取代传统福利政策，激励人们积累资产并随着时间而增值，从而作为一种年老时的社会保障。联邦政府通过加拿大抵押和住房公司（Canada Morgage and Housing Corporation，CMHC）参与抵押市场，推动制定有利于加拿大金融机构的政策（这些机构需要新的收入来源），增加其在家庭抵押贷款方面的业务。在 2000 年之后，CMHC 推出了抵押贷款证券等金融产品，让抵押人在二级市场向投资者

---

① Sousa J. , Quarter J. , "The Convergence of Nonequity Housing Models in Canada: Changes to Housing Policy since 1990", *Housing Policy Debate*, Vol. 14, No. 4, 2003, pp. 591-620.

② Walks A. , "Canada's Housing Bubble Story: Mortgage Securitization, the State, and the Global Financial Crisis", *International Journal of Urban and Regional Research*, Vol. 38, No. 1, January 2014, pp. 256-284.

出售抵押贷款，再加上政府降低了对购房者的抵押贷款的资格要求，使银行能够向扩大规模的企业和个人投资者大举放贷。

国家责任下放，推进 CLT 发展。随着住房支出减少，联邦政府将住房责任下放至省政府和地方政府。2000 年，安大略省政府出台《社会住房改革法》，将支持和管理社会住房的责任下放到 47 个地方政府，以提高社会住房的效率。立法虽然免除了省政府在社会住房方面的经济责任，但是仍然保留了社会住房政策的最终控制权。因此到 2001 年，地方政府代替联邦政府和省级政府，成为社会住房的支持者。这种变化基于一种信念，即地方政府与服务的居民更近，能更好地了解社区的需求，因此社会住房最好由地方政府来管理。但是由于基本的住房需求仍然没有得到满足，人们对政府普遍失望。于是在 20 世纪末，出现了关于"公民社会"的讨论，人们重新发现社区的力量，更加重视合作伙伴关系和发挥第三部门作用。在政府大规模削减社会住房计划、社会服务和社区计划的资金的背景下，社区土地信托成为满足社区需求和公众对可负担住房需求的一个相对较小但有效的工具①。可以认为，政府在可负担住房供应方面的责任缺位在一定程度上刺激了各地社区土地信托的产生和发展。

（二）经济因素

经济是加拿大住房政策的主要压力因素，而且一直以来表现突出。由于房价高涨，可负担住房短缺，同时人口和家庭数量增加带来可负担住房需求上升（见图 4-1、图 4-2），导致供不应求，促进了多伦多社区土地信托的产生和发展。

房地产投机，导致可负担住房短缺。多伦多是受经济全球化影响最大的城市之一。由于私人资本和国际资本的涌入，多伦多市政府逐步撤出公共投资，给私营企业提供更多空间。共管公寓作为多伦多后工业化和再城市化的支柱兴起，对城市的建筑形式产生了巨大的影响，并成为重塑内城社会关系和人口结构的关键因素。自 21 世纪初以来，这种类型住房增长尤为迅速。2007—2017 年，共管公寓占所有新建住房的 81.5%，

---

① Davis J. E., et al., *On Common Ground: International Perspectives on the Community Land Trust*, Madison, Wisconsin: Terra Nostra Press, 2020, pp. 93–113.

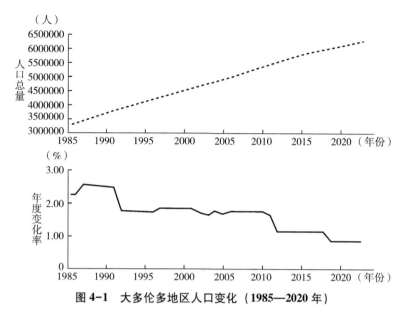

图 4-1 大多伦多地区人口变化（1985—2020 年）

资料来源：Macrotrends 数据库，https：//www.macrotrends.net/cities/20402/toronto/population。

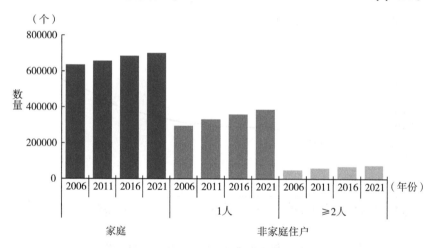

图 4-2 多伦多按家庭类型划分的家庭数量（2006—2021 年）

资料来源：Statistics Canada, Censuses 2006—2021。

其中 99.1% 是公寓风格的建筑，而且许多最新的建筑都建在多伦多市中心和海滨地区①。新建筑的规模也有所增加，截至 2016 年，多伦多

———————

① Rosen G.，Walks A.，"Castles in Toronto's Sky：Condoism as Urban Transformation"，*Journal of Urban Affairs*，Vol. 85，No. 1，2015，pp. 289-310。

市约 111.3 万套住房中 26% 是共管公寓。这种情况不仅使房地产市场价格飞涨，而且推动了土地和房屋的投机，给城市空间的社会生产带来了严重问题。为了保护中低收入者的住房，防止富人挤占穷人的空间，使许多穷人被迫离开原先的社区，居民自发组织起来，建立社区土地信托。

居民收入增幅低，加大 CLTs 住房需求。随着家庭数量持续不断增长，住房供求状况日益紧张。截至 2022 年 10 月，多伦多住房空置率仅为 1.6%，平均租金为 1665 加元，是加拿大平均租金第二高的城市。如图 4-3 所示，2010—2022 年，多伦多平均租金上涨幅度约为 59%，年均上涨幅度约 5%[1]。2010 年多伦多家庭收入中位数为 58381 加元，2021 年为 84000 加元，增长幅度约为 44%，低于租金上涨速度[2]。收入增长水平低于租金增长水平，导致申请社会住房的人数居高不下。政府资料显示，2019 年第三季度，77024 个家庭在多伦多社区住房公司提供的社会住房申请候选名单上[3]。严重的可负担住房短缺问题是多伦多社区土地信托发展的主要原因。

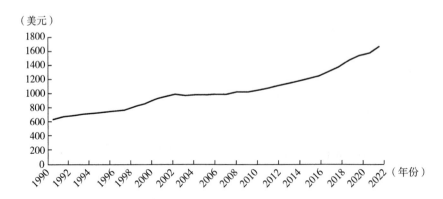

图 4-3 多伦多住房市场平均租金变化（1990—2022 年）

资料来源：Canada Mortgage and Housing Corporation，CMHC。

---

① Canada Mortgage and Housing Corporation, CMHC, https：//www. cmhc - schl. gc. ca/ professionals/housing-markets-data-and-research/housing-data/data-tables/rental-market/rental-market-report-data-tables.

② City of Toronto, 2011, 2021 Census Backgrounder Reports, https：//www. toronto. ca.

③ City of Toronto, https：//open. toronto. ca/dataset/centralized - waiting - list - activity - for - social-housing/.

（三）社会因素

多伦多也是全球金融中心，吸引大量人口流入，带来住房需求的上涨。贫富分化、种族隔离是影响多伦多社区土地信托政策变迁的重要社会因素。

人口贫富分化，推动社区土地信托产生。20 世纪 60—70 年代多伦多的私人租赁市场由大中型企业、商业地产商（包括开发商）主导，且多是专业管理的公寓大楼[1]。随着租赁住房数量下降，情况发生了变化，现在大约一半的老旧租赁房屋为个人所有[2]。以多伦多市区西部的帕克戴尔为例，据 2016 年统计数据，该区域的移民人数减少，而非移民人口增加，居民的职业也从中等收入的蓝领转变为商人，住房也从长租的公寓转向短租，房屋租金大幅上涨（每月增长 36%）[3]。低收入人群、新移民以及失业的人都受到房租上涨的强烈影响。可负担住房短缺，需要社会土地信托提供支持。

社会隔离，需要社区土地信托发挥作用。多伦多是一个有明显种族隔离的城市，少数族裔集中在低收入社区，富人社区数量远远高于他们在人口中所占的比例。一方面，富裕的业主反对低收入群体进入其所在社区，另外，高失业率使越来越多的人无力支付住房的租金或无力购买住房，需要更多社会住房。一开始，富人集中过程被多伦多政府所鼓励，因为低收入人群和小面积的租住房屋对邻里关系、街区环境造成不好的影响，导致社会纠纷不断[4]。这一矛盾在 1996 年禁止新建低收入租赁住房政策推出后集中爆发，富裕的房屋所有者和低收入的租客之间的矛盾迫使多伦多政府不得不着手解决可负担住房问题。正是在此背景下，社区土地信托得以发展，除了保护土地和提供住房，社区土地信托

---

[1] Hulchanski D. J., *The Three Cities within Toronto: Income Polarization among Toronto's Neighbourhoods*, 1970-2005, Citles Centre Press, University of Toronto, 2010.

[2] August M., Walks A., "Gentrification, Suburban Decline, and the Financialization of Multi-Family Rental Housing", *Geoforum*, Vol. 89, 2017, pp. 124-136.

[3] Ostanel, Elena, "Community-Based Responses to Exclusionary Processes of Neighbourhood Change in Parkdale, Toronto", *Critical Dialogues of Urban Governance*, *Development and Activism: London and Toronto*, Edited by Susannah Bunce et al., UCL Press, 2020, pp. 246-258.

[4] Hulchanski D. J., *The Three Cities within Toronto: Income Polarization among Toronto's Neighbourhoods*, 1970-2005, Cities Centre Press, University of Toronto, 2010.

还承担起了维护社区公正的责任，提供平台鼓励居民参与，行使管理社区的权利。

三 政策变迁的内部动力机制

（一）地方政府的被动回应

20世纪90年代的多伦多，富裕的房东和低收入租客之间的矛盾日益激烈。以PARC为代表的社会组织提出，社会问题产生的原因是高失业率，因此，需要更多的社会服务和社会住房。2000年从最初传统的社区服务开始，PARC开始不断地努力倡导可负担住房和开展抵制士绅化行动，为此将其位于皇后街西的办公楼三楼捐赠给非营利组织，用于建立社区服务中心，促进社区成员的认同感。

精英化的过程最开始得到多伦多政府的支持，认为单身公寓对邻里会产生不好的影响，并带来一些社会问题。1996年，多伦多市政府颁布了临时控制条例，禁止在南帕克戴尔开发或改建任何面向低收入租户的单身公寓，导致帕克戴尔的两个派别之间的关系更加紧张。这项政策的导致很多利益相关者联盟在帕克戴尔成立①。如1996年帕克戴尔保护贫困居民的共同阵线组织成立，以支持建设一个多样化的社区和支持低收入人群获得住房的想法。许多非营利组织成为这个协会的一部分，包括未婚女子协会。多伦多的政策也促使在帕克戴尔的社会组织之间建立各种类型的联盟，如安大略反贫困联盟，对社会住房建设提供支持。

鉴于社会对这种利益冲突和关注程度如此之高，1998年多伦多市议会决定在帕克戴尔建立一个正式的冲突解决程序，在社区所有的利益相关组织之间展开对话。在后来的12个月的时间内，地方政府和不同的组织开会探讨在该地区解决违法租房和单身公寓的问题。1999年多伦多起草文件，承认租房的合法化，成立了帕克戴尔住房委员会，并在社区开始试点项目。2000年建议案开始实施，266间租赁公寓确认为合法的房屋。2004年，由于缺乏政府资金和政治支持，这项试点项目终止。

---

① Bunce S., et al., *Critical Dialogues of Urban Governance, Development and Activism*, London: UCL Press, 2020, pp.274-288.

（二）社区土地信托组织的积极行动

在促进社区治理方面，PARC 发挥着重要作用[1]。一是开展社区经济发展项目。由 PARC 发起，基于创造社区财富的方法将不同的利益相关者组织起来，制定共同战略。例如，2015 年，在 PARC 的推动下，各类组织每两个月通过邻里平台开碰头会、制订行动计划、支持社区参与，解决富人集中导致的社会隔离问题。二是制定《社区利益框架》（the Parkdale Community Benefits Framework）。2018 年，PARC 明确在制订邻里增长和开发计划时应整合社区需求和社区利益，避免为了追求经济价值和利润最大化而利用社区资产。其目标是满足居民个人生活的需要，增进所有社区成员的利益，促进社区的均衡发展。

KMCLT 是以社区为基础建立民主的组织结构，通过提高居民对 CLT 实践的认识，经社区会议确定居民需求，促进社区参与土地决策。KMCLT 还加强了社区层面相关事项的研究，包括规划管理、住房市场、可负担住房供应等。KMCLT 还通过与当地政界人士建立联盟，以争取当地政府的支持[2]。这种方法类似于 PNLT 的组织实践，使 KMCLT 能够为社区土地征用具备更强大的依据和背景，其目的是获得土地以建造可负担住房。

PNLT 和 KMCLT 是多伦多的两个具有代表性的社区 CLT，具有非常相似的目的和运作方式，即提供了一种以社区为基础、以居民为主导，满足居民对社区参与和可负担住房的需求。PNLT 和 KMCLT 联系密切，也是多伦多范围内的 CLT 网络的重要节点。PNLT 作为加拿大全国范围内社区主导型土地信托组织的典型代表，牵头成立了加拿大土地信托网络（Canadian Network of Community Land Trusts，CNCLT）。CNCLT 加强了全国各地社区土地信托组织之间的合作和资源共享，标志着加拿大社区土地信托的发展进入了一个新的阶段[3]。截至 2019 年，

---

[1] Bunce S., et al., *Critical Dialogues of Urban Governance, Development and Activism*, London: UCL Press, 2020, pp. 274-288.

[2] Bunce S., et al., *Critical Dialogues of Urban Governance, Development and Activism*, London: UCL Press, 2020, pp. 274-288.

[3] Davis J. E., et al., *On Common Ground: International Perspectives on the Community Land Trust*, Madison, Wisconsin: Terra Nostra Press, 2020, pp. 93-113.

加拿大大约有 14 个 CLT 组织保持运营①。

（三）社区土地信托与其他组织的合作

加拿大联邦政府并没有制定有关社区土地信托的法律，因此社区土地信托组织大多是城市自己组织起来的，其运作也非常地方化。这种情况为社区土地信托组织提供了一定程度的灵活性，但也在组织能力建设和资金保障方面提出了挑战。由于缺乏政策和立法支持以及政府对社区土地信托的资助，社区土地信托在获得必要资金方面的选择较少。因此，社区土地信托组织主要靠自己的力量来提高其在当地的知名度，倡导公共或私人土地捐赠②，并通过与其他社区土地信托组织和非营利组织合作实现其组织目标。

例如，2016 年，帕克戴尔社区土地信托（PNLT）领导了一个社区规划活动，吸引了 31 个当地组织和 400 余名当地居民参与。此次活动帮助 PNLT 在帕克戴尔以低于市场价格购买了第一处房产。PNLT 并没有直接在这块土地上开发项目，而是以可负担的价格将其租赁给了多伦多环保组织 Greenest City。该机构将这块空地重新开发为城市农业空间，以帮助当地居民获得可负担的健康食品。同时也开发了一批住房，帮助新移民解决了居住问题③。PNLT 在帕克戴尔获得的第二处房产是一个拥有 15 个单元的合租房（rooming house④），该房产名义上归属邻里土地信托（The Neighbourhood Land Trust，NLT）。NLT 是通过注册的非营利性慈善组织，实际上是归属 PNLT 的慈善机构。由于加拿大联邦慈善法的限制，只有以慈善目的持有土地的组织才能将土地出租给其他慈善机构，而 PNLT 并不是得到政府认可的慈善组织。因此，通过 NLT，PNLT 向 PARC 出租其合租房，并在 PARC 的支持性住房计划下

① Bunce S., Barndt J., "Origins and Evolution of Urban Community Land Trusts in Canada", *On Common Ground：International Perspectives on the Community Land Trust*, 2020, pp.93–114.

② Bunce S., et al., *Critical Dialogues of Urban Governance*, *Development and Activism*, London：UCL Press, 2020, pp.274–288.

③ Davis J.E., et al., *On Common Ground：International Perspectives on the Community Land Trust*, Madison, Wisconsin：Terra Nostra Press, 2020, pp.93–113.

④ 注：Roomming House，合租房，通常被称为多租户房屋，指 4 个或更多的人租用房间，共用一个厨房和/或卫生间。

提供可负担住房①。

四 政策变迁中的路径依赖和改革创新

（一）政策变迁中的路径依赖

加拿大的社会住房模式有三类：一是传统的非营利住房组织模式。其包括由教会、老年人组织、工会和民族文化团体等非营利组织拥有和管理的住房，以及由市政府或其指定机构拥有和管理的住房。二是住房合作社模式。加拿大住房合作社采取非股权形式，即住宅不在私人市场上出售，住房财产属于集体所有，合作社成员有使用权，可以在社区中居住，无任何期限限制。三是社区土地信托模式。即由社区通过各种渠道获得土地，在社区居民平等参与的基础上提供可负担住房及相关服务。

与其他国家不同的是，加拿大非营利性住房协会和住房合作社有着各自的发展方向。尽管他们会联合起来进行政治游说或开展项目研究，但是这两种发展模式各自独立②。住房合作社大多出现于 20 世纪 80 年代。社区的需求与合作社住房实践相结合，大量合作社成立，一些公共住房项目也改造成住房合作社。加拿大最大的三个省份——魁北克省、安大略省和不列颠哥伦比亚省开始制订各自的住房合作社发展和资助计划，建立了一些区域性住房合作社，并联合起来成为加拿大合作住房联合会（CHF）的成员。这些合作社与加拿大 CHF 开展密切合作，可为一个省份、一个区域或一个大城市、社区的合作社提供服务，包括宣传、教育、培训、管理支持、购买服务等。20 世纪 90 年代，在新保守主义政策的影响下，政府与第三部门组织的关系开始发生变化。加拿大各级政府开始重新考虑他们在提供可负担住房方面所扮演的角色和所起到的作用。1994 年，联邦政府退出了社会住房的资助，并将责任下放到各省。1995 年之后，各省政府的资金也逐步取消。一些合作社组织开始进行改革，并建立了社区土地信托。

以社区为基础的社区土地信托开展行动，抵制和减轻社区变化的负

---

① Bunce S., et al., *Critical Dialogues of Urban Governance, Development and Activism*, London: UCL Press, 2020, pp. 274-288.

② Van Dyk N., "Financing Social Housing in Canada", *Housing Policy Debate*, Vol. 6, No. 4, 1995, pp. 815-848.

面影响，并与各种组织和社区联盟之间合作，促进从微观层面（对邻里变化的日常抵制）到宏观层面（政策变化和规划制度的重新思考）的跨层次的重要对话。多伦多社区土地信托政策变迁中的路径依赖主要表现为对美国 CLT 模式的借鉴和继承。多伦多城市社区土地信托在很大程度上受到美国社区土地信托的影响。例如，PNLT 就明确效仿了美国的社区土地信托模式，并在社区土地信托中着重强调了组织和整个社区治理的作用。PNLT 实行董事会管理，董事会采用三方结构，即 1/3 为租赁人，1/3 为社区成员，1/3 为组织代表。

（二）政策变迁中的改革创新

多伦多社区土地信托有三种形式，第一种土地信托形式是社区主导型，即由地区居民直接组织起来的社区土地信托，特点是居民参与社区土地治理和决策。社区主导型土地信托的典型代表有帕克戴尔社区土地信托（Parkdale Neighbourhood Land Trust，PNLT）和肯辛顿市场社区土地信托（Kingston Market CLT，KMCLT）。第二种土地信托形式是组织主导型，即由已投资过社区住房的组织创建。该模式能够汇集分散的资产，并将股权重新分配到开发和更新项目中。典型代表是 1986 年由多伦多合作住房联合会（Co-operative Housing Federation of Toronto，CHFT）牵头成立的合作住房土地信托基金（Co-op Housing Land Trusts），由四个不同的土地信托基金共同组成。第三种土地信托形式是政府主导的土地信托，即由政府设立。典型代表是成立于 1993 年的多伦多群岛住宅社区信托公司（Toronto Islands Residential Community Trust Corporation），由省政府所有，也是加拿大全国范围内唯一一个政府主导的土地信托①。在三种土地信托中，多伦多 Island Residential CLT② 和合作住房 CLT③ 由于没有明确的 CLT 结构，只是分别用于保护承载现有住房和合作住房的公共土地，并非严格意义的 CLT 模式。

多伦多社区土地信托没有完全照搬美国城市社区土地信托模式。事

---

① Canadian Network of Community Land Trusts：History of CLTs in Canada. https：//www. communityland. ca/history-of-clts-in-canada/.

② Co-operative Housing Federation of Toronto，"What is CHFT？"，https：//co-ophousing-toronto. coop/about/what-is-chft/.

③ Toronto Island Residential Trust Community Corporation，"About Us"，https：//torontois-land. org/home/about-us/.

实上，由于缺乏联邦层面的立法、政策和资金支持，加拿大社区土地信托的运作具有明显的地方化特征。通常，多伦多的社区土地信托通过捐赠获得土地，而依据加拿大法律规定只有注册的慈善机构才能为土地等资本捐赠开具税务收据，社区土地信托在获得政府认可方面遇到了很大困难。此外，捐赠者必须为捐赠的资本缴纳资本收益税，也在一定程度上影响了捐赠。为了实现组织目标，多伦多 PNLT 实行一种双重组织模式，即由一个慈善机构和一个非营利机构组成，二者共同工作，但具有不同的战略目标①。慈善性质的土地信托被称为"邻里土地信托"（NLT），可以获得土地捐赠用于慈善目的，可以将土地租赁给其他慈善机构，但是该慈善机构不能进行社区规划和建设合作住房（都不被视为慈善目的），不能从事政治活动。非营利的土地信托机构筹款能力有限，但可以更自由地享有和租赁土地，其政治活动也不受限制。非营利的土地信托拥有基础广泛的成员和社区选举产生的董事会，同时保留对慈善机构的控制权②。相较于传统的以美国为代表的社会土地信托模式，多伦多社区土地信托根据地方情况在组织运作上做出改变，可以说这是一种制度创新。

除了 PNLT 为适应地方实际独特的双重组织模式，2017 年，由 Colandco 和多伦多合作建房联合会牵头成立的合作住房土地信托（Co-op Housing Land Trusts，CHLT）也可谓对社区土地信托模式的一种创新利用③。1994 年，由于联邦政府不再支持社会住房的建设，Colandco 被迫缩小住房开发活动规模，并越来越注重通过与合作社共同建立土地信托来保留土地所有权。2017 年，Colandco 牵头成立的合作住房土地信托基金由四个不同的社会住房组织组成：Colandco、Bathurst Quay 合作社、Colandco 的城市公园合作社、Naismith 非营利土地信托基金和租户非营利重建基金会。这些社会住房组织作为一个集团获取土地之后，各个住房组织可以租赁土地，建设和管理其建筑物。土地租赁期满后，除续租

---

① Bunce S., et al., "Urban Community Land Trusts", *Toronto*：*Brussels Hoofdstedelijk Gewest*, 2013.

② Davis J. E., et al., *On Common Ground*：*International Perspectives on the Community Land Trust*, Madison, Wisconsin：Terra Nostra Press, 2020, pp. 93-113.

③ Co-op Housing Land Trusts, https：//co-ophousingtoronto.coop/programs/coop-housing-land-trusts.

外建筑物将移交给土地信托基金。虽然四个社会住房组织作为整体运作，但各组织成员管理各自的事务。这种安排体现了对社区土地信托模式的创新利用，即社区土地信托的特定方面（如土地所有权和土地租赁）与合作社的自治相结合。

五　小结

多伦多社区土地信托的历史并不算长，如果以是不是社区主导为标准，严格意义上多伦多的第一个社区土地信托是成立于 2014 年的 PN-LT。多伦多社区土地信托的产生主要受到经济方面如房价上涨、可负担住房短缺、中低收入群体住房需求难以实现，政治方面政府供给缺位，社会方面贫富分化和精英化加剧等外部因素的综合影响。内部行为主体如高收入群体与低收入群体之间的矛盾冲突也促成了社区土地信托的产生，而社区土地信托组织之间及其与其他非营利组织之间的合作促进了社区土地信托的发展。

多伦多社区土地信托源于美国社区土地信托。在土地管理方式上多伦多社区土地信托沿袭了美国模式，注重社区居民参与。但在组织运作方式上，多伦多 PNLT 根据地方情况形成了自己的特色，参与和影响的规模与范围不尽相同。由于缺少立法和政府资金支持，加拿大各地 CLT 组织主要依靠自身来提升其在当地的形象，并倡导公共和私人土地的捐赠。因此，加拿大的 CLTs 没有一个统一的形式，相互之间是一种非正式的关系，显得更灵活、更自治。但是，多伦多的 CLT 缺乏立法和政策支持，更多依赖自身经济能力，使社区土地信托在资金安全方面面临挑战。CLT 组织只能与地方政府和其他以社区为基础的非政府组织建立伙伴关系，开展不同的土地信托试验，以满足城市内不同的自治需求和地方需求。

第二节　伦敦社区土地信托政策变迁

伦敦是英国的首都、欧洲最大的城市，面积 1577 平方千米，人口 964.8 万人（截至 2023 年 11 月）。伦敦是欧洲的金融中心，也是世界最重要的金融中心之一，金融业是其支柱产业，国民经济产值 6532 亿美元（2018 年）。伦敦都市圈是指以伦敦为中心，以伦敦—利物浦为轴线所形成的重要城市圈，是英国最重要的政治、经济和文化中心，居住人口达到 2260 万人①。

伦敦长期面临严重的住房危机。为了解决住房问题，伦敦政府利用非营利的社区组织增加住房供应，提高可负担住房比例。1974 年，英国通过颁行《住房法》，确立"住房协会"作为社会住房供应主体的法律地位，规定住房协会可通过住房公司，申请中央政府的住房协会基金（Housing Association Grant），新建、购买或修缮租赁房。20 世纪 90 年代之后，住房协会已经取代地方当局，成为政府支持的重要住房供应者。作为一个主要为低收入人群提供服务的组织，其每年完成的新住房占住房建设总量的比例均在 10% 以上。然而，经济衰退和政府补贴的减少，导致住房协会逐渐步入财政困境。面对这一困境带来的生存危机，住房协会不得不寻求变革，探索将社区土地信托（Community Land Trust，CLT）作为未来发展方向。

伦敦社区土地信托的基本特点是：①社区土地信托是一个非营利性的、非政府组织。社区通过捐赠或用自有资金购买获得土地，建设住房并提供相关服务。②社区的土地和住房基于"一人一票"原则由社区居民共同管理，在保证住房可负担性的同时促进社区发展。③土地权利和住房权利分离。社区享有土地的权利，居民享有住房的权利，通过土地权利和房屋权利的分离，降低住房价格，使居民能住上可负担的住房。土地和房屋的转让受到限制，必须转让给有资格的中低收入人群，同时社区享有优先购买权。④社区土地信托的主要任务是为居民提供租赁或所有的可负担住房，后来也发展社会企业，如产业孵化器、社区食堂、社区花园、城市农场等。

一 政策变迁历程

英国是最早制定信托法的国家，影响到美国及其他英美法系国家。但是英国社区土地信托的建立和政策发展却受到美国的影响，2000 年后由社会组织和社会活动家引进。

基于制度变迁的关键节点，伦敦社区土地信托政策的历程分为政策缘起（1974—1996 年）、政策建立（1997—2009 年）、政策发展（2010—

---

① London Datastore，https：//data. london. gov. uk/dataset/londons-population.

2014年)、政策创新（2015年至今）四个阶段。

（一）政策缘起（1974—1996年）

土地信托制度源自英国中世纪时期土地用益制度。所谓"用益"，就是为了特定目的，土地保有人在保证自己获得地产收益的前提下，将自己的土地委托给他人经营管理的做法①。用益制度的设计最初是为了规避法律，其不可能受到普通法的保护。人们在普通法没有办法保护受益人的情况下把目光投向了英国法上非常特殊的"衡平法"。由于英国《用益法》（Statute of Uses）不承认三种用益：积极用益、有期地产和动产用益、用益之上的用益，这些不适用于《用益法》的用益发展成为信托②，表述从"Use"转变为"Trust"。土地用益和土地信托的历史发展造就了英国法上的"双重所有权"：普通法所有权和衡平法所有权，所有权不再是一个单一、统一的概念。

初期的信托多围绕土地设立，其目的是保证受益人可以依靠土地收益生存。英国立法对土地信托的概念进行了界定，即《土地信托及受托人任命法1996》第1条规定的：土地信托（trusts of land）是指，信托财产是由土地（land）组成或者包含土地（land）的信托③。随着工业化的发展，不仅信托立法增多，信托形式发生变化，而且对受托人的要求也有所改变——要求受托人对财产有积极经营的权利，实现财产增值，个人信托向法人信托转变。在英国，信托制度是英国财产法和土地法的重要组成部分，只要两个或两个以上的人对同一片土地享有共同权益，便需要遵守信托法的规定。

1960年全国住房协会联合会的会员单位有638个，1984年已超过4400个，其中仅大伦敦地区就聚集了40%以上的住房协会④。20世纪90年代，住房协会已经取代地方政府，成为得到政府支持的重要主体之一。与政府直接主导建设可负担住房不同，住房协会不仅具有政府部门的公益性、慈善机构的非营利性特征，还具备企业的管理效率。各个

---

① 侯建新：《英国近代土地确权立法与实践》，《世界历史》2021年第4期。
② 余辉：《英国信托法：起源、发展及其影响》，清华大学出版社2007年版，第114页。
③ 余辉：《英国信托法：起源、发展及其影响》，清华大学出版社2007年版，第114页。
④ 周江：《中国住房保障理论、实践和创新研究——供应体系·发展模式·融资支持》，中国经济出版社2018年版，第37—38页。

住房协会虽然服务对象和方式不同，但都是在为公共领域和市场领域之外的贫困居民提供社会住房，填补了政府与市场的空缺。截至2001年3月31日，伦敦市住宅总量为306.7万套，占英国住宅总套数的12.08%。其中，业主自住的有177.3万套，所占比例为57.81%；私人出租的有49.1万套，所占比例为16.01%；住房协会拥有27.1万套，所占比例为8.84%；公共部门拥有53.2万套，所占比例为17.35%[①]。住房协会在伦敦住房供给中发挥的作用可见一斑。

然而，随着经济下滑、政府补贴减少、竞争投标出现，在多种因素的同步作用下，住房协会所面临的问题也逐渐显现（见表4-1）。面临生存危机的住房协会，亟待从三个方面进行改进[②]：①组织形式的改变。考虑到私有化可以引入竞争、提高政府补贴的利用效率、提供更多的社会住房，住房协会的私有化再次被提上议事日程。②治理结构的改变。协会应当强化与地方政府的合作以获取土地和资金的支持，即需要在协会的治理结构中引入地方政府和更多的租户。③组织结构的改变。对于一些较大的住房协会，私人出资比重增大之后对发言权有所要求，需要采取一种非营利和营利组织相结合的结构。一些致力于社区更新和可负担住房的住房协会，包括伦敦的 Coin Street Community Builders 和 Poplar HARCA，开始关注英国出现的 CLT，尝试进行变革。

表4-1　　　　　大伦敦地区，公共住房的平均未偿还债务
[1969—1990年（部分年度）]

年度	住房总数（套）	平均每套住房债务（英镑）
1969/1970 年	537237	3223
1978/1979 年	720898	8235
1989/1990 年	307024	17845

资料来源：英国特许公共财物会计师协会 CIPFA 收益。

（二）政策建立（1997—2009年）

1997年，英国第一个城市社区土地单位（Community Land Unit，

---

① 陈淮等：《国际大都市建设与住房管理》，中国发展出版社 2007 年版，第 133—141 页。

② Coatham V., "Who Now Handles Social Housing Provision—The Role and Performance of Housing Associations", Urbani Izziv, Urbanistični inštitut Republike Slovenije, 1995, pp 28-29.

CLU）成立，通过提供专业技术和支持为社区土地收购提供援助。2000年，CLU 在全国范围内开展"国家 CLT 示范项目"（the National CLT Demonstration Program），试图学习美国的 CLT 模式，通过利用集体占有土地来抵制房价上升和提供可负担住房。

2003 年《土地改革法》（the Land Reform Act）规定了社区购买权，允许人口低于 1 万人的社区出售股权并以市场价值购买土地，这些手段为社区争取土地所有权提供了政策和财政支持。

在社区金融研究中心（Community Finance Solutions）（与美国 CLT 组织和国家 CLT 组织有紧密的联系）的帮助下，卡耐基英国信托（Carnegie UK Trust）和都铎信托（Tudor Trust）分别在 2006 年和 2010 年作为资助机构与社区合作，开展社区土地信托试点项目，推动社区土地信托模式的应用和政治支持。这两个社区土地信托试点项目，也激起其他社区的极大兴趣。这些社区，面对社区衰败而年轻人没有能力以市场价格购买住房的问题，也希望通过提供住房和服务来吸引新的居民，而不是被动地接受社区自然衰退的结果①。

在这一背景下，2007 年英国的第一个城市土地信托机构、伦敦最具代表性的社区土地信托 ELCLTs 成立。这是一个基于土地所有权问题谈判而建立的组织，成立目的是抵制伦敦东部富人集聚，解决可负担住房的稀缺和拥挤问题。发展到后期，ELCLTs 与各种社区组织合作，支持社区土地信托组织的发展，推进社区土地信托组织征用和收购土地。目前它隶属 London Citizens 慈善组织，是英国 CITIZEN UK 网络的成员，此网络组织的目标是通过发展组织网络和行动者网络解决社会公正问题。

社区土地信托试点项目推动了立法。2008 年出台的《住房和更新法》（The Housing & Regeneration Act）首次在法律层面对英国的 CLT 模式进行了定义。明确社区土地信托的目标是改进住房供应的数量和质量，保障土地和基础设施的开发，以其他的方式支持社区的发展或福利，实现社区可持续发展和优化布局。该法案还规定了一些具体内容，

---

① Bunce S. , et al. , *Critical Dialogues of Urban Governance, Development and Activism*, London: UCL Press, 2020, pp. 274-288.

包括：①组织机构的设立。明确社区土地信托机构，必须由社区建立，由社区成员管理。具有法人团体的地位，具有非营利性。②土地和资金的政府支持。规定获得土地的方式、土地用途管制要求、土地权利处分的限制。资金支持包括贷款的权利、政府的担保，以及金融的限制，剩余资产的处理。③社会住房的管理。明确社会住房的登记、社会住房的形式、社会住房的管理者及其权力、房东和租客事项、社会住房的金融和支持、私人提供的资产处理。④与其他社区组织的合作。法律要求社区以民主的方式管理，以有利于更大社区整体利益的方式运营。CLT 可以合同形式参与更大社区的管理，参与方式包括：获取信息，提出建议方案；参与对话、讨论和决定行动事项；建立伙伴关系，共同决策和执行。⑤补充条款：政府的监督、现有机构的清理。

（三）政策扩散（2010—2014 年）

立法之后 CLT 快速发展，2010 年，National CLT Network 成立，更加重视英格兰和威尔士的 CLT 组织，支持和发展地方的 CLTs 信托。

2011 年，保守党执政之后开始推进规划体系改革，将规划权力下放，使规划更接近受到影响的群体。卡梅伦政府出台《地方主义法》（*Localism Act*），正式启动"邻里规划"，目的是给予地方更多的自主权和灵活性，提高社区居民参与地方规划的程度，使规划体系更加民主和有效。法案规定，社区居民投票超过 50%，邻里规划即可纳入地方规划；邻里社区可以行使规划权，由社区居民自己决定是否在本社区建造住宅，开发商业，修建聚会和游乐场所；提高开发项目的规划审批效率，对于一些小型开发项目，赋予邻里社区批准的权限，而无须向地方规划部门申请规划许可；等等[①]。

邻里规划的实施，给社区土地信托提供了参与的机会，也促进跨区域社区土地信托机构的发展。社区土地信托通过多种方式如收集和交换信息、协商和提供方案、参与决策表决等确定规划和方案，使诉求得以表达。

2014 年，National CLTs 发展成为一个独立的慈善组织，对地方的

---

① 姚瑞等：《简化规划程序，启动"邻里规划"——英格兰空间规划体系改革的经验与教训》，《国际城市规划》2020 年第 5 期。

CLTs 提供资金、技术和教育等支持，使社区土地信托组织快速发展。这种方式已经成为在街区层面缓解可负担住房压力，反对中产集中，促进社区发展的一种方法。截至 2013 年，英格兰和威尔士合法注册成立的土地信托机构有 100 个。到 2019 年，英国已有 390 个 CLT 组织[①]。

（四）政策创新（2015 年至今）

2015 年 ELCLTs 改名 London CLT，成为伦敦地区一个以社区基础、居住为导向的慈善组织，开始不断壮大并发展成为 CLTs 联盟。London CLT 也与一些组织合作，包括正义空间、精简住房、住房网络、租房一代、拆迁观察等，影响政策过程，并形成了伦敦地产更新实践指南（2016 年）、住房战略（2017 年）和伦敦计划（2017 年）等文件。

2016 年上台的特蕾莎·梅（Theresa May）的保守党政府延续卡梅伦政府的做法，支持"社区主导"战略，创立社区住房基金（Community Housing Fund），开展以社区为基础的住房行动。这一战略通过与私营部门机构建立伙伴关系加强融资，减少公共投资。2018 年基于 Community-led Homes Programme（社区主导住房项目）的社区住房基金启动，由地方政府和非营利组织（National CLT 网络、合作社住房联盟）联合管理。该基金为社区住房计划提供了 1.63 亿英镑的启动资金，为期三年，其中包括对 CLT 团体的资金安排[②]。为了与政府对伙伴关系的重视保持一致，除了社区主导型住房项目，另一个信托基金项目"社区之家"（Homes in Community Hands）实施，由 Power to Change 管理。该信托基金从英国国家彩票社区基金（National Locking Community Fund）中获得资金，为社区住房基金（Community Housing Fund）未覆盖地区的社区住房团体提供启动资金。

London CLT 现阶段仍在积极推进其社会住房项目。其中，与格林尼治公民住房公司合作的项目，计划在 Kidbrook 和 Abbey Wood 提供 21 套住房。与格林尼治皇家区（Royal Borough of Greenwich）就土地出让签订合同，并获得了政府土地管理局的拨款支持和规划支持。与伦敦红桥区（London Borough of Redbridge）政府的合作项目，计划在托灵顿路

---

① London CLT 官方网站，https：//www.londonclt.org/。
② London CLT 官方网站，https：//www.londonclt.org/。

（Torrington Road）开发 7 栋住宅，规划已得到许可，并在政府拨款支持下于 2024 年底动工，计划于 2026 年初竣工①。

伦敦社区土地信托机构的社会住房建设，经历 2000 年的国家示范、2010 年的地方发展、2015 年后社区主导的过程。总的来看，伦敦社区土地信托政策变迁表现出一些特征。首先，社区土地信托的政府管理经历从国家支持到地方发展，再到社区行动的过程；与其他非营利住房开发筹资方式不同，社区土地信托探索将自愿筹资、私人资本和政府支持结合，提高了资金利用效率和管理效率。其次，社区土地信托表现出强制性和诱致性相结合的特点。最初的社区土地信托是成员在集体行动的基础上加强管理的行为，之后政府鼓励和规范社区土地信托的发展，因此社区土地信托是个人、企业和政府共同推动的结果，表现出自下而上和自上而下的过程。在伦敦社会住房供应中社区土地信托发挥积极作用，初期主要解决住房可负担问题；后期则积极参与社区其他行动，促进社区发展。

二 政策变迁的外部影响因素

政策环境的变化带来政策系统的结构性变迁。伦敦的社区土地信托政策从产生、发展到繁荣，都受到政治、经济和社会环境因素的深远影响。

（一）政治因素

社区土地信托模式在新自由主义的紧缩政策下出现，之后连任的保守党推进其进一步发展。

国家支持，推动 CLTs 的建立。1997 年布莱尔执政后，提出经济、社会发展的"第三条道路"新理念，致力于促进社会公正。布莱尔政府强调公民参与和社区集体自我负责的观点，强化了社区参与和多部门合作的核心理念，推行新的社区政策。由于工党政府对社区发展的重视，2006—2008 年，由慈善机构资助的"国家 CLT 示范计划"项目开始实施，CLT 在全国范围内创建和发展，包括 2007 年创建的伦敦市第一个 CLT——东伦敦土地信托（East London Community Land Trust）。

地方分权，促进 CLTs 的发展。2010 年，保守党的卡梅伦当选首

---

① London CLT 官方网站，https：//www.londonclt.org/。

相。鉴于此前工党政府在对抗贫困、解决低收入人群住房保障问题过程中，通过提高补助和福利金的方式产生的财政赤字过大，卡梅伦政府认为英国中央政府已无法继续承担现有的福利，应对福利结构进行根本性变革，降低享受福利者对政府的依赖程度。他提出"进步保守主义"这个概念，主张建设"大社会"和"小政府"，赋予社区和居民更多参与社会的权利，实现社会公平和公正。为此，卡梅伦政府减少了政府对社会住房的直接投入，通过向社区分权的方式间接支持英国低收入人群的保障住房：削减住房福利金（Housing Benefit），降低政府的福利支出成本；将住房和规划的决策权交还给地方政府；培育社区的自主管理能力。虽然中央政府削减了用于住房保障的福利金，但由于在法律层面赋予了地方社区更大的自主发展权，卡梅伦政府的这种做法，激发了 CLT 的活力，并推动了英国 CLT 的发展。

社区行动，扩展 CLTs 的作用范围。伦敦的社区住房基金由大伦敦管理局（the Greater London Authority，GLA）管理，该局在 2023 年之前能从该基金获得 3800 万英镑。大伦敦管理局（GLA）为伦敦社区主导型住房项目（Community-Led Housing London，CLHL）拨款 800 万英镑，用于支持新兴的社区主导型住房团体，如 CLTs、社区自建项目和共同住房团体。对于提交"社区主导方案"提案的团体，CLHL 会发放约 4 万英镑的小额贷款。此外，CLHL 还为新兴的社区主导型住房团体提供技术和资源信息。在资金支持下，London CLTs 不仅在土地获取、资源筹集、技术咨询、项目开发中发挥作用，还关注社区凝聚力，强调以社区为基础支持多样化的居民代表参与政治过程，促进社会公正[①]。

（二）经济因素

经济因素是推动 CLTs 政策变迁的重要因素。随着经济增长，政府财力增强，政府在住房领域的投资增加，推动社会住房的建设。反之，社会住房建设放缓。

经济增长，国家提高支持力度。1997—2007 年，英国国内生产总值持续增长，且增长幅度较大，GDP 年均增长率达到了近 3%（见图

---

① London CLT 官方网站，https://www.londonclt.org/。

4-4）。同时，政府显著增加公共服务的支出。在住房领域，1999—
2007年英国的住房和社区设施总管理支出整体上呈现快速上升趋势
（见图4-5）。社区土地信托（CLT）也受惠于公共投入的增加和对低收
入群体的关注而发展起来。

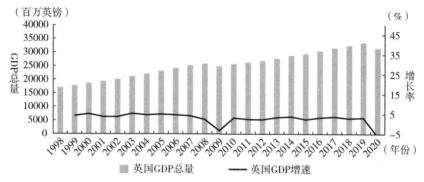

图 4-4　英国人均收入总值变化（1998—2020 年）

资料来源：英国国家统计局。

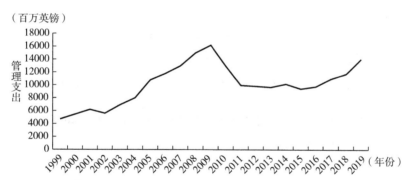

图 4-5　英国政府用于住房和社区设施的总管理支出（1999—2019 年）

资料来源：英国国家统计局。

经济衰退，地方政府不作为。2008 年国际金融危机爆发，英国经
济再度陷入衰退，2009 年英国经济萎缩了 4.25%，创下了自 1988 年以
来的最大降幅纪录（见图 4-4）。危机使中央政府财政困难、福利减
少，因此保守党政府推行新自由主义紧缩政策，撤回了对社区机构或社
区志愿服务机构的直接资助，住房和社区设施总管理支出在 2009 年后
大幅下降（见图 4-5）。社会住房与社区服务项目资金相应减少，使社
会住房受挫。伦敦地产市场是一个国际化、全球化市场。2008 年国际

金融危机之后，因为伦敦市场的活跃度和安全性使其更具吸引力，国内和国际资本不断进入房地产市场。但是，伦敦政府却一直奉行紧缩政策，从住房生产中不断退出，导致社会住房供给更加紧张。另外，放松市场管制促进机构资本和小规模资本进入伦敦，进一步抬高住房市场价格，导致平均房屋价格甚至超过了当地平均年收入中位数的 10 倍以上（见图 4-6）。很多穷人无法通过私人市场住房解决需求，导致可负担的社会住房需求增加，也促使 CLTs 在社会住房的提供方式与发展模式上进行创新。

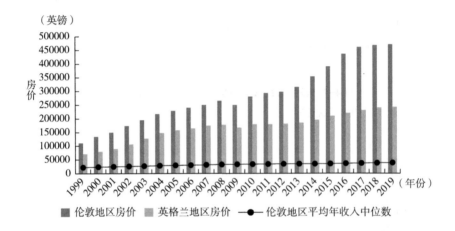

图 4-6　英格兰地区和伦敦地区房价与收入对比图（1999—2019 年）
资料来源：英国国家统计局。

（三）社会因素

伦敦作为全球金融中心，吸引大量的外来人口进入，带来住房需求的增长，同时社会矛盾和冲突加剧，对 CLTs 政策的影响比较显著。

社会矛盾激化，CLTs 开始建立。从 2008 年起，伦敦失业率持续增长（见图 4-7）。由于新工党高度开放的移民政策，移民数量迅速增加，改变了伦敦市的人口构成（见图 4-8）。其中大量移民在劳工市场中受到就业歧视，部分低技能从业者面对激烈的低薪职位竞争，不愿主动参与就业。因此，移民住房问题成为社会隐患。另外，士绅化进一步扩大了城市的贫富差距，大部分旨在解决住房危机的城市更新项目并没有为当地的中低收入群体带来居住环境的改善。2011 年 8 月，伦敦北部的托特纳姆地区发生暴力冲突，进而引发英国近代以来最大规模的城市内乱。骚乱凸显了城市贫困问题以及土绅化在伦敦造成的社会紧张局势。骚乱之后社会矛盾和社会问题依然没有得到解决，反而让居民感到住房权益被剥夺和疏离。

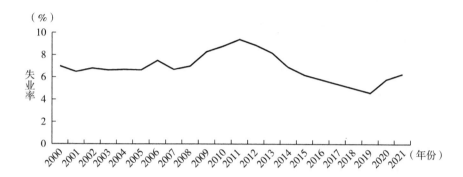

图 4-7 伦敦地区失业率变化（2000—2021 年）

资料来源：劳动力市场统计。

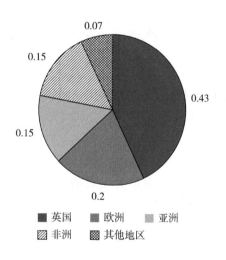

图 4-8 伦敦地区人口构成（2008 年）

资料来源：大伦敦管理局。

住房短缺，CLTs 住房得以发展。伦敦人口自 1997 年突破 700 万人之后，延续不断加速增长的势头（见图 4-9），住房需求不断上涨。然而住房需求和住房供应并不匹配。2012—2017 年，伦敦人口增长 6%，就业率增长 14%，住房供给数量只增长了 4%。因此，英国存在严重的中低收入家庭住房短缺以及负担不足问题①。例如，2004 年伦敦住房价格 2310—8190 欧元/平方米，但是到了 2016 年伦敦住房价格达到 5970—19440 欧元/平方米，在英国城市房价中排名居前。2017 年夏天，英国最富有的行政区之一格伦费尔大厦的火灾悲剧，更暴露出富人闲置住房和穷人无房可住的矛盾，随着 2017 年 7 月肯辛顿和切尔西区大约 1857 套空置住房被披露，社会矛盾进一步激化，这一事件迫使市政部门不得不着手解决②。

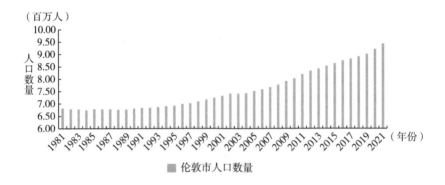

图 4-9　伦敦市人口数量统计（1981—2021 年）

资料来源：英国国家统计局。

在这一背景下，社区居民意识到仅仅依靠政府无法解决中低收入群体面临的社会问题。以社会力量为代表的社区土地信托组织（CLTs）发起运动，旨在说服伦敦市政府赋予社区自己解决可负担住房问题的权利，同时解决街区不均衡发展的问题。

①　Bunce S., et al., Critical Dialogues of Urban Governance, Development and Activism, London: UCL Press, 2020, pp. 145-157.

②　Shrubsole, "Where are the Empty Homes in Kensington?", *Who Owns England?*, June 2017, https://whoownsengland.org/2017/06/18/where-are-the-empty-homes-in-kensington/.

三 政策变迁的内部动力机制

伦敦社区土地信托政策变迁涉及众多的主体，如政府、居民、社区土地信托机构、其他社会住房主体，以及市场主体，是多元主体共同作用的结果。

（一）住房协会发展面临挑战

英国是最早开始工业化的西方国家，也是住房问题产生最早和政府干预最早的国家，尤其是在中低收入人群住房问题上，政府干预非常明显。

第二次世界大战后，英国从中央到地方政府，都采取了以集中建设公共租赁住房为重点，大力促进住房建设、增加住房供应的政策，在增加住房供应的同时，实行住房补贴政策，这一时期政府建造的住房占同期住房建设总量的60%以上，成为英国福利住房制度的重要组成部分。其中，1945—1951年，英国建设住房101万套，地方政府建设公房占比高达89%。1964—1979年，地方政府新建住房126.5万套，占全国新建住房总量的47%。1947—1979年，英国地方政府拥有的住房量与全国住房总量之比由13%增至32%[①]。1974年，英国《住房法》正式引入了住房协会，确认其作为保障性住房供应主体的法律地位。1975年的《住房租金与补贴法》和1977年的《租金法》引入新的中央政府补贴的同时，设立住房公司，负责住房协会基金（Housing Association Grant）的管理，住房协会可以通过住房公司申请中央政府的住房协会基金，新建、购置或者修缮租赁住房。1980年的《住房法》和1985年的《住房协会法》详细规定了有关住房协会的各项要求，进一步强调发挥住房协会作为独立社会住房租赁机构的作用。因此，20世纪70年代和80年代，协会每年完成4万套住房，以补充当地政府的住房保障工作。1988年修订的《住房法》准许住房协会购买社会住房，兼具所有权和管理权，政府负责提供融资支持和税收优惠。租户经自愿投票同意，可将居住的公共住房转交住房协会管理。自此，住房协会逐渐成为城市社会住房的主要供应者，并接受不断从地方市政部门转交过来的住房。

---

① 唐军：《当代英国住房福利的政策演进》，《英国研究》2022年第1期。

然而住房协会在发挥重要作用的同时，暴露出能力与目标不匹配的问题。一方面住房协会的成员多样化，包括租户代表和合作机构的代表，缺乏住房开发管理方面专业人员；另一方面，随着协会的公共资金和筹集的私有资金越来越多，协会在专业能力上越发显得有所欠缺，无法胜任资金管理的要求。例如，成立于 1964 年的 Sanctuary 住房协会是英国伦敦六大协会之一，在 1974 年住房法案施行之后，因为大量公共资金的帮助进入快速扩张的时期。随着政府资金的减少，Sanctuary 向市场融资用于支持开发项目，第一笔海外融资就在美国筹集了 7500 万美元。由于住房协会从私营部门筹集到的资金越来越多，关于住房协会是不是志愿服务部门引起广泛讨论。此外，还有很多住房协会用从商业借贷的资金代替不断下降的公共资金，这一举措带来一些问题[1]：①由于公共资金的减少和偿还私营部门贷款，住房租金上涨，引发了可负担性问题，尤其是租户越来越穷且可能失业。②一些较小的协会没有足够的能力来筹集资金，一些大的协会动用其储备来补贴开发计划，影响其借款潜力。③在各协会中公共资助资金的竞争极其激烈，住房协会以低于拨款标准的价格竞标，进一步影响新建住房的质量。在这种情况下，一部分住房协会开始关注社区土地信托，参与到试点之中。

（二）住房运动推动社区土地信托的发展

住房问题一直是伦敦社会矛盾的焦点。2008 年，中央政府为应对国际金融危机采取财政紧缩政策之后，地方政府采取各种措施来实现住房目标，包括拆除和重建社会住房，出售现有住房，与私人合作开始城市更新项目。但是实践案例显示地方政府的项目并不成功，其主要原因是社会租赁住房大幅减少，开发商垄断社区住房开发导致腐败，大量居民被迫外迁。在维护不足、监督不够、管理不善的情况下，社区再开发伴随住房被剥夺之后大规模流离失所的悲惨事件发生。

在这种状况下，以社区为基础的住房运动兴起，开始抵制拆除房屋计划，反对地方政府和开发商之间的合作项目。住房行动者掀起住房运动，成功地阻止政府将公共土地出售给私人开发，并对住房政策产生影

---

[1] Coatham V., "Who Now Handles Social Housing Provision—The Role and Performance of Housing Associations", *Urbani Izziv Urbanistični inštitut Republike Slovenije*, 1995, pp. 28-29.

响。2009 年，伦敦居民成立社区土地信托，并在 London CLTs 的支持下，向市政当局申请开发转让的权利，争取以社区土地信托模式加强土地管理和建设可负担住房，防止住房被拆除。

2016 年，工党萨迪克·汗（Sadiq Khan）当选市长，提出将应对国际投资的挑战，处理住房危机。他认为住房不能闲置，不能成为富人洗钱的场所，应当给予伦敦人居住的权利。保守党政府支持与私人资本建立伙伴关系的社区行动，为此制定了有力的法律条款，并通过建立社区住房基金提供资金支持。2017 年，社区居民反对市政府以自有土地与私人企业合作开发项目，通过投票参与到住房管理和更新决策中。2018 年，新的市政当局要求开发者将土地返还给政府，并对前任政府的管理行为进行调查。

伦敦的社区土地信托不仅成为社区行动中重要的一个部分，社区土地信托组织也组成了合作网络，形成跨区域的联盟，如区域的和国家层面的，共同参与和影响城市更新政策文件的制定，例如 *the Estate Regeneration Good Practice Guide（December* 2016）"，"*the Housing Strategy（September* 2017）" 和 "*the London Plan（December* 2017）"。2018 年开展的社区主导项目，虽然是由住房部门、社区和地方政府共同资助，但社区主导住房是 "由全国各地的人们的需求产生的，他们已经对自身住房状况的失望达到极限（无论是他们自己、他们的孩子还是社区的），并决定将命运掌握在自己手中"（Community Led Homes 2018）。该项目表明，"社区主导住房不是要给人们权力，而是一种让人们掌握权力并创造更好生活的机制"（Community Led Homes 2018）[①]。

（三）社区土地信托与其他组织的合作

在金融危机和财政紧缩的双重压力之下，非营利的住房组织与其他组织之间进行合作，开展创新性行动，解决社区可负担住房问题、社区开发的土地和资金问题，以及社区可持续发展问题。一开始，社区土地信托就没有在社区占统治地位。因此，社区土地信托需要在自身领域与其他组织，如地方政府、教区、地方非营利组织、地方企业等合作，形

---

① Bunce S. , et al. , *Critical Dialogues of Urban Governance，Development and Activism*，London：UCL Press，2020，pp. 274-288.

成地方战略伙伴关系，为社区发展愿景制订和实施改进计划。社区土地信托也与地区或国家的公共部门、私人部门和第三方组织等进行合作，实现共同目标。

London CLT 与国家社会正义网络 Citizen UK 在伦敦南部的几个社区组织合作，促进 CLT 的土地获取。从 2014 年开始至今，London CLT 在伦敦 Lewisham 市长的支持下，以 1 英镑的价格获得 11 个单元可负担住房的土地租赁权。在 Lambeth 和 Shadwell，London CLT 与社区组织合作，争取政府支持并将交通局（TFL）的闲置土地作为将来的土地储备。在 Crydon、Southwark、Redbridge 的情况则不同，由于市政委员会领导开发 CLT 土地上的可负担住房，CLT 作为开发后的土地所有者①。

London CLT 作为伦敦 CLT 的联盟成员，发挥多种作用。这个联盟提供技术支持，在计划和开发阶段与每一个 Citizen UK 团队合作，强调居住为基础的社会正义，聚焦社区凝聚力和支持多元化的居民代表参与 CLT 行动实现社区赋权。

London CLT 行动也通过政治动员支持社区基础的 CLT 行动。利用 Citizen UK 现有的地方组织结构，与社会正义组织 London Citizen 和 Citizen UK 开展广泛的联系，促进公众认知的改变，从而建立政治联盟。如 London Citizen 周期性地举行政治集会。通过这种方式，使伦敦的 CLTS 成为更大的跨区域的社会正义和社区组织的一个部分。

与这种政治参与相关，London CLT 也通过开拓资金渠道为项目解决资金问题。项目开发资金源于慈善基金，包括 National CLT Network。London CLT 也会向 Community-Led Housing London 申请贷款支持 CLT 组织的社区凝聚力建设。除了外部的捐款和贷款，London CLT 还鼓励成员投资 100 英镑以上。在 Lewisham CLT 行动中，这种方式筹集了 50 万英镑的资金②。

因此，London CLT 的角色是综合性的，将彼此独立但相互关联的、正式的和非正式的社区住房行动联合起来，如 Lewisham 城乡社区土地信托项目。其独特性在于，它有强大的社区基础，成为更广泛的 CLT

---

① London CLT 官方网站，https：//www. londonclt. org/。
② London CLT 官方网站，https：//www. londonclt. org/。

运动的一个部分。虽然 CLT 的出现与士绅化、可负担住房有关，但是 CLT 的组织形式各异，解决士绅化等问题的方式也存在差异。

四 政策变迁中的路径依赖和改革创新

纵观伦敦社会住房政策的变迁历史，我们可以发现，在政策变迁过程中始终呈现一种路径依赖与改革创新两种形态的有机融合。

（一）政策变迁中的路径依赖

政策是在对历史传统的继承和延续下不断演化而来的，后来的政策改革延续原有的关系和结构，由此形成后来事件对先前事件的依赖。

由于政府提供的公共住房逐渐出现结构老化、设施陈旧等问题，公众不断提出更新的要求。然而，中央和地方政府都缺乏资金。因此，英国政府引入非营利组织发展社会住房，主要有三种方式①：①将大量的公租房转移到住房协会，由住房协会进行管理。②设立租户管理合作社，由政府拨款和租金收入维持运营。③由政府部门、居民和社会企业合作成立土地信托机构，由政府和社会企业提供融资贷款，用于社会住房的建设和维护。从住房协会到住房合作社，再到社区土地信托，实际上是政府资金逐步减少的情况下向外部寻求资金支持，加强管理的过程。

作为非营利组织的一种类型，CLT 以自我管理模式运行。传统的社区土地信托组织有四个核心结构：土地所有权、土地租赁、转售限制和民主治理②。①社区土地信托具有独立法律地位，是一个非营利的组织。②社区的信托机构享有土地的所有权，土地可来源于政府征收、私人土地捐赠等。③社区土地信托与符合条件的中低收入购房者签订土地租赁协议，购房者租赁土地（租赁时间为 99 年）并购买土地上的房屋，房屋可以继承或遗赠。④社区土地信托限制房主转售；如果房主选择出售，社区土地信托机构则享有优先购买权。

可见，社区土地信托的功能是为社区居民提供可负担住房。社区土

---

① 罗忆宁：《英国社会住房更新的流程与困境——以伦敦大火中的格伦费尔塔楼为例》，《城乡建设》2017 年第 15 期。

② "Chicago Community Land Trust（CCLT）Provides Long-term Affordability Protection for Affordable Units Created through City Programs"，https：//www. metroplanning. org/homegrown/ case. aspx？case＝cclt.

地信托在资金管理和项目管理，以及促进合作方面，表现出明显的优势。但是无论怎么变化，其非营利的属性一直没有改变。

（二）政策变迁中的改革创新

社区土地信托是在原有住房协会的基础上发展起来。社区土地信托政策变迁与政府的大规模撤资同时发生。

20世纪90年代之后，住房协会自始至终处于两难的选择之中。一种从资产管理的视角认为，协会应满足私人出资者的要求，在保持低成本的同时提高租金收入和资产价值。一种是社会服务的视角，认为协会应承担一部分社会职能，为中低收入租户提供可负担住房。随着住房协会从私人部门筹集的资金越来越多，这种争论更加普遍，甚至提上了政策议程。面对挑战，住房协会不得不寻求变革①。最初的观点是住房协会重新私有化，私有化之后，向住房开发商提供公共补贴，可以促进公共资源的竞争，提高住房供给的质量。这种方式因影响协会的稳定性而被否定。后来又有观点提出采用非营利和营利组织相结合的董事会结构。主要原因在于，协会与地方当局合作，获得大量公共资金和优惠土地，因此委员会中应当有更多地方政府和租户代表，使地方利益得到代表。另外，私人投资越来越多，也应当在董事会中占有一席之地。社区土地信托模式就是在改革住房协会结构基础上形成的。

20世纪后社区土地信托政策在英国蓬勃发展，呈现从外向内、从国家到地方的阶段性特征。为了防止房屋拆除和被驱逐，社区居民组成社区土地信托机构，争取自己改造社区的权利。这个时期，不仅社区土地信托的法律地位得以明确，社区还获得规划和建设的权利。一方面，社区土地信托在保有土地的基础上不仅可以开发住房，还可以提供教育、培训、医疗等公共设施，甚至可以发展自己的企业；另一方面，社区土地信托强调公平决策以及社区居民的参与，激发社区居民的权利意识，成为居民参与社区治理的重要途径。伦敦社区土地信托将社区规划、社区土地产权和可负担住房建设在社区层面结合起来，促进了社区发展。

---

① Coatham V. ，"Who Now Handles Social Housing Provision—The Role and Performance of Housing Associations"，*Urbani lzzi Urbanistični inštitut Republike Slovenije*，1995，pp. 28-39.

随着实践的发展，社区土地信托政策功能已经发生转变。更有意义的是，社区土地信托以强有力的组织机构，不仅推进社区的民主管理，还支持社区居民参与到政策制定过程之中，影响地方政府的更新改造计划和政策过程，促进建设更有回应性的地方政府。在维护社区居民的土地和住房等权益过程中，促使地方政府聚焦关系大多数群众切身利益的具体问题。社区土地信托以社区发展为目标，推动地方政府关注"市场过滤"导致的社区分化和街区不平衡发展问题，促进社会公正[①]。

五 小结

伦敦社区土地信托作为提供廉价社会住房的非营利性公益组织，大多成立于 20 世纪 80 年代，其后经历了 90 年代的快速发展，以及 2000 年后的市场化转型的发展历程。其变迁受到经济因素如政府财政支持、经济发展态势，政治因素如政府治理理念，社会因素如人口变化情况、住房需求变化等多方面外部因素的影响。同时，内部行动者之间的互动关系如它与政府之间的合作关系、自身内部的合作关系也推动伦敦社区土地信托制度变迁。在制度创新的同时，伦敦社区土地信托始终坚持为市民供应可负担的社会住房的责任，公益性和非营利性贯穿其制度发展始终。

社区土地信托政策随着公共住房的大规模撤资发生变迁。政府的社区主导住房政策旨在将责任转移到社区，通过社区主导住房计划（如CLTs）加大撤资力度，同时也解决对负担能力的需求。CLTs 以社区为主导，强调社区的参与，提出一种新的住房和土地所有权方法促进社区福利。然而，社区土地信托的项目规模和范围很小，而且是地方化的，并不能取代公共住房。这也提出了一个问题，即土地信托（以及其他形式的社区主导住房）的有效性如何，是否可以满足英国各地的可负担住房需求。

第三节 芝加哥社区土地信托政策变迁

芝加哥位于美国密歇根湖的南部，是美国最大的期货市场，也是世

---

① Bunce S., et al., Critical Dialogues of Urban Governance, Development and Activism, London: UCL Press, 2020, pp. 274-288.

界金融中心之一。芝加哥人口约为 274.6 万人，面积约 607 平方千米，GDP 在全美排名第 3 位，仅次于纽约和洛杉矶。芝加哥大都市区，是指范围包括芝加哥市及其郊外的大都市区，面积约 3 万平方千米，人口超过 980 万人①。

20 世纪 80 年代的"CLT 运动"进一步推动了美国城市 CLT 的高速发展。由于政府的支持，越来越多的社会活动家、非营利性住房开发商与社会资本参与到 CLT 项目中，CLT 的数量开始稳定增长。到 2005 年，美国已有 200 多个 CLT，并且以每年几十个的速度增长。城市社区土地信托机构在其保有的土地上建设多种形式的可负担住房，如独栋住宅、多层住宅、公寓、合租房等，同时还建立了一些满足基本生活需求的空间，如小型商场、社区公园和城市农场等。

芝加哥于 2006 年建立社区土地信托，也是第一个由政府主导建立 CLT 的大城市。作为提供可负担住房的重要手段，芝加哥 CLT 具有以下基本特点②：①提供中低收入者可负担的住房。②芝加哥 CLT 作为可负担住房的管理者，本身没有土地所有权。③通过契约限制住房转售对象和转售价格以保障可负担住房持续的可负担性。④成员资格向居住于该社区的所有居民开放，并且居民在社区土地管理上享有决策权。

一 政策变迁历程

20 世纪 80 年代，CLT 运动已经从美国东南部和东北部的试点传播到美国 45 个州的 200 多个城市。这些城市的经验被汇编成《社区土地信托手册》。1992 年，联邦政府将《社区土地信托手册》（1982 年）中的 CLT 定义纳入了联邦法律。

与美国其他地区相比，芝加哥的社区土地信托起步较晚。基于制度变迁的节点，芝加哥的社区土地信托政策经历政策缘起（1980—2005 年）、政策建立（2006—2010 年）、政策困境（2011 年至今）三个阶段。

（一）政策缘起（1980—2005 年）

20 世纪 80 年代，美国的城市住房供给政策日趋保守。1982—1985

---

① "QuickFacts: Chicago City, Illinois", United States Census Bureau, 2021, https://www.census.gov/.

② Deborah M. G., et al., "Meanings of Limited Equity Home Ownership in Community Land Trusts", *Housing Studies*, Vol. 35, No. 3, 2020, pp. 395-414.

年，联邦政府在公共住房方面的资金投入减少了82%，导致芝加哥停止新建公共住房。80年代末，芝加哥公共住宅严重衰败，许多公共住宅沦为贫民窟，其中由于黑人居民越来越密集，犯罪、暴力等治安问题严重①。1993年，芝加哥住房局向美国住房部申请到"第六希望计划"拨款，利用这些资金多次改造修复了一些住房项目。2000年，芝加哥住房局得到联邦政府批准，启动"芝加哥公共住房改革计划"，这也是全美规模最大的公共住房改革项目。

除了利用联邦政府资金改造公共住房，芝加哥还以次级抵押贷款方式直接向中低收入者提供补贴用于购房。购房者在出售这些房产时需要偿还抵押贷款，所偿还的资金再用来支持其他购房者。然而，芝加哥的住房问题仍然很严重。由于土地快速升值和开发成本增加，收回的资金不足以筹集或建设新的可负担住房。为此，芝加哥开始探索其他可负担住房方案，为后来社区土地信托的建立打下了基础②。

2004年，芝加哥市开始研究社区土地信托，试图在投资可负担住房时确保这些住房在未来仍能负担得起。在调查的过程中，芝加哥住房部从柏灵顿协会聘请了专家进行咨询，并组织了一个由当地住房专家组成的咨询小组。该小组探讨了各种方案，包括建立多个社区CLT。在考察了多种社区土地信托模式之后，芝加哥市最终确定一个单一的、全市范围内的CLT将是保持住房长期负担能力的最优手段，并建议扩大CLT的住房开发的规模并加快速度，公平地分配CLT住宅，规范运营行为和住房转售行为③。

（二）政策建立（2006—2010年）

2006年，芝加哥市政府出台法令，建立一个覆盖全市范围的、非

---

① 戚常庆、吴虑：《"芝加哥公共住房改革计划"评估及对我国的启示》，中国城市规划学会，城乡治理与规划改革——2014中国城市规划年会论文集（12居住区规划），上海同济城市规划设计研究院规划五所、上海同济城市规划设计研究院，2014年。

② Towey M., "The Land Trust Without Land: The Unusual Structure of the Chicago Community Land Trust", *Journal of Affordable Housing & Community Development Law*, Vol. 18, No. 3, 2009, pp. 335-362.

③ Towey M., "The Land Trust Without Land: The Unusual Structure of the Chicago Community Land Trust", *Journal of Affordable Housing & Community Development Law*, Vol. 18, No. 3, 2009, pp. 335-362.

营利的 CLT 组织——芝加哥社区土地信托（Chicago Community Land Trust，CCLT），机构设在市住房和经济发展部。芝加哥社区土地信托的启动费用由约翰和凯瑟琳—麦克阿瑟基金会资助。在管理方面，CCLT 有自己的董事会，由开发公司、社区组织、银行、法律界、资助者和其他活跃在可负担住房领域的代表组成，所有董事均由市长经过市议会同意后任命。通过 CLT，芝加哥政府旨在保留对可负担住房的投资，同时为工薪家庭创造一个有"永久所有权"住房。

依据 2007 年通过的芝加哥市《可负担需求条例》（*Affordable Requirements Ordinance*，ARO），芝加哥在全市范围内建立 CLT。与传统模式一样，CCLT 董事会包括住房专家和当地居民，由市长任命并经市议会批准。住房超过 200 套之后，董事会成员中也将包括住户。

芝加哥 CLT 并未完全按照传统 CLT 模式建立，其中最大的区别在于土地所有权。芝加哥 CLT 并不拥有土地，而是采取契约限制来达到传统社区土地信托的目的。即芝加哥 CLT 与房主签订长期契约，保持房屋的可负担性。基于契约限制，房主只能将房产转售给其他符合收入条件的买家。契约同时规定了转售价格，允许房主获得一部分市场增值，并保证下一个买家可以负担得起。通过契约限制，芝加哥 CLT 保护了芝加哥市在可负担住房方面的投资，并确保了可负担住房的可持续性①。

契约限制具有积极意义。首先，契约限制避免了土地征收的问题。CCLT 节省了融资购买土地的成本，可以更低的成本提供住房，对卖家具有吸引力。其次，在传统的 CLT 模式中，购房者存在有住房所有权而无土地所有权的问题，不愿意购买这种二等住房。CCLT 的住房所有权与土地所有权一体，不易引发购房者的心理芥蒂。当然，CCLT 的住房购买者虽然享有住房和土地所有权，但实际上仍然是一种受限的所有权。他们不能在市场上自由买卖，不能利用土地和房屋的投资增加个人财富。

（三）政策困境（2011 年至今）

传统的 CLT 模式具备四个关键特征：①土地所有权，即 CLT 组织

---

① "Chicago Community Land Trust（CCLT）Provides Long-term Affordability Protection for Affordable Units Created through City Programs"，https：//www. metroplanning. org/homegrown/case. aspx？case＝cclt.

通过各种渠道获取永久土地。②土地租赁，即根据长期租赁合同转让土地。③转售限制，即 CLT 组织对其土地拥有优先购买权，同时承租方转售土地时受到价格限制和对象限制。④民主管理，即 CLT 组织向其所在区域的所有成年居民开放，董事会成员中 1/3 是住户。

CCLT 利用契约限制替代土地长期租赁，是一大创举。但是这种限制也使芝加哥 CLT 面临风险[1]。第一，抵押风险。通常情况下，房主通过贷款购买 CLT 住房，同时贷款方取得对住房和土地的担保权益。当房主陷入财务困境不能按照约定偿还贷款时，住房和土地所有权可能会被收回。而芝加哥 CLT 并不享有土地所有权，无法阻止土地所有权的转移。芝加哥政府在设计 CLT 运营方式时考虑过这个风险及相应的解决办法。一条途径是对贷款方实行契约限制，即使贷款方依据合同收回土地所有权，也必须遵守芝加哥 CLT 针对住房转售对象和转售价格的限制。不过，这种做法可能导致贷款意愿降低。另一条途径是加强对房主的支持，尽可能减小房主可能面对的贷款方收回住房和土地所有权的风险。对于确实无法偿还贷款义务的房主，这种风险难以被消除。因此，芝加哥 CLT 失去部分住房的风险不可避免。

第二，优先购买权的合法性问题。CCLT 保留优先购买权，其限制期限可能超出 20 年。CCLT 限制财产处分，违背了财产的基本属性。因此在出现纠纷的情况下，法院判决可能撤销这种限制，使 CCLT 无法实现保有可负担住房的目标。在 Martin v. Prairie Rod & Gun Club 案中，法院认为反永久权规则适用于优先购买权。原告信托方要求确认优先权，认为其祖辈已就出售家庭农场做出妥协，如果被告承诺以某种方式出售土地或房屋，那么其继承人也应以同样方式出售。但是这一要求没有得到法院认可，法院认为反永久权规则的理念和政策不能违背。然而，当购买财产的目的是用于慈善活动时，这一规则可以有例外。尽管这一例外由慈善信托所确立，但这种优先购买权只能由非营利的 CCLT 来行使，目的是为中低收入人群提供可负担住房。

第三，限制财产转让的法律风险。CCLT 的契约限制，限制了业主

---

[1] Towey M. , "The Land Trust Without Land: The Unusual Structure of the Chicago Community Land Trust", *Journal of Affordable Housing & Community Development Law*, Vol. 18, No. 3, 2009, pp. 335-362.

出售财产的价格和可能得到的收益，是对财产权的限制。在 Baker v. Loves Park Savings & Loan Ass'n 案中，法院认为任何对财产的限制都是违法的，只有在实现社会目标时，这种转让限制才是合法的。因此，对于 CCLT 来说，问题在于其限制是否必要、是否实现公认的社会目标。《伊利诺伊可负担住房规划和上诉法案》将 CLT 纳入法律之中，明确"地方政府可以创立社区土地信托，为可负担住房的目的享有不动产的开发、转让和土地租赁，以及以规定价格购买不动产的权益"。由于州法允许转售限制以保护可负担住房，因此 CCLT 的契约限制符合实现社会目标的必要条件。

芝加哥市议会于 2019 年 10 月 16 日批准了一项价值 300 万美元的芝加哥社区土地信托（CCLT）试点计划，旨在全市六个高档社区建造可负担住房并防止流离失所①。

2021 年 4 月，芝加哥修订《可负担需求条例》。该条例规定，购买城市土地或者接受政府财政援助的市场住房开发商在开发 10 个及以上单元的住房项目时，必须将其中 10% 的住房单元确定为可负担住房，或者向市政府的可负担住房基金捐赠，捐赠数额由应提供的可负担住房单元数决定，每个单元对应 10 万美元的捐赠。如果开发商接受了政府资助，则必须将 20% 的住房单元确定为可负担住房②。一般情况下，市场开发商会将这些可负担住房置于 CCLT 名下管理，由 CCLT 确保这些住房的长期可负担性。

芝加哥社区土地信托机构建设社会住房的时间比较短，相关政策的变迁表现出一些特征。首先，政策内容有改变。与传统的社区土地信托相比，芝加哥社区土地信托是一个全市范围的土地信托，其住房供给呈现地方发展的特点；住房筹资比较简单，依赖政府资金和私人资本。住房分配对象相对狭窄，主要惠及中低收入人群。其次，政策目标单一。芝加哥的社区土地信托政策的目标是缓解财政压力，保证可负担住房供

① "City Council Approves Chicago Community Land Trust Pilot Program to Create Affordable Housing（October 16, 2019）", https：//www. chicago. gov/city/en/depts/doh/provdrs/housing_resources/news/2019/october/chicago-community-land-trust-pilot-program-to-create-affordable-. html.

② City of Chicago, "Affordable Requirements Ordinance（ARO）". https：//www. chicago. gov/city/en/depts/doh/provdrs/developers/svcs/aro. html.

192

给的持续性。最后,芝加哥社区土地信托政策变迁表现出强制性的特点。在城市立法支持下建立,然后城市提供资金推动试点项目,其政策过程表现出明显的自上而下特征。

二 政策变迁的外部环境因素

(一) 经济因素

经济因素影响社区土地信托的建立和发展。促使芝加哥社区土地信托产生和发展的经济因素主要包括财政情况和住房市场情况。一方面,财政压力的不断增长促使政府探索其他方式实现社会住房供应;另一方面,居民住房负担能力的持续下降推动了社区土地信托的建立。

财政赤字,迫使政府探索社区土地信托。在建立社区土地信托前,芝加哥一直通过次级抵押贷款方式向中低收入者提供直接购房补贴。购房者偿还的贷款则被用于支持后续申请贷款的购房者。对于购房者而言,由于可以按照市场价格出售住房,故完全有能力偿还贷款。但对于政府来说,由于住房开发成本的增加和住房价格增长,收回的贷款金额不足以支付新的可负担住房的成本。政府在住房保障方面的投资压力日渐增大。如图4-10所示,2001—2005年,芝加哥市政府财政赤字呈增长趋势,2005年的赤字总额几乎是2001年的两倍。出于缓解政府财政压力以及兼顾可负担住房供给的需要,芝加哥开始探索社区土地信托的可行性。

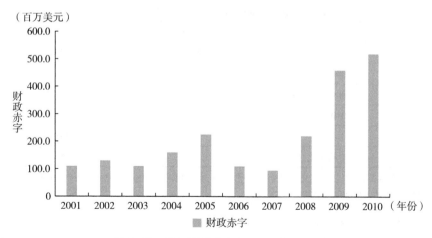

图4-10 芝加哥财政赤字 (2001—2010)

资料来源:The Civic Federation,City of Chicago FY2010 Proposed Budget:Analysis and Recommendations。

住房价格增长，推动社区土地信托建立。关于住房可负担性，美国联邦政府提供了一个指导原则：家庭住房支出不超过其年收入的 30% 即可负担。虽然美国联邦、州和地方政府在住房保障方面投入了数十年的努力，但对于很多家庭来说，住房成本依然难以负担。在经济高速发展时期，住房价格快速增长，超出买房者的支付能力，在经济低迷时，虽然住房价格下降，但是由于工资增长停滞和失业率上升，中低收入人群仍然难以购买住房。2001—2007 年，芝加哥房价中位数上涨了 41%，但当地的收入中位数仅增长了 7%。2007 年，芝加哥通过贷款购房的房主中，月住房支出超过收入 35% 的约占 41%。在租房者群体中，这一数字是 43%[1]。虽然收入增长赶不上住房价格增长，但在 2008 年国际金融危机时期，收入下降速度却超过了住房价格下降速度。2007—2011 年，芝加哥租赁住房租金中位数几乎没有变化，而租房者家庭收入中位数下降了约 3%（见表 4-2）。对于许多人来说，他们的收入根本不足以负担得起住房的购买。传统信托机构的资金来源减少，地方的政府税收和基金会的捐款下降，因此购买土地建造可负担住房的可能性被否定。尽管芝加哥在经济危机之前就决定使用土地收购，但是不断恶化的住房市场使芝加哥转向契约限制。

表 4-2　　　　　　　　芝加哥租金中位数及租房者家庭收入
中位数变化（2007—2011 年）

年份	租金（美元）	收入（美元）
2007	900	31438
2008	898	32238
2009	933	31124
2010	928	31183
2011	900	30547
2007—2011 年的变化（%）	0	-2.80

资料来源：2013 年库克郡住房租赁市场报告，https：//www.housingstudies.org/releases/state-rent-al-housing-cook-county-2013/。

（二）社会因素

影响芝加哥社区土地信托政策的社会因素涉及失业率、止赎危机

---

① City of Chicago（2007），www.chicagorehab.org.

等，这些因素导致居民收入水平下降，影响了人们对可负担住房的需求，促进了社区土地信托政策的变迁。

低收入人口增多，要求增加可负担住房。2008 年国际金融危机爆发前后，美国经济开始进入自大萧条时期以来最严重的衰退期。2006 年，美国 3900 万个家庭花费超过收入的 30% 购买住房，其中近 1700 万人花费超过收入的 50% 来支付住房费用①。芝加哥人也面临同样的挑战。虽然 2006 年失业率最低（3.6%），但是收入中位数仅增长了 7%（同时期芝加哥房价中位数上涨了 41%），以致 2007 年 41% 的抵押贷款房主每月还款超过收入的 35%，43% 的租房者用超过月收入的 35% 收入租赁住房②。国际金融危机使住房价格下跌，但同时也加速了失业率的上升，总体上并没有使中低收入人群的住房负担能力提高。芝加哥 2009 年失业率已达到 10%（见图 4-11）。家庭收入随之下滑，2011 年租赁住房家庭收入中位数相较于 2007 年下降 2.7%，贫困率达到了 23.7%③。其后随着经济复苏，虽然失业率稳步下降，但由于居民工资增

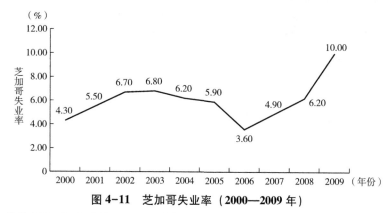

（%）

图 4-11　芝加哥失业率（2000—2009 年）

资料来源：Hendrick R., et al., "The Great Recession's Impact on the City of Chicago", Paper prepared for Presentation at the 2010 Conference of the Association for Budgeting and Financial Management, *Great Cities Institute*, *University of Illinois at Chicago*, 2010。

① 哈佛大学住房研究联合中心：2008 年国家住房状况，www.jchs.harvard.edu。

② Towey M., "The Land Trust without Land：The Unusual Structure of the Chicago Community Land Trust", *Journal of Affordable Housing & Community Development Law*, Vol.18, No.3, 2009, pp.335-362.

③ U.S. Department of Labor, https：//data.census.gov/cedsci/table? q = chicago% 20poverty&tid = ACSDT5Y2020. B05010。

长缓慢，芝加哥市部分中低收入人群的住房可负担能力仍处于较低水平。在这样的背景下，住房价格低于普通市场价的社区土地信托模式的可负担住房①，越来越受中低收入人群的欢迎。

另外，由于经济不景气，购房者陷入止赎危机。所谓"止赎"，即因贷款人在限定时间内未能偿还贷款，贷款机构收回住房的情况。如表4-3所示，2002—2005年，止赎发生数量减少了24.3%。但2007年止赎数量相较于2005年却猛增85%，每千套抵押住房中遭遇止赎危机的比例达到24.4%。止赎危机导致许多居民被迫搬离个人住房，而经济上的压力使得他们只能寻求可负担住房。如图4-12、图4-13所示，

表4-3	芝加哥抵押住房止赎情况	
2007年每千套抵押住房中止赎住房的比例	2002—2005年止赎数量变化百分比	2005—2007年止赎数量变化百分比
24.4%	−24.3%	85.0%

资料来源：Hendrick R., et al., "The Great Recession's Impact on the City of Chicago", Paper prepared for Presentation at the 2010 Conference of the Association for Budgeting and Financial Management, *Great Cities Institute*, *University of Illinois at Chicago*, 2010。

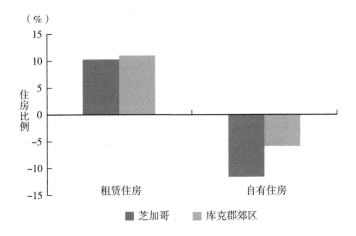

图4-12 芝加哥租赁住房比例和自有住房比例变化（2007年，2011年）

资料来源：American Community Survey PUMS Data 1-Year。

---

① 陈菲、沈煜超：《美国社区土地信托模式的分析与借鉴》，《经营与管理》2015年第4期。

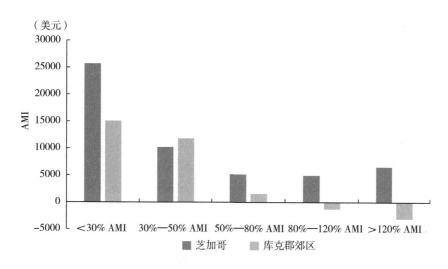

图 4-13　根据收入划分的芝加哥租赁住房变化结构（2007—2011 年）

资料来源：American Community Survey PUMS Data 1-Year。

2007—2011 年，芝加哥租房家庭数量上涨了 10.3%，而自有住房业主数量减少了 11.6%。在增加的租房家庭中，收入低于地区居民收入中位数 50% 的租房者占比接近 70%。在失业增加、止赎危机的背景下，住房价格低于普通市场价的社区土地信托住房[①]，受到越来越多的中低收入人群欢迎，推动了芝加哥 CLT 政策发展。

　　供需缺口，促进社区土地信托的发展。2000—2010 年，芝加哥人口数量呈连续下降态势。据相关资料，2000 年芝加哥人口数约为 290 万人，2010 年约为 270 万人[②]。人口数量下降不仅没有带来可负担住房需求的下降，反而呈上升趋势，并且需求的增长快于可负担住房供应量的增长，导致供需缺口扩大。2007 年，芝加哥可负担住房供需缺口为 109617 个单位，2011 年供需缺口增加了 8%，达到 118334 个单位。人口总量下降，但可负担住房供需缺口扩大，反映出芝加哥市民总体生活水平和生活质量的下降。由于难以负担市场价格住房，越来越多人转而寻求可负担住房（见图 4-14）。

---

　　① 陈菲、沈煜超：《美国社区土地信托模式的分析与借鉴》，《经营与管理》2015 年第 4 期。

　　② World Population Review，https://worldpopulationreview.com/us-cities/chicago-il-population.

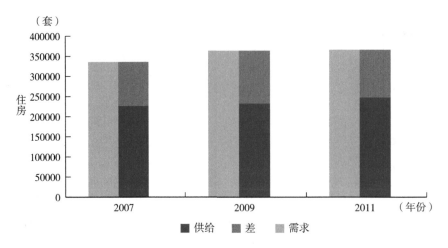

图4-14 芝加哥可负担住房供需情况（2007年，2009年，2011年）

资料来源：American Community Survey PUMS DATA 1-YEAR。

2012年后，芝加哥市的可负担能力有所提高①。与2012年（176091套）相比，2015年芝加哥市的可负担住房短缺问题有所改善（188848套），差距缩小（见图4-15）。但是有研究报告显示，2018年芝加哥市

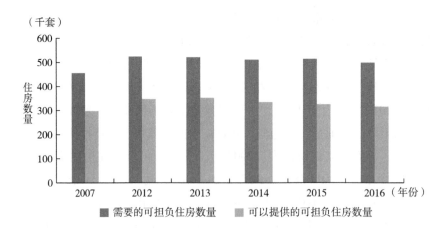

图4-15 芝加哥市可负担住房供需（2007—2016年）

资料来源：The Institute for Housing Studies（IHS）of DePaul University。

———————————

① 注：可负担能力差距是指需要的可负担住房的数量与可以提供的可负担住房的数量之间的差距。

有 74% 的极低收入家庭将 50% 的收入用于房租,可负担住房短缺仍然较高[1]。芝加哥市政府不得不对可负担住房短缺的社会问题引起重视。CLT 通过信托获得土地并永久享有所有权的运作模式,有利于实现可负担住房的循环利用和社区发展[2]。

（三）政治因素

经济的复苏对房地产市场有很强的依赖性。作为经济刺激的一个部分,联邦政府采取积极行动,支持社会住房的发展。美国联邦政府的支持推动了芝加哥 CLT 的发展。

1. 税收转变,促进 CLT 的建立

1980 年奉行"自由市场论"的罗纳德·里根（Ronald Reagan）当选新一任美国总统。先前美国通过各种财政援助计划及联邦和地方政府补贴,极大地增强了住房的可负担性。然而,政府补贴虽然提供了短期的经济援助,但并没有提供一个可以长期解决住房缺乏问题的方案。通过 1976 年至 1993 年全国数据分析,显示大约有 50% 的低收入和少数族裔购房者在首次购房 5 年后失去房屋所有权,不再是房主[3]。政府向中低收入家庭提供资金的方法被社区经济研究所形容为"以反复且不停地输血方式来阻止出血的病人"。补贴仅仅是帮助住房购买者提供一个家,而不是创造一个长期可负担的住房以造福整个社区。这些补贴效率低下,只有通过不断地重复供给,才能够确保持续的住房负担能力[4]。里根政府上台后,开启了"从供给端放松经济管制"的税制改革,主张降低税率刺激投资。1986 年,里根政府改革《联邦税法》（*The Federal Tax Code*）,该法第 501（c）(3) 条规定对具有"非营利性质的 CLT"减免联邦税,因此与住房相关的税收支出急速上升（见图 4-16）。

---

① 2021 State of Rental Housing in Cook County（September 30, 2021）, https: //www. housingstudies. org/releases/state-rental-2021/.

② 社会财富官网, https: //community-wealth. org/strategies/panel/clts/index. html。

③ Reid C. K., "Achieving the American Dream? A Longitudinal Analysis of the Home Ownership Experiences of Low-income Households（CSD Working Paper 05-20）", St. Louis, MO: Washington University, Center for Social Development, 2005.

④ Towey M., "The Land Trust Without Land: The Unusual Structure of the Chicago Community Land Trust", *Journal of Affordable Housing & Community Development Law*, Vol. 18, No. 3, 2009, pp. 335-362.

在意识到市场不能为低收入和少数族裔家庭提供充足的住房机会之后，在 CLT 活动家的努力下，联邦政府和地方政府通过社区土地信托（CLT）提供的新型住房模式实现可负担住房的可持续性。

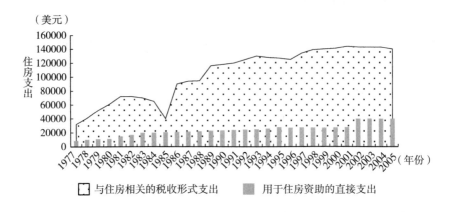

图 4-16　联邦政府住房支出（1977—2005 年）

资料来源：Budget of the U. S. Government。

2. 联邦立法，推动 CLT 的发展

1992 年，联邦政府《可负担住房法修正案》界定了 CLT 的内涵，明确社区土地信托是非营利的社区住房发展组织，主要职能是获得土地和建设住房，并将住房的所有权转让给承租人，同时保留优先购买权保证住房的可负担性；社区土地信托组织对所在区域的所有成年人开放，董事会成员由租户、居民代表、政府官员和开发商等章程中规定的其他成员组成。2010 年，美国《联邦和社区发展法》再次确认社区土地信托，将社区土地信托界定为非营利组织利用社区的资金和土地，以社区发展为目的占有和利用土地，并对土地和建筑的再出售予以限制，以维持长期可负担性的模式。尽管美国城市 CLTs 数量多，其结构因目标和决策权而不同，随着时间和地域而变化。但也有一些共同因素，包括组织结构、土地获得、房屋的管理、住户权益保护、政府财税支持等。

3. 联邦政府的资金支持，促进地方 CLT 发展

1992 年，联邦政府《住房和社区发展法》（*The Housing and Community Development Act*）第 212 条明确，政府的组织支持、技术援助、

教育、培训和社区支持适用于建立社区土地信托，联邦政府成立社区经济研究所（ICE）对社区土地信托提供技术援助[①]。1992 年底，美国住房和城市发展部（HUD）宣布，CLT 可以从联邦 HOME 计划中获得资金支持，用于他们的运营和项目开发。1994 年 11 月，美国住房和城市发展部给予社区经济研究所 ICE 为期三年 47 万美元的技术援助拨款。联邦政府的资金不但援助和培养了美国各州几十个初建的 CLT（包括芝加哥 CLT），而且也帮助现有的 CLT 提高了生产力。2008 年，国会启动 Neighborhood Stabilization Program（NSP），向社会住房领域投资 39 亿美元，用于刺激经济增长和繁荣社区。其中，芝加哥获得 5500 万美元，用于购买和修复可负担住房，部分住房交由芝加哥社区土地信托管理。

三 政策变迁的内部动力机制

（一）地方政府的推动

在 CLT 发展的早期历史中，城市与 CLT 之间的关系是冷淡的，自 20 世纪 80 年代里根政府赋予州、地方住房开发自主权后，地方政府在 CLT 生活中所扮演的角色发生了变化，越来越多的 CLT 获得了政治支持和财政支持[②]。

几十年来，芝加哥一直在投资可负担住房，并试图确保这些住房在未来仍能负担得起。自 1989 年以来，芝加哥市已经花费超过 40 亿美元来提供可负担住房。但是不断上升的失业率和上涨的食品燃料价格使很多家庭更难支付租金或抵押贷款，住房改造使可负担住房的需求进一步扩大。而与之相反，税收增长缓慢使该市、州和联邦政府用于可负担住房项目的资金减少。

为了让更多的家庭拥有住房负担能力，芝加哥和地方政府通过首付援助或类似的现金支出作为财政支持。这种一次性投资允许中低收入家庭在拥有良好工作、学校和社区资源的中产阶级社区购买住房，同时还可享有住房所有权带来的便利。为了保护公共投资和确保持续的可负担

[①] Campbell M. C., Salus D. A., "Community and Conservation Land Trusts as Unlikely Partners? The Case of Troy Gardens, Madison, Wisconsin", *Land Use Policy*, Vol. 20, No. 2, 2003, pp. 169–180.

[②] Davis J. E., "Origins and Evolution of the Community Land Trust in the United States", *The Community Land Trust Reader*, Vol. 1, No. 4, 2010, pp. 43–47.

能力，地方政府通过不同形式，包括 CLT，契约限制、有限股权合作和共同的股权抵押贷款等，在业主出售房屋时收回最初的补贴，不仅让房主和社区共享房屋增值，而且保留和增加了补贴的价值，使可负担住房的存量稳定和持久①。

为了做好由市政基金投资或通过包容性分区等市政任务而创建的可负担住房的长期管理工作，市政官员不再被动地等待 CLT 的形成，而是开始主动参与并启动 CLT，为 CLT 提供用于项目规划、项目运营的市政资金和低息贷款，并对 CLT 的转售限制房屋的估价和征税进行评估②。2019 年 10 月，芝加哥市议会批准了芝加哥 CLT 的一项 300 万美元的试点计划，该计划旨在为全市六个精英化的社区建造可负担住房，防止中低收入居民流离失所。这是芝加哥 CLT 自 2006 年成立以来，首次得到市政府的资金资助③。

（二）社会力量的积极行动

社会活动家和社会组织对美国 CLT 的诞生和发展起到了至关重要的作用。CLT 在某种程度上可被视为民权运动的产物。由一些社会活动家于 1972 年组织编撰和出版的《社区土地信托》，推动当时对 CLT 感兴趣的一些社会人士和团体相继建立社区土地信托机构，如 20 世纪 70 年代北加利福尼亚土地信托成立，目前仍在伯克利、奥克兰、旧金山北部将土地出租用于建设低收入住房。20 世纪 80 年代，这些社会活动家开展了"CLT 运动"，吸引并培育了新一代的 CLT 活动家，并于 1982 年组织、编撰并出版了新一版《社区土地信托手册》，在多地 CLT 经验的基础上探讨改革个人与社区之间的关系。随着"CLT 运动"的开展与《社区土地信托手册》等教育材料或组织文件的传播，美国的 CLT 得到了迅速发展。

---

① Towey M. , "The Land Trust Without Land: The Unusual Structure of the Chicago Community Land Trust", *Journal of Affordable Housing & Community Development Law*, Vol. 18, No. 3, 2009, pp. 335-362.

② Davis, Jacobus, *The City-CLT Partnership*, Cambridge, MA: Lincoln Institute of Land Policy, 2008.

③ "City Council Approves Chicago Community Land Trust Pilot Program to Create Affordable Housing", https://www.chicago.gov/city/en/depts/doh/provdrs/housing_resources/news/2019/october/chicago-community-land-trust-pilot-program-to-create-affordable-.html.

芝加哥 CLT 的建立也得到了社会组织的支持。在麦克阿瑟基金会拨款资助 1.5 万美元的情况下,住房部门开始组织创建芝加哥 CLT。2006 年,市议会通过了建立芝加哥 CLT 的法令,以信托方式保留住房补贴和可负担住房,避免低效率的短期援助。除此之外,还得到了来自麦克阿瑟基金会追加的 39.6 万美元捐款,作为芝加哥 CLT 的启动资金,支持其第一年的运营和管理。从 2007 年开始,芝加哥的 CLT 接受家庭加入该项目之中。通过芝加哥 CLT,芝加哥市希望保留对可负担住房的投资,为工薪家庭创造一个"永久的所有权"[①]。

(三)社区土地信托为公众接受

虽然住房价格的上涨是社区土地信托产生的主要原因,但住房价格无论是上涨还是下跌,这一模式在之后的时间里都始终保持吸引力。其主要原因在于[②]:①阻止高额贷款的剥削。抵押贷款刺激了房地产发展,可以让更多的人通过贷款解决住房需求。不符合条件的人虽然也可以贷款,但是利息高,利率变动大,且没有担保。由于借款者没有理解次级贷款的含义,面临止赎和破产的风险。CLTs 与购买者近距离接触多,充分了解购房过程中风险和责任,可以给购买者提供咨询和培训,在购房之前给予提示,在房屋抵押时进行审查,这样 CLT 有机会预防和控制风险。②为违约家庭提供支持。CLT 可以为陷入金融危机的家庭提供避难所,在抵押之前提示住户注意这些问题,与房主协商解决经济问题。2001—2005 年的房地产繁荣时期,美国的房地产升值速度远远超过了收入增长速度,许多中低收入越来越难以从市场中获得必要的住房。因此,政府出台各种各样的政策工具,以便经济条件不好的家庭能够负担起住房。如次级抵押贷款、有限股份合作、共同公寓等。社区土地信托作为其中的一种模式,逐步发展成为一种越来越被公众广泛接受的政策工具。

---

① Towey M., "The Land Trust Without Land: The Unusual Structure of the Chicago Community Land Trust", *Journal of Affordable Housing & Community Development Law*, Vol. 18, No. 3, 2009, pp. 335–362.

② Towey M., "The Land Trust Without Land: The Unusual Structure of the Chicago Community Land Trust", *Journal of Affordable Housing & Community Development Law*, Vol. 18, No. 3, 2009, pp. 335–362.

四 政策变迁中的路径依赖与改革创新

（一）政策变迁中的路径依赖

在 20 世纪 80 年代之前的几十年里，联邦和地方政府的各种财政援助计划和补贴政策，极大地增强了中低收入购房者的可负担能力。但是许多住房补贴，如首付支持，仅能为这些中低收入购房者提供短期的经济援助，并不是一个解决住房短缺问题的长远方案。由于政府向中低收入购房者提供的资金无须归还，使这种方法成为一种饮鸩止渴的方案，本质上是"在没有任何止血行动的情况下，试图通过不停地输血来阻止患者出血"。因此，这种方法的有效性和持续性受到怀疑[①]。

社区土地信托一定程度上解决了这些问题。传统的社区土地信托包括四个核心要素：土地所有权、土地租赁、转售限制和民主治理[②]。①CLT 拥有托管的土地。传统的 CLT 倡议者认为，土地是一种有限的资源，应该为了占有人和使用人的长期利益而得到托管。对于社区来说，土地稀缺并且价格很高，必须依靠多种策略获得土地，包括政府或私人捐赠的土地。②CLT 与购房者签订土地租赁协议。符合资格条件的中低收入家庭租赁土地，并购买土地上的住房。通常租赁期限是 99 年，房屋和土地租约可以继承或遗赠。③限制房主转售。房屋必须由中低收入家庭占用；如果业主选择出售，CLT 享有优先购买权；房屋转售依据确定的公式计算价格，以确保可负担能力。这些限制了买房可获的利益，但保留和收回了对可负担住房的公共投资。④CLT 是法人组织，多数情况下是独立的，也是一个会员组成的非营利组织。CLT 的会员对CLT 所在区域的成年人开放，管理委员会由房主、当地居民，以及地方政府官员、贷款人、资助人或开发商组成。这个三方委员会促进民主参与，共同解决社区问题。传统的 CLT 结构"激发美国人对私有财产的愿望"，一方面对 CLT 房主的投资和改造房屋的努力做出回报，另一方面不允许他们从土地和房屋的价格上涨中获取投机收益。与此同时，传统的 CLT 拥有土地并使住房可负担，可以通过保留房屋保证长期的可

---

① Davis J. E., "Shared Equity Homeownership: The Changing Landscape of Resale-Restricted", *Owner-Occupied Housing*, Vol. 81, 2006.

② Davis J. E., "Origins and Evolution of the Community Land Trust in the United States", *The Community Land Trust Reader*, Vol. 1, No. 4, 2010, pp. 43-47.

负担性。

芝加哥社区土地信托在建立时借鉴了传统 CLT 的运行模式，在转售限制和民主管理方面基本承袭了传统 CLT 的做法。芝加哥信托机构主要借助契约限制实现与传统 CLT 相同的保持住房持续可负担的目标。具体来说，购房者购买可负担住房时，需要同芝加哥 CLT 签订期限为 99 年的限制性契约。如果购房者出售住房，必须以可负担的价格转售给另一位符合收入条件的购房者。在出售住房前，购房者必须通知芝加哥 CLT，芝加哥 CLT 有权优先购买其住房，并寻找其他符合收入条件的买家①。关于住房的转售对象和价格，契约都作了详细规定。一般来说，如果购房者的收入不超过地区收入中位数，且用于支付住房相关的费用超过收入的 30%，即符合购房条件。关于转售价格，契约也规定了详细的计算公式。在治理方面，与传统的 CLT 模式一样，董事会包括社区住房机构代表、出资人和社区居民，如果住房规模超过 200 套，董事会也包括 CLT 的房主。

芝加哥 CLT 建立之后，芝加哥通过城市各种各样的项目保证住房的可负担性，如芝加哥新住房项目和芝加哥可负担社区伙伴关系项目等为可负担住房建设提供经济支持。为符合条件的家庭提供首付支持，限制这些住房单元的未来使用，确保其对中低收入家庭的持续可负担能力。通过社区土地信托，芝加哥希望在保留可负担住房投资的同时，为工薪家庭提供获得住房的机会。

（二）政策变迁中的改革创新

在传统的 CLT 模式中，信托机构拥有土地所有权，控制其用途②，房主可以抵押贷款方式从 CLT 租赁土地并获得房屋所有权。CLT 通过将土地所有权与土地使用权分开③，不仅使住房价格低于普通市场价，而且使可负担住房能够持续循环，从而实现永久可负担性。这种方式也

① "Chicago Community Land Trust（CCLT）Provides Long-term Affordability Protection for Affordable Units Created through City Programs", https：//www.metroplanning.org/homegrown/case.aspx? case=cclt.

② Deborah M. G., et al., "Meanings of Limited Equity Home Ownership in Community Land Trusts", *Housing Studies*, Vol. 35, No. 3, 2020, pp. 395-414.

③ Davis J. E., Stokes A., *Land in Trust*, *Home that Last. A Performance Evaluation of the Champlain Housing Trust*, Burlington, VT：Champlain Housing Trust, 2009.

将公共投资留在可负担住房之中，使后来的住户也可享用补贴。

芝加哥的 CLT 与传统的社区土地信托不同。芝加哥的社区土地信托是一个单一的、全市范围的社区土地信托。在探索建立 CLT 之初，芝加哥住房部门组织专家小组讨论时对创建一个传统的 CLT 模式持开放态度，然而在考虑其优缺点之后他们最终选择使用契约限制的方式。因此现在的芝加哥 CLT 并不拥有土地，而是通过契约限制来确保可负担能力，即对补贴房屋的转售价格进行限制，CLT 管理和监督这些契约的履行。

从本质上说，传统的土地租赁和契约限制两者相比，在可行性、灵活性、公众感知、成本支出和长期有效性等方面各有利弊。选择哪一种方式，需要平衡各种优先事项，权衡各种措施的风险。芝加哥市政府在既要稳定住房价格，又缺乏财政资金的情况下，认为采用契约限制是更明智的方式。通过契约限制，芝加哥 CLT 比传统 CLT 增长快得多①。

第一，契约限制避免了征地难题。传统 CLT 所面临的最大障碍之一是土地获取。由于美国许多地区的房地产成本较高，使获得土地越来越难。芝加哥 CLT 不打算拥有土地，因此不必担心这一问题。芝加哥的 CLT 可以直接省略融资和购买土地这个昂贵又耗时的环节。芝加哥 CLT 无须拥有土地的所有权，就可以维持持续的可负担能力。例如，芝加哥通过"芝加哥新家园"和"芝加哥可负担社区伙伴关系"等提供财政支持，向符合条件的家庭提供首付援助。芝加哥的"可负担要求条例"要求住房开发商将新开发项目中 10% 的住房单元作为可负担住房，这些可负担住房通常纳入芝加哥 CLT 中管理，受到契约限制。因此，芝加哥 CLT 不需要获得土地，就能够以较低的成本获得更多的住房单元，扩充芝加哥 CLT 的住房存量。通过向符合条件的家庭提供首付援助，芝加哥 CLT 可以限制这些住房未来的使用，并确保低收入和中等收入业主的持续负担能力。这也许是芝加哥 CLT 相对于传统模式的最大优势。

第二，保持对潜在买家的吸引力。传统 CLT 的弱点之一是购房者

---

① Towey M., "The Land Trust Without Land: The Unusual Structure of the Chicago Community Land Trust", *Journal of Affordable Housing & Community Development Law*, Vol. 18, No. 3, 2009, pp. 335-362.

不愿意购买无土地所有权的住房。芝加哥 CLT 买家不会面临有房屋而无所在土地所有权的担忧，他们拥有房产也可以改造住房。但他们的土地所有权实际上也不是完整的所有权，即不能自由地以市场价格出售房子，不能卖给任何收入较高的购房者，也不能通过投资自己的房屋和土地来实现个人财富的增值。实际上，芝加哥 CLT 和传统 CLT 住户面临问题相同，即是否接受 CLT 的援助（必须接受转售限制）或拒绝 CLT 的援助（失去拥有自己住房的唯一机会）。

第三，契约限制有利于融资。传统的 CLT 住宅想获得融资可能比较困难，贷款方面对土地和住房的不同所有权，出于对房产安全的考虑而不愿为购买房产者提供贷款。芝加哥 CLT 则不存在这一问题。符合资格条件的买家从芝加哥 CLT 购买房产时，可以同时购买土地和房屋。尽管这两部分都受到转售限制，但贷款方可能更满意。银行在评估贷款风险时，也会考虑契约限制。

土地租赁和契约限制的目标都是相同的，即提供持续的可负担能力和保有最初的公共补贴。与依赖租赁合同的传统 CLT 不同，芝加哥 CLT 的契约限制完全依据物权法管理。通过契约限制，芝加哥 CLT 保护芝加哥对可负担住房的投资，并确保社会住房的持续可负担性。

五　小结

芝加哥 CLT 建立于 2006 年，相较于美国其他地区的 CLT，其诞生时间较晚。芝加哥 CLT 借鉴了传统 CLT 模式的运行方式，尤其是在转售限制和民主管理方面，基本沿袭了传统 CLT 的做法。但芝加哥 CLT 并未完全模仿传统 CLT 模式，而是根据实际情况进行了适当的创新。芝加哥 CLT 由市政府主导建立，覆盖全市范围，不同于其他地方存在多个 CLT。市政府认为单一的社区土地信托模式能更有效地实现可负担住房供应目标。此外，芝加哥 CLT 不拥有土地，而是通过契约限制保障可负担住房的持续性，避免了传统 CLT 模式因获取土地而需要付出大量成本的弊端，使芝加哥 CLT 能够快速发展。

芝加哥 CLT 政策的产生与发展受到多方面外部因素影响。在经济方面，财政压力的逐渐加剧促使政府减少对住房的直接投资，被迫通过 CLT 等其他方式实现可负担住房供应。同时，不友好的住房市场使越来越多人难以负担住房成本。社会因素方面，失业率的上升、收入水平的下降以及止赎危机导致人们对可负担住房的需求日渐旺盛，而供应增长速度不及需求，供需缺口越来越大。政治因素方面，由于治理理念发生变化，政府削减了开支，放松了对市场的经济管制，转而发展自由市场与公民社会。除受到外部因素影响，行动者主体之间的互动也影响了芝加哥 CLT 的产生和发展。一方面，芝加哥 CLT 得到了来自联邦政府和地方政府的帮助，包括资金、政策以及技术等方面的支持；另一方面，社会力量在芝加哥 CLT 的发展过程中发挥了重要作用。

芝加哥 CLT 的发展也面临一些持续性的问题，最主要的问题来源于契约限制。虽然这种方式在保护社会住房可持续性方面发挥了重要作用，但其副作用可能导致芝加哥 CLT 失去其住房。在发生止赎的情况下，由于芝加哥 CLT 并不拥有土地，无力阻止住房所有权的转移。这种风险暂时难以消除，是芝加哥 CLT 需要持续面临的问题。如果严格执行私有财产的两条传统规则，即反永久权规则和反对不合理限制转让的规则，可能会对芝加哥 CLT 提出挑战。

第五章

不同社会住房政策变迁的比较

历史制度主义认为，制度环境、行动主体和时间都会引起制度安排的变化。基于历史制度主义的理论视角可以看到，欧美国家城市的社会住房政策变迁，受到政策环境、政策主体和政策历史的影响，呈现出不同的特点。但是政策环境、政策主体和政策历史如何影响政策变迁，需要进一步分析。

第一节　政策环境对政策变迁的影响

在历史制度主义者看来，制度处于脉络（环境）之中并与之紧密相连，制度只有在一定的脉络中才能发挥作用，而脉络影响并决定制度的性质、范围和内容。如果一项制度安排与脉络（环境）相适应，则会产生较好的绩效。反之，则将出现较高的交易成本。因此，制度与脉络（环境）的互动是制度变迁的重要动力。

政策环境推动政策变迁，其作用主要表现在两个方面：①政策环境对政策产生影响。政策环境与特定的政策共同构成政策体系。政策环境为政策变迁创造了空间，政策环境对政策具有决定性影响。政策环境与政策的关系，要求国家、省和地方的政策协同，通过一致的政策目标和政策工具实现共同目标。②政策与政策环境之间存在耦合关系。政策类型很多，政策与政治、经济、社会等政策环境之间的耦合关系和耦合程度，决定政策变迁的、方式、路径和绩效。因此，政策环境实际上建构了具体政策的场域，也成为政策变迁的决定因素①。

一　政治因素的影响

历史制度主义所指的制度包括正式的规则和非正式的规则。政治因素的影响表现在多个方面，其中宪法和法律的影响尤其显著。

在美国的社区治理中，社区发展公司的角色定位和功能发挥，与其法律制度密切相关。尽管美国并未制定专门针对社区发展公司的立法，但是关于社区发展及其管理的法律规范分散在各种法律法规，如联邦的《住宅法》（1954 年）、《经济机会法》（1964 年）、《住房和社区发展法》（1974 年）、《社区再投资法》（1977 年）、《税收改革法》（1986 年），以及各州、市政府的相关法律法规。而在德国的《住房建设法》（1950 年）、《非营利性住房法》（1990 年）、《住房供给补贴法》（2002 年）中，对于国有房地产公司的法律地位和法定职责有着明确具体的规定。

从国外住房合作社的发展历程可以看出，各城市均从法律上确认住房合作社合法地位，使住宅合作社的成立、运行和监管都有法可依。如美国联邦政府通过的《税制改革法案》（1986 年）、《有限利润住房法》（1955 年）、《国民可负担住房法》（1990 年）。完善的法律法规明确了各方的责、权、利，使住房合作社社员的权利得到了充分的保障，极大地促进了这些国家住房合作社的发展②。

社区土地信托在不同国家表现出差异性。如英国《住房和更新法》（2008 年）对社区土地信托进行界定，明确了各方的权责，加强了住房的建设和管理，可以更好地利用公共资源，为社会中低收入家庭提供更多的住房及相关服务。而加拿大的社区土地信托没有国家层面的统一立法，各地在立法方面也存在差异性。

二　经济因素的影响

无论是社区发展公司、住房合作社，还是社区土地信托，都是在经济发展放缓，政府财政无力承担下的政策选择，经济因素影响了社会住

---

① ［英］安东尼·吉登斯：《社会理论与现代社会学》，文军、赵勇译，社会科学文献出版社 2003 年版，第 240 页。

② 方敏等：《发展住房合作社的经验与启示——基于西方国家的模式与我国的初步实践》，《城市发展研究》2016 年第 4 期。

房机构的产生和发展。

作为典型的非营利性社区组织形式，社区发展公司的资金主要来源于各级政府、各类基金（涵盖公共基金与企业基金）、金融中介机构以及社区慈善组织。其中，政府提供的财政支持主要包括补贴、税收减免和担保等，私营企业提供一定的优惠贷款。20世纪70年代之后，社区发展公司开始将注意力转向慈善捐赠。与此同时，众多慈善机构也表现出强烈意愿，期望以更为专业化的信托方式，投资于社区发展项目，这种情况下慈善捐款为社区发展注入了新的活力。

住房合作社的社员大都为中、低收入者，因此单靠社员集资无法满足建房需要。有的城市住房合作社的资金主要来源于三个方面：①社员入股交纳的股金，即社员入社时交纳的一定数额的自筹资金。②政府的贴息贷款。城市为住房合作社提供长期低息贷款，贷款利率仅为1%—4%，偿还期限为30—40年，最长期限可达60—65年，贷款额可达到房屋建筑造价的80%—90%。③社会捐助，社会上一些成功人士无偿向住房合作社的捐款。有些城市住房合作社资金来源有所不同，包括：①合作社社员交纳的股份。社员入社时需要交纳一定的入社金，以后每年还要交纳会费。②社员以住房作为抵押向金融机构的贷款。根据规定，银行向住房合作社提供的抵押贷款最高可为总投资的99%。③社员的住房储蓄存款。如果社员申请住房，每月另需进行住房储蓄，住房储蓄存款的利息比银行储蓄存款利息高1%[①]。

社区土地信托模式以公共信托的方式获取城市土地，从事土地和住房的开发利用活动，促进社区发展。其成功运行，得益于其多样化的土地获取方式和资金来源渠道。除中央和地方政府给予了税收减免和财政补贴等支持之外，为了保障土地、资金来源的可持续性，避免来源单一而导致政府承受巨大压力，该模式积极拓宽社会投融资渠道，比如，社区居民的共同筹资、利用社区土地信托本身具备的融资功能、与其他企业和融资公司紧密合作等。

[①] 沈宏超：《国外住房合作社的经验与启示》，《城市发展研究》2009年第2期。

三 社会因素的影响

面对人口增长带来的社区贫困和衰败问题，社区发展公司、住房合作社和社区土地信托机构不仅提供可负担住房，更以社区为基础扩展服务范围，促进社区发展和社会公正。

社区发展公司从成立之初就将消除贫困和社区发展作为重要内容。作为社区居民与政府、市场主体之间不可或缺的纽带，社区发展公司的职能覆盖了社区发展所涉及的各个领域，虽然还有一些有待进一步完善的地方，但不可否认的是，这种新的组织形式以公民为中心，积极促进社区民主自治，为居民参与社区公共事务提供了平等、有效的途径。虽然市政房地产公司最初的任务是为居民提供住房，满足居民的基本需求。但是随着自身的发展和完善，市政房地产公司不断改进目标和手段，在促进社会融合方面也发挥着积极作用。

住房合作社是以社区为基础的居民互助组织。完善的住房合作社组织不仅能规范合作社本身及社员的行为，而且能使合作社的发展走上良性循环的道路。在一些国家，住房合作社组织建设得比较完善：第一个层次是基层的住房合作社，它是由住房合作社社员构成的。住房合作社社员选举产生住房合作社委员会，由住房合作社委员会来负责住房合作社对内对外事务。第二个层次是住房合作社联合会，是由基层住房合作社组成的地区性的联合会，负责住房合作社的管理和服务。第三个层次是住房合作社总会，是由地区性的联合会组成全国性的总会，是一个住房合作社的网络，对住房合作社提供支持和服务①。

社区土地信托以社区发展为目标，形成更具包容性的发展模式。社区土地信托不仅明确了为低收入者提供可负担住房的建设目标，在开发过程中还十分关注住房数量的增长、住房类型的多样性、住房的质量、住房周围的配套设施情况等方面。其社区开发，既考虑中低收入家庭的承受能力，也考虑普通市民的需求，力争在政府、市民、非营利组织三方之间协调，兼顾社区的实际情况和城市发展特色，提出具有区域特色的住房开发策略。另外，社区土地信托还提供教育、就业培训、医疗等全方位的公共服务，促进了社会的和谐稳定发展，很大程度上减少了贫

---

① 沈宏超：《国外住房合作社的经验与启示》，《城市发展研究》2009 年第 2 期。

民窟、社会分化等不良现象的出现。

第二节 政策主体对政策变迁的影响

历史制度主义认为，制度变迁除了受制度环境的影响，还深受行动主体的影响。住房保障涉及国家与集体、集体和个人、人与人之间关系。从社会住房政策的变迁来看，有关"以公共利益为导向"的大规模集体、"以共同体利益为导向"的小规模集体，以及"以个人权利为导向"的个人三者关系，推动社会住房政策的变迁。

一 大规模的集体还是小规模的集体？

针对合作问题，学者有很多研究。多数研究吸取政府和市场的优点，将住房合作建立在社会民主模型之上。Kemeny认为，社会民主模式是住房所有和住房租赁之间的一种折中形式[1]；Gans认为，社会民主模型是对"用户导向"的回应[2]；Hilary Silver则将社会民主模式视为一种混合的福利经济，合作社是社会民主模式的代表，结合了私有住房（个人持有股份）和公共住房（非营利、集体或公司治理）两个方面的特点，类似于住房协会或非营利组织[3]。这种类型的合作社在欧洲的一些城市发展势头强劲，但是也招致很多批评，如为了适应国家法律和财政支持的要求，这些非营利住房机构越来越专业化和官僚化：以自上而下方式来解决问题，居民参与的机会很少；制定统一的标准服务目标群体，缺乏灵活性和责任意识；偏爱能支付上涨租金的高收入租户，违背了组织的宗旨；等等。此外，政府和大合作社的管理者之间的密切合作关系可能导致腐败。

另一类观点主张联合模式或社群模式。Williams认为，与国家、市

---

① Kemeny J. , "Forms of Tenure and Social Structure: A Comparison of Owning and Renting in Australia and Sweden", *British Journal of Sociology*, Vol. 29, No. 1, 1978, pp. 41-56.

② Herbert G. J. , *People*, *Plans*, *and Policies*, New York: Columbia University Press, Russell Sage Foundation, 1991.

③ Silver H. , Privatization, Self-Help, and Public Housing Homeownership in America, in van Weesep, Jan, and Willem van Vliet (eds.), *Government and Housing*, Newbury Park, CA: Sage, 1990, pp. 123-130.

场和其他社会组织相比，社区的概念似乎是较少矛盾或歧义的术语①。Kumar 提出，基于社区建立的小规模合作，是有效的替代模式，既与国家和市场区分开来，又具有自身的独特之处②。Salomon 则进一步阐述这种小规模合作的优势，认为小规模合作可能对客户的需求反应更快，提供的服务更多样化，由于更依赖捐款，更容易接受服务对象的监督，增强了责任感，也减小了国家的财政压力③。虽然这种以社区为基础的合作社受很多因素影响，但不管这些国家的市场机制是否充分和政府干预是否适当，源于人们对幸福生活的追求，这种社区共同体在很多国家不断地被创新。

二 个人还是集体？

住房是社区居民的基本问题，但社区合作的目标是满足居民需求，还是谋求社区发展，学者有不同的观点。Kretzmann 和 McKnight 认为，以需求为基础的方法无助于社区能力建设④：①社区依赖外部资源，缺乏独立性。②社区成员像服务的消费者而不是生产者，社区成员的行动被动。③强调专家的作用，弱化了邻里之间的关系。④期待政策提供更多资金支持，而不是应用整合的方法通过社区自身的努力解决问题，因此需要发挥社区居民及其联合体的作用，建设强大的社区。Moore 和 Puntenney 则对社区实践展开研究，认为社区角色开始从服务的消费者转变为服务的设计者和供给者，社区的积极行动促进社区经济和社会发展⑤。

在前人研究的基础上，Mathie 和 Cunningham 提出，社区土地信托是将公民、公民社会和公民参与方法相结合的方法⑥。公民权利是现代

---

① Williams R., *Key Words*, Glasgow：Fontana, 1973.

② Kumar K., "Utopian Thought and Communal Practice：Robert Owen and the Owenite Communities", *Theory and Society*, Vol. 19, No. 1, February 1990, pp. 1-35.

③ Salomon L., Non-profit Organizations：The Lost Opportunity, in Palmer, John, and Isabel Sawhill (eds.), *The Reagan Record*, Cambridge：Ballinger, 1984, pp. 261-285.

④ Kretzmann J., McKnight J., *Building Communities from the Inside Out*, Chicago：ACTA Publications, 1993.

⑤ Moore H., Deborah P., *Leading by Stepping Back：A Guide for City Officials on Building Neighborhood Capacity*, Chicago：ACTA Publications, 1999.

⑥ Mathie A., Cunningham G., "Who is Driving Development? Reflections on the Transformative Potential of Asset Based Community Development", *Canadian Journal of Development Studies*, Vol. 26, No. 1, 2005, pp. 175-186.

社会公民所享有的基本权利，但公民权利是什么、应当如何行使，在不同的实践中需要有不同的方式具体化。以资产为基础的社区发展，通过社区共同管理资产，促进了社区居民的民主参与。以资产为基础的社区发展，也是一种社区为基础的可持续发展战略，如识别和激活现有资产；激发社区积极的行动；通过集合社区居民和社团力量，尤其是吸引社会资本，包括个人、团体的正式或非正式网络关系，建造强大社区，形成新的结构、新的资源，推进新的可能性，回应和创造地方经济机会。总的来说，以资产为基础的社区发展是一种以社区主导的战略，侧重将社区与外部环境联系起来，寻求社区发展的机会，加强对社区行动的政策引导①。以社区主导为居民提供可负担住房有一个共同的特征：社区投入决策过程之中，如提供什么、在哪里提供、为谁提供。他们既可以自己开发和管理房屋，也可以采取其他的方式。社区在占有和管理住宅中发挥积极作用，其权益得以明确界定并受法律的保护。

三 现在的居民还是将来的居民？

通过社区合作方式解决居民住房问题，并不是免除政府的责任，政府仍然要对低收入人群提供资金支持。在政府支持市场主体提供保障住房过程中，有"补砖头"和"补人头"的争议，政府在支持社区土地信托机构时也存在不同的做法。

通常，各级政府或者非营利组织都以个人为基础的项目，帮助低收入家庭购买或租赁他们的首套住房。以个体为基础的项目通过向低收入者提供补贴或贷款，使市场价格的住房负担得起。以房产为基础的方法，包括财产权限制、住房股份合作社（LEHCs）和社区土地信托（CLTs），是通过降低该住房单元的价格，使某一特定的住房单元为某些类别的租赁者和购房者负担得起。

Julie Farrell Curtin 和 Lance Bocarsly 认为，以房产为基础，可以保持住房的可负担性，维持可负担住房数量②。与契约限制财产所有权转

① Alison Mathie, Gord Cunningham, "From Clients to Citizens: Asset-Based Community Development as a Strategy for Community-Driven Development", *Development in Practice*, Vol. 13, No. 5, Nov 2003, pp. 474-486.

② Curtin J. F., Bocarsly L., "CLTs: A Growing Trend in Affordable Home Ownership", *Journal of Affordable Housing & Community Development Law*, Vol. 17, No. 4, April 2008, pp. 367-394.

让，以及住房合作中成员只享有使用权不同，社区土地信托是一种可以永久提供可负担住房的方式。社区土地信托机构可以为社区利益和社区发展经营和管理土地，同时建设可供出售的房屋。社区土地信托机构和房屋所有者之间的土地租赁合同，既给予房屋所有者排他性的土地使用权，但又限制了这些权利的行使，以维持房屋后来者的负担能力。Meagan M. Ehlenz 认为，与住房股份合作社相比，社区土地信托支持社区的民主行动，加强了任务管理和财务管理，同时明确划分了委托人和受托人的权责，便于双方形成伙伴关系[1]。Susannah Bunce 认为，社区土地信托可以在促进社区发展和实现社会和谐中发挥重要作用[2]。

第三节　政策变迁中的路径依赖和改革创新

历史制度主义认为制度在不断演化的过程中表现出对历史的传承，因此在相对长的时间内保持一种稳定的状态，形成一种路径依赖。

一　路径依赖

由于住房开发建设的成本巨大而收益有限，仅靠自己筹集的资金无法维持，需要政府和企业的支持。但无论是社区发展公司、住房合作社，还是社区土地信托始终是非营利组织，具有公益性的特征。

社区发展公司的目标是促进社区发展，为此打破了传统社区组织与私人营利机构之间的壁垒，将公共资源和私人部门运作方式有效结合起来。但是，非营利性的社区发展公司无法回避资金方面的问题。社区发展公司完全依赖外部支持开展活动，创造资产能力不足，在贫困社区尤其如此。随着它们开展的项目数量增加，即使有资本市场作为支撑，社区发展公司对政府资金的依赖也仍然非常严重。因此，如何对社区发展公司进行改革，克服其对联邦资金的过度依赖，并保持足够的资源维持开发项目，以适应更加复杂的经济社会状况成为关键问题。

住房合作社也具有非营利性，强调发挥合作社成员互助的作用。在

---

① Ehlenz M. , "Community Land Trusts and Limited Equity Cooperatives: A Marriage of Affordable Homeownership Models?", *Lincoln Institute of Land Policy*, 2014, pp. 15–16.

② Bunce S. , et al. , *Critical Dialogues of Urban Governance, Development and Activism*, London: UCL Press, 2020, pp. 274–288.

合作社成立之后，通常按照拟建设住宅的项目设计方案及工程造价进行成本核算。基于此核算结果社员交纳相应的会费，作为合作社的自有资金。项目建成后社员入住，并按月支付租金以抵销项目运营期间的物业管理成本。住房合作社在解决中低收入家庭住房问题上发挥着重要作用，但是住房合作社需要土地获取的资金，需要强有力的专业机构来运营，人数较多达成协议的时间长，建设成本也比较高。因此，欧美国家城市出台政策，对住房合作社的发展都给予了大力支持。如纽约对住房合作社的减税优惠和低息贷款；在巴黎，居民合作建房时，可向政府申请贷款，或由政府提供补贴。

非营利性的社区土地信托机构通过保留土地产权降低了住房的成本，从而为中低收入人群解决了住房问题。社区土地信托模式的核心内容是住房出售给中低收入家庭时签订土地租约。土地租约明确规定，住户居住的房屋可以继承，但禁止以转租方式获利。住户在住满规定期限之后方可将房子进行转售，且限定转售对象和转售价格。住户出售其住房时，CLTs 有优先购买权；住户也可以按规定的价格将住房转售给其他符合条件的中低收入家庭，以此确保该住房在保障市场内进行交易。由于社区土地信托模式要求住房按规定价格出售，既可以保证房主在出售住房时得到合理的回报，又可以确保出售价格为下一个低收入购房者可负担。通过土地租约和买卖合约制度，使低价格的保障房源可以永久利用，避免了保障房源的流失，使更多的中低收入家庭从中获益。

二 改革创新

非营利住房法人政策、住房合作社政策和社区土地信托政策在发展变化过程中表现出政策目标的调整、政策目标群体的扩大和政策工具的优化。

在美国的大多数城市，社区开发公司的职责主要集中在房屋建设方面，解决可负担住房问题。一些社区发展已经相对成熟的城市（如波士顿、芝加哥、克利夫兰），社区发展公司的业务向其他领域拓展，促进社区发展。社区发展公司在扩大服务范围的基础上，进一步加大与基金会等主体的合作力度推动社区发展，从而增强其在社区开发中的主导地位。在欧洲国家的一些城市，住房协会发挥着非常重要的作用。在政策变迁的过程中，住房协会不仅替代政府在社会住房中发挥主导作用，满足中低收入人群的住房需求，还通过市场化改革解决中等收入人群的住房问题。

住房合作社具有共建、共有、共享的特点，属于典型的住房非营利组织。该项目在立项及征地等流程上与商品住宅项目一致。其特殊性主要体现在住房合作社作为项目开发的主体，通过采用志愿型的工具来控制建设和营销成本。在该过程中，政府向住房合作社提供税收减免以及贷款优惠，房地产开发商以合同方式提供专业技术服务。最初，住房合作社政策的目标在于降低住房价格，解决成员的住房问题。现阶段不同国家的住房合作社政策差异较大，部分国家的政策目标是为中低收入家庭提供住房，实现住有所居。部分国家的政策目标则强调不同收入人群的混合居住，在加强社区凝聚力的基础上促进社会融合。

社区土地信托的成功案例越来越多，也逐渐走向成熟。由于社区土地信托制度将土地和住房分开，降低了住房成本，促进了社会公正，受到社区居民的欢迎。芝加哥的社区土地信托政策进行了一定的创新改革，用转售限制来取代双重所有权带来的限制，可以为城市的中低收入家庭提供一个长期的可负担住房。当然，对转售价格进行限制，也面临新的问题和挑战。不可否认的是，受传统文化的影响，由于居民没有土地所有权，很难获得安全感和社区归属感，一定程度上限制了该政策的发展。

第六章

结论与建议

第一节　结论

欧美城市的社会住房政策变迁的过程复杂，形态各异，但并非毫无规律可循。从政策环境、政策主体、政策历史三个维度展开对社会住房政策变迁的探究，可以发现，社会住房政策变迁是政策环境、政策主体、政策历史共同作用的结果，而政策环境、政策主体和政策历史对社会住房政策变迁的作用机制和影响各不相同。

一　政策环境是影响城市社会住房政策变迁的外部因素

第一，解释个体行为需要了解行为形成的脉络。全球城市社会住房的政策环境是指其所嵌入的政治经济社会环境。社会住房政策主要包括土地获取、社会住房的建设和筹集、分配和管理等内容。全球城市社会住房从政府直接供给转向非营利性的第三方生产，与政府治理变革的政治环境变化相适应；全球城市社会住房筹资从财政主导型筹资到社会化筹资的变迁与经济发展、利益分配调整的经济环境相适应；全球城市社会住房分配和管理从低水平向高水平住房保障的扩展，与居住权诉求、区域平等、社会公正的整体社会环境相适应。因此，全球城市社会住房的建设、分配和管理与政治、经济、社会环境存在相对较高的嵌入关系，受到政治、经济、社会环境的综合影响。

第二，只有与其所在的政治经济社会环境相适应的情况下，社会住房政策才能发挥作用。如果该政策与其所在的政治、经济和社会环境不适应，就会产生较高的交易成本，政策效果就会大打折扣。例如，在美国许多城市都曾积极推进合作社住房的开发建设，并在 20 世纪 80 年代达到巅峰。但是相比其他城市，纽约的合作社住房因与其政治经济社会环境具有很高的融合性，一直延续至今，显示出其顽强的生命力。

第三，政策环境提供制约政策主体选择的脉络，因而社会住房政策在相同的环境约束下也可能出现不同内容，在不同的环境约束下出现同样的选择。例如，同在欧盟的体系之内，柏林和阿姆斯特丹都采用非营利的第三方模式，但是国有房地产公司和住房协会在运营和管理上存在很大差异；伦敦和多伦多的社区土地信托都源于美国，但是伦敦融入全国的社区土地信托网络之中，而多伦多具有地方性。

二　政策主体是影响城市社会住房政策变迁的内在动因

行动者是制度设计和实施的主体，受制度约束也建构制度。现存制度结构允许行动者对环境压力做出调适性反应，同时行动者对制度调适的能力影响制度实现的程度和促使制度发生变化。

在社会住房政策中，主要存在国家、集体和个人三类政策主体。其政策变迁往往是不同政策主体共同作用的结果，政策主体间的复杂利益冲突和选择是推动政策变迁的重要动力之一。

社区发展公司兴起于美国城市开展的扶贫运动。在消除贫困的运动中，社区行动成为重要内容，即将消除贫困的着力点下沉到社区。社区行动也使过去在美国政治议程中的弱势群体——贫困人口开始活跃到地方决策和实施中，也导致过去被抑制的政治矛盾公开凸显。随着贫困和种族冲突交织和矛盾加剧，社区发展公司作为具有独立地位的集体企业得以确认，并在联邦和地方支持之下发展壮大，在后期解决中低收入人群的可负担住房和社区发展方面发挥重要作用。

住房合作社是在住房短缺情形下，居民自发建立的互助组织。通常，合作社住房是集体所有权，居民共同拥有和管理他们居住社区的土地、住房和公共区域。居民可以通过购买合作社的股份，参与社区管理，并对（所居住的）特定住房享有占有和使用的权利。在合作社的发展过程中，租金管制是刺激纽约住房合作社发展的重要原因。另外，住房合作社也与纽约中产阶层居民选择居住环境，满足其特殊的邻里需求有关。

同样，初期的社区土地信托机构是为了解决农村少数族裔的生存和发展问题建立起来的，后来扩展到城市，成为维护和建设中低收入家庭住房的重要力量。由于城市贫富差距大造成城市矛盾和冲突加剧，政府用来解决住房危机的城市更新项目不仅没有给当地的中低收入群体带来居住环境的改善，反而使居民感到住房权益被剥夺。在这种情形下，代表社会力量的伦敦社区土地信托，游说政府赋予社区自我解决可负担住房问题的权利。伦敦政府为保障可负担住房供给，也开始鼓励社会参与到住房开发建设之中，制定与社区土地信托相关的政策。

三　城市社会住房政策变迁中路径依赖和改革创新并存

脉络是历史的产物。欧美国家城市在引入第三方建设可负担住房之后，在"路径依赖"基础上进行"改革创新"，推动了社会住房政策的发展。

非营利性质的社区开发公司，其职能覆盖了社区发展的各个领域，不仅成为社区居民与各方利益相关者之间不可或缺的桥梁，而且承担了地方政府的部分管理和服务职能，减轻了各级政府的负担。虽然还有一些有待进一步完善的地方，但不可否认的是，这种新的组织形式以公民为中心，积极促进社区民主自治，为居民平等参与社区公共事务提供了有效的途径。

住房合作社本质上是一种居民互助的方式，由于各方主体的责、权、利明确，使成员的权利得到了保障，极大地促进了住房合作社的发展。但是住房合作社同样面临资金的困难。另外，住房合作社的人数较多，各方达成一致所需时间较长，造成延误建设周期，增加建设成本。因此，住房合作社还需要促进不同主体之间的合作，以便更好地促进社区发展。

传统的社区土地信托是一种双重所有权，即社区土地信托机构享有土地权利，购房者享有房屋权利，并通过土地租约、转售限制等方式保持住房的永久可负担性。通过土地租约和买卖合约制度，使低价格的保障房源可以永久利用，避免了保障房源的流失，使更多的中低收入家庭从中获益。

总体来看，在欧美城市中，非营利的第三方提供社会住房的形式很多。其中，社区土地信托可以加强资金管理和项目管理，具有无法比拟的优势，已经成为发展趋势。

第二节　建议

住房关系民生。欧美城市社会住房政策经过几十年的发展已经形成比较成熟的经验，也有一些失败的教训。中国城市，尤其是大城市和超大城市保障性住房政策也面临诸多问题和挑战，如住房保障覆盖范围有待拓展、住房保障供给主体相对单一、住房保障资金渠道亟待丰富等。借鉴欧美城市的经验教训，中国城市，尤其是大城市和超大城市住房保障政策应当从以下几个方面完善。

一　基本原则

政策是价值理念的产物，政策过程中的每个环节都存在价值判断和价值选择。公平和效率是政策的基本价值。欧美城市社会住房政策变迁的经验教训告诉我们，公平和效率之间的关系不是非此即彼的矛盾关系，而是一种对立统一、相辅相成的辩证关系，政策可以在公平与效率之间寻求一个最佳契合点。过分地追求公平就会降低效率，过于追求效率则以牺牲公平为代价。

（一）以公平为主导制定社会住房政策

住房保障的目的是保障民众居住需求、调节贫富差距、维护社会公正。住房市场化改革之后，国家和地方在保障性住房的发展方面做出巨大努力，但是一直存在政府投入不足、覆盖面窄、管理低效等问题，限制了住房保障公平价值的实现。社会住房政策是有关非营利的住房组织为社会中低收入群体提供可负担住房的政策，追求的是社会公平，解决市场效率所带来的问题，社会住房政策的公平，集中表现在以下几个方面。

1. 权利公平

早先的"经济适用住房""廉租住房""公共租赁住房"等政策，均面向"城市低收入住房困难家庭"，农村低收入人群则被排除在外。现在城市中的中低收入人群，又依据户籍、收入高低、教育程度不同，执行不同的保障住房政策[1]。权利公平，意味着需要消除中低收入人群

---

① 叶晓甦、黄丽静：《公平和效率指导下的我国保障性住房体系建设》，《城市发展研究》2013 年第 2 期。

的社会属性、户籍和受教育程度等的差异，在满足基本住房需求方面实现一视同仁。

2. 机会公平

中低收入人群的住房机会公平，包括获得保障性住房的时间、空间和功能的公平。因政策时间不同，住房面积、住房质量、住房服务、住房配套等不同，中低收入人群在获取保障性住房时的机会不平等，不利于解决中低收入人群住房问题。

（二）以效率为补充加强社会住房政策执行

保障性住房供给不能满足需求，就会导致供求失衡。因此，保障性住房供给在体现公平的同时，也必须兼顾效率。社会住房政策的效率主要体现在社会住房建设的不同环节。

1. 建设和管理

社会住房的建设应当利用存量土地、存量住房、存量基础设施和公共设施，利用闲置的企事业单位用地、闲置的房屋、已有基础设施和公共设施的容量，提高存量土地、存量住房、存量基础设施和公共设施的利用效率。另外，以存量土地、存量房屋和存量配套设施开发筹集社会住房，涉及各种权利主体的利益，应当将住房的开发、配套建设、维护和更新改造实施全过程管理，减少社会住房维护和管理的成本。

2. 准入和退出

住房准入管理，是实现中低收入群体住房公平的基础。一方面，各城市依据住房市场情况、住房闲置情况、存量和新增保障住房情况，确立保障住房的标准和范围；另一方面，建立低收入群体信息平台，核实申请者的收入和家庭资产状况，筛选出真正符合条件者。退出管理关系到社会住房的可持续性。当居住户收入提高或财产达到规定标准时，政府可以收回住房或者住房补贴，既保护现有居住者的权利，也不必再为新的进入者付出高昂的投入成本，影响后来者的住房权利。

3. 监管和责任

社会住房政策执行涉及生产主体、供给主体、消费主体、监管部门等众多主体，监管合法，程序公开，是社会住房政策持续性的保障。目前应当将各类保障住房整合，对住房保障实行全方位全过程的动态监管，接受社会监督，并对违法行为追究法律责任。

二　政策措施

（一）优化政策环境

1. 逐步实现城乡住房保障的政策一致性

住房需求是个体生存的基本需求，住房权利也是人的基本权利，人人都应该平等享有居住权，不能因社会地位、户籍归属、收入水平等而受到区别对待。城市政府有责任为居民实现其权利提供必要的政策保证，城市政府应当针对目标群体采取一致性的政策，解决政策重叠和政策冲突的问题。

（1）宏观层面，扩展保障范围。联合国人居大会"人人享有可负担住房"的决议（2023）与中国"努力实现全体人民住有所居"目标较为一致。未来的社会，是一个人人都有房住的社会。目前，中国保障的群体是住房困难群体，与"人人享有可负担住房"目标仍有差距。因此为达到这一目标，就不能仅仅关注中低收入人群，政策设计的目标群体就应该进一步扩大，覆盖到城市中的其他有需求的居民，包括城市非户籍中低收入人群、农村中低收入人群等。社会住房政策作为补充，应促进现有住房保障体系的完善。

（2）中观层面，调整保障结构。目前，不同城区的保障性住房供应量不均，供给和需求不匹配情况严重，应该缩小差距，尽量调整保障性住房的供给结构。具体而言，应该转变政策设计空间，调整保障性住房的供应级别，由城区向社区转变。一方面，社区统一调配保障性住房，给予产权人一定的出租补贴，充分调动社区内闲置住房作保障性住房，进一步匹配给社区内符合条件的申请人；另一方面，社区在满足本社区保障性住房需求后，可以面向社区外群体开放，接受保障性住房申请。除此之外，还可以优化社区的教育、医疗等公共服务配套，为保障性住房群体提供完善的公共服务，吸引住房困难群体向存量多的社区申请保障性住房。

（3）微观层面，需要精准瞄准政策保障的目标群体。高收入高消费的个人虽然不能申请到公租房，但是因其家庭符合申请条件入住公租房。这个事例造成严重的负面影响，导致政府的公信力受到质疑，因此应该精准定位需要保障的对象，在政策设计时进一步明确目标群体：①住房标准，申请人无房或人均住房面积低于某一面积标准。②收入标准，即按一定面积标准计算的住房平均月租金超过个人或家庭的月平均可支配收入无法达到的1/3。③家庭财产状况，综合考虑实物资产和隐形资产。综合考虑住房、收入和财产标准，并根据社会发展情况浮动调整，才能精准定位需要保障住房的中低收入人群。

2. 建立健全住房保障体系

一般而言，中国城市的保障住房有出售型保障住房和出租型保障住房，其中出售型保障住房包括经济适用房、安居型商品房、共有产权住房，出租型保障住房包括公共租赁住房、保障性租赁住房等。

（1）出售型保障住房。

第一，经济适用房。经济适用房是具有保障性质的，由政府提供政策优惠的商品性住房。经济适用房的特点主要有三个：一是产权明确。居民个人购买经济适用房后，应当按照规定办理权属登记，并注明经济适用房和划拨土地。经济适用房的优惠政策主要有经济适用房建设用地，以划拨方式供应；个人和企业申请可贷款优惠和收费减免；住房公积金优先发放；政府负担小区外基础设施费用；价格在基准价格基础上有浮动。二是家庭申请。当地户籍的无房或住房困难，家庭收入符合市、县人民政府规定的收入线标准。三是流转限制。一定年限之后，经济适用房可按市场价格上市出售，出售时向政府缴纳一定比例的收益。经济适用房出售后不得再申请。如需换购的，则必须将经济适用房出售给合格的家庭。

第二，安居型商品房。安居型商品房，是指政府通过市场化运作模式，面向符合条件的家庭和单身居民筹集和建设的保障性住房。安居型商品房的特点主要有三个：一是产权明确。建设单位办理安居型商品房初始登记之后，协助申请人办理房地产证。这类住房的套型面积、销售价格均受到限制。二是以家庭为单位申请。安居型商品房以家庭为单位申请，申请人配偶、未成年子女为共同申请人。三是流转限制。安居型商品房限制转让年限。购房者在取得完全产权前，应当向市住房保障部门申请政府收购该安居型商品房。

第三，共有产权房。共有产权房是指政府提供政策支持，面向符合条件的居民供应的，由政府与购房人按份共有产权的住房。共有产权的特点有三个：一是产权明确。政府与购房人对共有住房按照各自的份额享有权利并承担义务。在行使共有财产的权利，特别是处分共有财产时，必须由全体共有人协商，按共有人的共同意志行事。二是家庭申请。申请人以家庭为单位申请认购。申请人配偶、未满 18 周岁子女、父母可以作为共同申请人。三是封闭流转。购房人的房屋套型、面积和价格受到限制。购房人签订合同未满 5 年的，不得转让；合同满 5 年的，所购共有产权住房可以转让给符合条件的居民。

（2）出租型保障住房。

第一，公共租赁住房，是指政府提供政策优惠，面向符合条件的住房困难户籍居民出租的住房。公共租赁住房的特点主要有三个：一是家庭申请。申请人以家庭为单位提出申请。申请人配偶、子女、父母都可以作为共同申请人。二是租金优惠。公共租赁住房租金按照同品质住房市场租金的 30% 确定；特困人员、残疾人或完全丧失劳动能力的人，可以申请减免。三是签订租赁合同。申请家庭与产权单位签订租赁合同，合同期限不超过 3 年；需要续租的，期限届满 3 个月之内向产权单位提出申请。

第二，保障性租赁住房，即政府提供政策支持，面向符合条件的新市民、青年人、各类人才租赁的住房。保障性租赁住房的特点主要有三个：一是家庭申请。申请人及其配偶、未满 18 周岁的子女，可以作为共同申请人。二是租金优惠。政府配租的住房租金，按照同品质租赁住房市场租金的 60% 确定。社会主体出租的住房，租金不高于同品质住房市场租金的 90%。三是签订合同。申请人办理租赁手续，与产权单位或者运营单位签订租赁合同。单次租赁合同期限不超过 3 年，合同期限届满前 3 个月，可以申请续租。

从以上列举可以看出，在中国城市现行住房保障政策中，保障房的类型不同，保障范围、保障标准和保障方式有不同的规定。住房涉及多个利益相关主体的切身利益。要想保证住房保障制度的健康稳定运行，政府需要解决政策碎片化的问题，加强政策的整合，建立完善的住房保障体系。

3. 完善保障住房管理体制

保障住房涉及城市的土地、建设、财务、民政、税务等多个部门，导致政出多门的现象。在住房保障中应明确各级政府及机构之间的责权利关系，推动中央、省、市政府加快建设。

（1）协同制定政策。专业化分工是科学管理的要求，但是专业化分工管理的政策和项目都会落实到社区，与居民的衣食住行紧密联系在一起。因此，政府及其机构应以社区发展为中心，打破分割管理的局面，协同制定政策，共同促进社区发展和城市发展。

（2）集中资金。城市保障住房的资金来源主要由以下两个方面构成：一是国家拨款；二是税收减免，如土地出让金、营业税等。由于资金有限，难以保证项目的建设。实践中不同部门都有很多涉及社区发展的项目，资金数额也比较大。政府部门之间应以社区发展为中心，集中资金解决社区发展中住房建设和管理的重点问题。

（3）整合保障住房的建设和服务。保障住房建设不限于提供可负担住房，还涉及土地的取得、住房的建设，以及基础设施和公共设施的供给等。土地住房的建设和管理统筹安排，才能优化社区服务格局，解决居民的就业、教育、医疗、养老等诸多问题，满足居民多样化的需求。

（4）推进基础信息平台建设。构建业务全覆盖、跨部门信息共享的监管体系，通过大数据筛查、生物识别等新技术的应用，动态监管租户收入状况、住房使用情况，提升保障性住房管理的智能化水平。

4. 加快保障住房的立法

社会住房的健康发展，需要法律法规的保驾护航。欧美国家各市级政府通过颁布法律法规来促进社会住房的发展，保证保障住房的可负担性和可持续性。住房保障立法的完善包括三个方面。

（1）加快社会住房的立法，确立社会主体的类型和法律地位。国外社会住房的生产者可以是国有企业、住房协会、社区开发公司、住房合作社、社区土地信托等。中国除1992年建设部发布《城镇住宅合作社管理暂行办法》以外，尚缺乏相关法律规范，应根据当前城镇居民的收入状况，结合中国当前房地产市场发展的实际，借鉴国外发展国有企业、住房协会、社区开发公司、住房合作社、社区土地信托等经验，尽快制定社会住房的法律法规，确立社会主体的类型和法律地位，为建立多主体供给、多渠道保障、租购并举的住房体系提供法律保障。

（2）修改和完善现有住房保障政策，将社会住房立法与住房保障以及其他社会保障法律法规相衔接。中国先后制定了《经济适用住房管理办法》（2004年发布，2007年修订）、《城镇廉租住房租金管理办法》（2005年）、《廉租住房保障办法》（2007年）、《公共租赁住房管理办法》（2012年）等。这些规章适用范围不同，在保障对象、保障方式、保障水平和标准、资金来源等方面既有差异又有所重叠。因此，建立社会住房政策还需要修改和完善现有住房保障政策，形成一个完整的政策体系，对不同类型的保障住房实施统一和规范化的管理。建立社区土地信托制度还需要其他社会保障法律法规的支持。住房保障是社会保障的一种类型。社会住房不仅有建设问题，还有管理和分配问题；不仅涉及个人的可负担能力，还涉及整体的社会保障水平、不同社会保障类型之间的平衡、个人的信用和税收减免等，因此对于社会住房的法治建设应有全局性和统筹性的考虑。

（3）社会住房立法与土地、住房管理等法律法规相衔接。对现行的《中华人民共和国土地管理法》（以下简称《土地管理法》）、《中华人民共和国城市房地产管理法》（以下简称《城市房地产管理法》）等法律法规都应做出相应调整，赋予社会住房机构的主体资格和条件，并对其对土地和住房开发利用的全过程进行规范。例如，与以项目形式开发利用土地不同，社区土地信托不仅提供可负担住房，还将土地利用、住房建设和住房服务结合在一起，通过土地的混合利用促进社区发展。如为社区居民提供教育、医疗和卫生服务、养老服务等；集中供暖，开发利用可再生能源；建设社区自己的商店和工厂，为社区居民提供生活用品、休闲场所和就业岗位；等等。社区土地信托机构作为从事土地开发和住房建设活动的独立主体，不属于《土地管理法》中可以获得土地的"单位和个人"，也不属于《城市房地产管理法》中的"房地产开发企业"，因此现行的《土地管理法》《城市房地产管理法》等法律法规都应做出相应调整，赋予社区土地信托的主体资格和条件，并对土地和住房开发利用的全过程进行规范。

（二）规范政策主体的行为

1. 合理界定政府的责任

住房是可以用来交换的劳动产品，同时住房又是人民安居乐业的基本条件。针对住房的二元属性，欧美国家城市普遍实行二元的住房制度来解决老百姓的住房问题①。随着参与主体从一元到多元的变革，欧美城市的社会住房政策已形成较为完善的体系。

中国住房保障政策的理论和实践中，也存在"政府、市场、社会"的争论。2021年国务院办公厅《关于加快发展保障性租赁住房的意见》提出"引导多方参与。保障性租赁住房由政府给予土地、财税、金融等政策支持，充分发挥市场机制作用，引导多主体投资、多渠道供给，坚持'谁投资、谁所有'，……支持集体、企事业单位投资建立专业化规模化住房租赁企业建设和运营管理保障性租赁住房"。这一规定为政府和市场之外其他主体的参与奠定了基础。在这一背景下，住房保障政策的变革必须加强合理界定政府的责任，强化服务能力。

强化服务能力主要包括建立政府与社区非营利住房组织合作的治理模式，提供土地和资金支持，提升管理水平。如建设社会住房的土地可以来源于土地征收和征用、划拨土地转用、土地使用权的置换、流转等等。不过，征收征用和划拨转用的土地必须服务于公共利益，建设公共和开放的社区空间，如公共公园、公共的休闲娱乐设施等，并且不能任意处置。政府支持的资金，来自不同层级的政府及其部门，有不同的目标，资金形式也多样，如投资、贷款、补助、保证金、受益人的补贴等。对于这些资金的使用，应当给予地方政府和社区一定的灵活性，授权集中使用和管理。通过整合社区内部和外部资源，让更多的中低收入家庭受益。此外，政府的资金毕竟有限，应当利用有限的政府资金，增强社会组织的预期，引导更多社会资本投入保障住房的建设和筹集之中。

2. 鼓励社会主体的参与

"个人和集体"之间的责任边界模糊不清，直接影响社会和公众的作用发挥。在进一步完善住房保障制度的过程中，要鼓励多元社会主体参与。

（1）非营利住房法人。中国城市，尤其是大城市特大城市，住房供需总量和供需结构的问题更加突出。如何应对人口快速增长带来的巨

---

① 谭禹：《二元化住房制度与我国住房保障政策取向》，《中外企业家》2014年第34期。

大压力，解决人才住房问题，提升城市对人才的吸引力，促进经济社会的可持续发展，面临重大挑战。2016 年，深圳住房政策改革提出构建多主体供给住房格局，其中深圳市人才安居集团（以下简称"安居集团"）作为功能性国企，要发挥公共住房建设主力军作用。该集团成立以来，累计筹建公共住房 16.1 万套，供应公共住房 6.1 万套，约占全市同期总量的 1/3，为 4800 家企业的 12 万人提供服务①。但是，截至目前，安居集团的公共住房以租赁为主，由于投资大、周期长、租金低，大多数子公司主营业务财务收支难以平衡，人才住房的可持续发展面临困境。

以社区为基础，可以加强安居集团与社区的合作，发挥社区的积极性和主动性。随着项目增多，安居集团面临点多、线长、面广，任务重的问题。对于体量较小，户数分散，主体多元的情况，服务效率难以提高。以社区为基础，可以分散筹集和管理房源，减小安居集团的压力，解决安居集团开发难题和管理难题。目前，在我们的社区治理体系中，能发挥类似作用的组织是社区组织，即社区的非营利组织。社区组织发育并生长于社区，因其区域性、自治性、灵活性和多样性等独特特质，在兴趣爱好、功能需要、问题解决和志愿激励等领域凝聚居民利益②，承接一部分政府职能，提供一部分公共物品，满足居民个性化、多元化需求，在社区治理过程发挥越来越重要的作用。因此，需要尽快从立法和相关制度的层面上对社区组织培育予以规范，对社区组织的合法性地位予以确认，社区组织的发展才能逐步走上自主化和法治化的道路。

（2）住房合作社。住房合作社是居民通过互助建设和管理可负担住房的模式。在这种模式中，合作社成员共同参与资金筹集、土地获取、住房建设、分配和管理等全过程，既发挥成员自身的积极性，同时减轻政府的财政负担。推行合作社住房是对现行保障房建设的一种有益补充。当前，有关住房合作社的管理，除 1992 年建设部发布的《城镇住宅合作社管理暂行办法》以外，尚缺乏其他法律方面的规范。中国

---

① 人才安居集团助力深圳安居事业高质量发展——鹏城国资—深圳市人民政府国有资产监督管理委员会网站，sz. gov. cn。

② 杨继龙：《资源输入视角下社区社会组织培育机制研究——以 N 市 H 区为例》，《社会科学家》2016 年第 7 期。

的住房合作社与国外的住房合作社相比，无论是在理论研究方面还是在实践探索方面都存在较大的差距①。我们应根据当前城镇居民的收入状况，结合当前房地产市场发展的实际，借鉴国外发展住房合作社的经验，尽快明确住房合作社的法律地位，明确责、权、利，加快制定住房合作社法的法律法规，为住房合作社良性、快速发展提供法律保障。

（3）社区土地信托。社区土地信托符合中国宪法、民法典、土地法、信托法和慈善法等法律法规的要求。《加强基层治理体系和治理能力现代化建设的意见》明确基层群众自治组织法人备案工作，为社区土地信托的建立提供了政策支持。目前，可以在如下方面推进：①企事业单位可以利用存量土地建设住房，同时限制保障对象和转售价格，为本单位员工提供可负担的保障住房。比如深圳的人才住房建设，为了确保可持续发展、确保公共资源公平使用，可以采取非营利住房法人形式。②针对农村土地和城中村土地，基于农村土地集体所有等特点，可以尝试建立社区土地信托模式，实现了土地所有权、经营权和收益权的分离，既保障了农民的利益，同时也为深圳保障住房工作作出贡献。③在城市比较成熟的社区，可以采用契约限制和自主管理的方式，为中低收入人群提供一部分社会住房。这些社会住房可以是闲置的住房，也可以是取得土地使用权新建的住房。社区取得土地则可以采用"年租制"，减轻社区建设和用地方面的双重资金压力，同时将一次性地价支付从总房价中剥离也能减小消费者的资金压力。

3. 规范市场主体的行为

随着土地和住房价格上涨，市场主体的营利性使可负担住房不可持续，但是市场主体具备专业化管理水平，不可或缺。因此，在发展社会住房时应当且可以借助市场主体提升社会住房机构的能力。无论是社区开发公司、住房合作社，还是社区土地信托，都是社区居民对社区土地和房屋等进行集中管理的模式，主要涉及土地和住房的决策，而具体的建设项目是决策的实施，可以合同形式交给其他营利企业来实施。借助营利企业的资金和技术等支持，可以提升社区治理能力，降低运营成本，提高土地和住房开发管理的效果。虽然市场主体的资金和技术不可

---

① 沈宏超：《国外住房合作社的经验与启示》，《城市发展研究》2009 年第 2 期。

缺少，但是市场主体的参与不能影响社区发展。

（三）突破路径依赖，加强改革创新

1. 突破路径依赖

住房保障政策在改革的过程中形成的路径依赖，大大降低了政策变迁的绩效。为了提升住房保障政策绩效，亟须突破住房保障政策改革的路径依赖，以社区为基础引入第三方主体，强化社会住房政策的设计，推进住房保障政策的完善。具体而言，对社会住房的建设、筹资、分配等内容进行整体性突破，实现住房保障政策的全面整合。

（1）住房统一规划管理。随着城镇化的快速发展，土地供给和政府财政难以持续，而可负担住房的需求不断增长，因此近二十年来规划管理在全球城市提供可负担住房中发挥着越来越大的作用。规划管理的目的是根据人口增长情况、现有存量住房情况和保障住房需求，要求新建社区或者社区新建住房中为中低收入人群提供一定比例的保障住房，在解决可负担住房问题的同时，培养不同收入人群混合的社区，促进社会融合。

第一，规划先行，确保用地指标。相关部门在编制土地利用总体规划、城乡规划、住房建设规划等规划和计划时，应当按照一定比例单独列出保障住房项目用地指标。考虑到有些大城市新增建设用地本就有限，因此更要积极争取社会住房的存量用地指标。为此，在安排供应居住用地时，需在用地规划中明确社会住房用地比例的下限，规定一个具体的数值，确保社会住房建设用地应保尽保。同时，为使指标落到实处，还需加强对指标落实的监督，对列入住房保障土地储备的用地，不得随意改变用途。

第二，拓宽渠道，确保供地数量。土地的储备仅仅依靠单一的新增建设用地是远远不够的，还需通过多种方式筹集，除了新供应用地，轨道车辆段、停车场、公交场站等城市基础设施和公共配套设施综合开发建设用地、社会存量用地、征地返还用地、已批未建用地、棚户区改造用地、城市更新用地、招拍挂配建用地等都可以作为社会住房用地筹集的渠道。

第三，签订协议，明确社会住房供给数量。社会住房机构与住房管理机构可以通过协议合作，明确需要提供的可负担住房比例和政府支持的方式方法，并依据协议要求开发房屋，接受住房管理机构的监督。

第四，加强准入、退出管理。严格把关准入审核，建议实施诚信申报制度，建立失信联合惩戒机制，对通过弄虚作假、隐瞒家庭收入、人口及住房状况骗租的，载入个人诚信不良记录，不得再申请住房保障，以促进有限保障性住房资源的公平善用。规范退出制度。住房机构和社区每年要对住户进行资格复核，对收入状况有所上升但购房依旧较为困难的租户按比例适当减少补贴或递增租金，以引导其退出，对不再符合保障范围的则采取收回住房、停发货币补贴、将租金提高到市场价格水平等更具力度的方式使其退出；强化信息化支撑，持续推进基础信息平台建设，通过大数据筛查、生物识别等新技术的应用，动态监管租户收入状况、住房使用情况，提升保障性住房管理的智能化水平。

（2）责任共担的筹资。建立可持续性的"多方筹资、合理分摊、财政补贴"之筹资制度，并建立特殊人群保护制度、贫困人口补贴制度等。以社区为基础，消除户籍居民和非户籍居民区别，发挥社区居民互助的作用。同时让营利企业和金融机构参与进来，发展住房金融。

针对住房前期投入压力大，资金筹集能力不足问题，加大住房金融的支持力度。首先，向中低收入居民或家庭提供低息购房贷款和补贴，以达到对社会住房支持的目的。其次，进一步增强对公共租赁住房建设与运营的信贷支持，支持政策银行将社会住房纳入业务范围，加大中长期贷款支持，支持商业银行以市场化方式向各类主体新建、改建社会住房发放开发建设贷款和租赁经营性贷款。再次，拓宽多元化投融资渠道。鼓励银行业金融机构通过发行债券筹集资金，用于发放公共租赁住房贷款；发展房地产投资信托基金（REITs），引导社会资金投资住房租赁领域。最后，加强金融管理。明确社会住房金融业务的边界，严禁为商品住房融资；加强信贷资金管理，规范直接融资产品；建立社会住房金融监测评估体系，防范社会住房金融风险。

（3）开放公平的分配。以"挖掘土地和住房潜力、逐步扩展保障范围"为原则，确立结构平衡的社会住房分配。首先，以社区为基础建设可负担住房，在互助的基础上，就地消化本社区的低收入人群住房需求，包括特殊人群的住房需求。其次，为中等收入人群提供可负担住房，扩大住房保障的范围。再次，为未来的社区居民提供住房，保持可负担住房的持续性。社会住房分配应进一步明确社会住房分配的对象，科学规定社会住房的分配方式、分配标准，制定方便、快捷、公平的社会住房分配规则，确保基本住房需求得到满足。最后，建立社会住房的动态调整机制和权利保障机制，切实保障每一位公民能够获得公平的住房待遇。

社会住房可以租赁，也可以出售。相对而言，出售更能满足居民的财产需求。面对新增人口的需求，社区通常可以采取两种方式，保持可负担住房的长期性：一种方式是在房屋所有者再出售时，要求支付的补贴资金作为贷款返还。由于补贴保留在住房里，使住房可负担，从而保证可负担住房的数量。另一种方式是社会住房机构以标准价格购买房屋然后再卖给符合条件的购房者，或者安排一个符合条件的购房者以标准价格购买房屋，保证住房出售的价格在后来的购房者承受范围之内。标准价格由社区土地信托机构，根据住房自有情况确定。无论哪一种方式，都是将政府投入的资金留在房屋之中，保证可负担住房的价格不会随着市场价格的起伏而变动。

2. 加强改革创新

政策变迁中存在一些关键节点，关键节点在社会住房政策变迁中发挥着重要作用，决定着社会住房政策的变迁方向与绩效。党的十九大提出，"坚持房子是用来住的、不是用来炒的定位，加快建立多主体供给、多渠道保障、租购并举的住房制度，让全体人民住有所居"，开启了住房保障政策的新一轮变革。因此，可以把握"加强社会保障体系建设"的契机，利用多主体供给的"改革之窗"，加强社会住房政策创新。

（1）治理结构的创新。充分利用存量房作为保障住房离不开社区治理。在社区中，社区居民是重要的成员，社区组织是居民自我管理、自我服务的自治组织，对城市建设发挥着重要的作用。应以社区为基础，加强社会住房的供给。同时将承租人、基层党组织和其他社会组织、政府及其部门等主体纳入其中，建立多主体参与的机制。

多元主体参与必然会出现利益冲突，可以协议的方式明确成员结构和权责，以及纠纷解决机制。协议遵循的基本原则是：有合作的非营利组织，增强社区经营资产的能力；租金的多样化，可以让不同收入的居民混合居住在一起；申请名单中的新住户，可以成为信托的新成员；社区可以得到政府的资助，并协商开展预算管理工作。

（2）加强住房管理和服务。住房是居民最关心、最直接、最现实的利益，住房管理是关键。

第一，明确建设标准，提升建筑质量。城市住房主管部门应结合本市实际制定公共租赁住房基本建设标准，包括户型设计、建造要求、装修标准等内容。各区要结合实际和居民反映的突出问题，贯彻落实质量标准，保证本地公共租赁住房质量。

第二，推进技术运用，提高工程效率。发挥装配式建筑工期短、建造高效的优势，提高建设效率；鼓励公共租赁住房建筑按绿色建筑标准进行规划、建设和运营，实施建筑全生命周期绿色化，逐步提高新建建筑中绿色建材应用比例，从源头上减少建筑废弃物；尝试推出智能化系统奖励机制，对主动引入智能化设备、开展全屋智能家居建设试点、提高智能化水平的社会住房项目进行认证评估并予以相应奖励。

第三，加强验收维护，强化责任落实。形成工程建设任务书，明确项目主体、产权限制、建设要求、交付日期等，并由市区住房主管部门进行审批把关。项目竣工后，住房主管部门根据建设任务书及有关文件要求，进行核查并出具核查结果，对不符合有关要求的，责令建设单位限期改正。未经主管部门核查或者核查结果不符合要求的，有关部门不得办理该项目竣工验收备案。加强对社会住房建设或改造质量的监督管理，对产生重大质量问题的，严格追究相关主体责任。

第四，住房服务是社区治理的基础。除了物业服务，基于土地和住房的社区服务还包括三个方面，一是居民分层管理。将居民分为特困人群、较困人群、一般低收入人群等分别提供补贴。对于有能力购买住房者给予首付支持或者以储蓄的方式给购房者提供贷款。二是贷款的审核。为了保证社区土地和房屋等资产的安全，避免居民陷入高利贷导致进一步的贫困，购房者申请其他贷款时需要社区批准。三是培训服务，让未来的居民了解各种贷款的性质、支付能力，面临的风险，以便具备资格，并能实现住有所居。

（3）全过程管理。住房是居民的重要资产，住房建设、住房维护、住房更新改造是密切相关的环节，任何一个环节的缺失都会影响居住舒适度和住房的价值，进而影响居民的居住意愿和社区归属感。将住房建设、住房维护和住房更新改造结合起来，可以增加每一户居民或家庭参与社区治理的意愿和机会，也可以增强社区组织动员能力。在大城市新增建设用地日趋减少的情况下，更需要加强住房的维护和管理，利用存量住房解决大城市住房问题。

针对一些大城市中数量可观的城中村存量住房，需从住房筹集、住房改造、配套设施和服务配置多个方面逐步完善规则。

第一，需加大筹集城中村住房的力度，建立全市统筹、区级分解、社区自愿参与的筹集规则。市级层面需明确年度保障性租赁住房筹集任务，对住房供不应求的地区进行跨区统筹协调。各区对区域内的城中村进行摸排，进行动态跟踪评估，尽可能发掘潜力改造空间。为确保筹集目标落地，需将年度筹集任务进行细化分解，采用志愿参与和签订协议方式落实至各社区。目前各区主要采取集中式筹集方式，便于发挥规模效益，突出改造效果，打造标杆示范项目，但随着经验的积累，未来城中村住房筹集常态化后，可以采取分散式筹集方式，将集中连片的筹集转为更加灵活的分散筹集。

第二，在住房建设上，应结合具体情况进行具体分析，坚持"留改拆"并举，以保留利用和改造提升为主，避免盲目大拆大建。在住房改造时推行小规模、渐进式有机更新和微改造，注重户型设计和室内装修，完善内部居住功能。

第三，在配套建设上，有序开展城中村综合整治工作。通过补齐基础设施，改造环境条件，提升城中村居住感受；通过打造共享空间，因村施策提升管理服务提升城中村生活品质；通过构筑新型邻里关系，增强街区活力，最终实现城中村与都市发展的有机共融。

参考文献

中文文献

专著

陈淮等：《国际大都市建设与住房管理》，中国发展出版社 2007 年版。

顾湘：《公共租赁住房运行机制研究》，重庆大学出版社 2016 年版。

刘志林等：《保障性住房政策国际经验：政策模式与工具》，商务印书馆 2016 年版。

马秀莲：《透视保障房：美国实践、经验与借鉴》，社会科学文献出版社 2018 年版。

余辉：《英国信托法：起源、发展及其影响》，清华大学出版社 2007 年版。

余南平：《欧洲社会模式——以欧洲住房政策和住房市场为视角》，华东师范大学出版社 2009 年版。

周江：《中国住房保障理论、实践和创新研究——供应体系·发展模式·融资支持》，中国经济出版社 2018 年版。

住房和城乡建设部政策研究中心、中冶置业集团有限公司联合课题组：《求索公共租赁住房之路》，中国建筑工业出版社 2011 年版。

［美］阿列克斯·施瓦兹：《美国住房政策》，中信出版社 2008 年版。

［英］安东尼·吉登斯：《社会理论与现代社会学》，文军、赵勇译，社会科学文献出版社 2003 年版。

［德］比约恩·埃格纳、左婷：《德国住房政策：延续与转变》，《德国研究》2011 年第 3 期。

［美］道哥拉斯·C. 诺斯：《制度、制度变迁与经济绩效》，刘守英译，上海三联书店 1994 年版。

［美］凡勃伦：《有闲阶级论：关于制度的经济研究》，李华夏译，中央编译出版社 2012 年版。

［韩］河连燮：《制度分析：理论与争议》（第二版），李秀峰、柴宝勇译，中国人民大学出版社 2014 年版。

［英］K. J. 巴顿：《城市经济学：理论和政策》，上海社会科学院部门经济研究所城市经济研究室译，商务印书馆 1984 年版。

［德］柯武刚、史漫飞：《制度经济学：社会秩序与公共政策》，韩朝华译，商务印书馆 2000 年版。

［法］让·克劳德·德里昂等：《欧洲与法国社会住房政策的主要问题》，《国际城市规划》2009 年第 4 期。

［美］W. 理查德·斯科特：《制度与组织：思想观念、利益偏好与身份认同》（第 4 版），姚伟等译，中国人民大学出版社 2020 年版。

［美］沃纳·赫希：《城市经济学》，刘世庆等译，中国社会科学出版社 1990 年版。

［荷］雨果·普利莫斯、惠晓曦：《荷兰的社会住宅：明确的传统与未知的将来》，《国际城市规划》2009 年第 2 期。

［美］约翰·康芒斯：《制度经济学》（上），赵睿译，华夏出版社 2009 年版。

报刊文章

陈菲、沈煜超：《美国社区土地信托模式的分析与借鉴》，《经营与管理》2015 年第 4 期。

陈杰：《大都市租赁住房发展模式的差异性及其内在逻辑——以纽约和柏林为例》，《国际城市规划》2020 年第 6 期。

方敏等：《发展住房合作社的经验与启示——基于西方国家的模式与我国的初步实践》，《城市发展研究》2016 年第 4 期。

顾昕、杨艺：《让互动/协作治理运作起来：荷兰的住房协会与社会住房的提供》，《广东社会科学》2019 年第 1 期。

侯建新：《英国近代土地确权立法与实践》，《世界历史》2021年第4期。

胡金星、陈杰：《荷兰社会住房的发展经验及其启示》，《华东师范大学学报》（哲学社会科学版）2011年第2期。

胡金星、汪建强：《社会资本参与公共租赁住房建设、运营与管理：荷兰模式与启示》，《城市发展研究》2013年第4期。

胡毅等：《荷兰住房协会——社会住房建设和管理的非政府模式》，《国际城市规划》2013年第3期。

黄子愚、严雅琦：《社会福利导向的租赁住房：阿姆斯特丹社会住房发展与规划建设经验》，《住区》2020年第4期。

惠晓曦：《寻求社会公正与融合的可持续途径：荷兰社会住宅的发展与现状》，《国际城市规划》2012年第4期。

姜炎鹏等：《全球城市的研究脉络、理论论争与前沿领域》，《人文地理》2021年第5期。

焦怡雪：《政府监管、非营利机构运营的荷兰社会住房发展模式》，《国际城市规划》2018年第6期。

景娟、钱云：《荷兰住房保障体系的发展及对中国的启示》，《现代城市研究》2010年第10期。

李罡：《荷兰的社会住房政策》，《城市问题》2013年第7期。

李明烨等：《法国城市政策中"社会混合"原则的实施方式与效果研究》，《国际城市规划》2017年第3期。

李文硕：《20世纪七八十年代纽约市保障性住房政策的转变及其影响》，《世界历史》2021年第5期。

刘健：《城市快速发展时期的社会住房建设：法国的教训与启发》，《国际城市规划》2012年第4期。

罗忆宁：《英国社会住房更新的流程与困境——以伦敦大火中的格伦费尔塔楼为例》，《城乡建设》2017年第15期。

毛键源、孙彤宇：《效率与公平调和下的美国社区发展公司》，《时代建筑》2020年第1期。

聂晨：《比较视野下的中国住房体制的演进与趋势——基于公共住房边缘化程度的分析》，《公共行政评论》2018年第2期。

乔宇等:《基于"社会融合"政策的社会住房发展建设——以巴黎圣安东尼街76号项目为例》,《住区》2020年第4期。

沈宏超:《国外住房合作社的经验与启示》,《城市发展研究》2009年第2期。

盛仁杰:《法国社会福利制度的实际体验:以个人住房补贴为例》,《法国研究》2020年第1期。

孙莹:《法国社会住房的政策演变和建设发展》,《国际城市规划》2016年第6期。

谭禹:《二元化住房制度与我国住房保障政策取向》,《中外企业家》2014年第34期。

唐军:《当代英国住房福利的政策演进》,《英国研究》2022年第1期。

王韬:《保障性住房关键词》,《住区》2012年第1期。

王雪峰:《住房负担能力度量——一个新的理论框架》,《经济评论》2013年第1期。

王阳等:《德国住房保障制度的演进、形式、特征与启示》,《国际城市规划》2021年第4期。

王一、张尚武:《法国〈社会团结与城市更新法〉对中国保障性住房建设的启示》,《国际城市规划》2015年第1期。

武小艺、吕晓翠:《国内外保障性租赁住房研究现状及比较分析》,《中国房地产》2023年第9期。

闫琰:《不动产投资信托基金的治理问题》,《清华金融评论》2020年第12期。

杨继龙:《资源输入视角下社区社会组织培育机制研究——以N市H区为例》,《社会科学家》2016年第7期。

杨舢:《欧洲住宅合作社的历史流变与当今实践》,《建筑师》2021年第4期。

杨瑛:《借鉴德国经验加快建设以公租房为主的住房保障体系》,《城市发展研究》2014年第2期。

杨钊:《法国多样化产业化养老服务模式的发展及启示——兼论我国养老服务产业发展》,《当代经济管理》2014年第7期。

姚瑞等：《简化规划程序，启动"邻里规划"——英格兰空间规划体系改革的经验与教训》，《国际城市规划》2020年第5期。

叶晓甦、黄丽静：《公平和效率指导下的我国保障性住房体系建设》，《城市发展研究》2013年第2期。

张恺：《从巴黎社会住宅及旧房改造实践看公共资源在旧城更新中的运用》，《国际城市规划》2016年第6期。

张茂林：《国外公共租赁住房政策对我国的启示——以英国、德国、荷兰为例》，《生产力研究》2021年第8期。

张昕艺等：《德国社会市场模式下"单一制"租赁住房发展的经验与启示——以柏林为例》，《国际城市规划》2020年第6期。

赵明、〔法〕弗兰克·合雷尔：《法国社会住宅政策的演变及其启示》，《国际城市规划》2008年第2期。

钟庭军：《德国国有住房租赁公司运营模式——考察柏林Gewobag市政房地产公司的启示》，《上海房地》2019年第8期。

周健：《试论新制度主义对公共政策研究视角的影响》，《重庆社会科学》2006年第4期。

庄德水：《论历史制度主义对政策研究的三重意义》，《理论探讨》2008年第5期。

马秀莲：《多元主体竞争下的企业提供》，《中国经济时报》2014年12月10日第5版。

马秀莲：《社区发展公司：一个组织的制度创新国家行政》，《中国经济时报》2014年7月30日第5版。

外文文献

Abrahamson M. , *Global Cities*, New York：Oxford University Press, 2004.

Ackerson N. J. , Sharf L. H. , *Community Development Corporation*：*Operations and Financing*, Chicago：American Bar Foundation, 1970.

Alice O' Connor, "Swimming against the Tide, a Brief History of Federl Policy in Poor Communities, in James Defilippis", Susan Saegert（eds）, *The Community Development Reader*, Rout-ledge, 2008.

Angel S. , et al. , "The Housing Indicators Program：A Report on Progress and Plans for the Future", *Netherlands Journal of Housing and the Built Environment*, Vol. 8, No. 1, 1993.

August M., Walks A., "Gentrification, Suburban Decline, and the Financialization of Multi – Family Rental Housing", *Geoforum*, Vol. 89, 2017.

Bardo J. W., Hartman J. J., "Urban Sociology: A Systematic Introduction", *Sociology*, 1982.

Barton S. E., "Land Rent and Housing Policy: A Case Study of the San Francisco Bay Area Rental Housing Market", *The American Journal of Economics and Sociology*, Vol. 4, No. 70, 2011.

Boelhouwer P., Priemus H., "Demise of the Dutch Social Housing Tradition: Impact of Budget Cuts and Political Changes", *Journal of Housing and the Built Environment*, Vol. 29, No. 2, 2013.

Bunce S., et al., Critical Dialogues of Urban Governance, Development and Activism, London: UCL Press, 2020.

Bunce S., Aslam F. C., "Land Trust and the Protection and Stewardship of Land in Trusts", *Canadian Journal of Urban Research*, Vol. 25, No. 2, 2016.

Bunce S., Barndt J., "Origins and Evolution of Urban Community Land Trusts in Canada", *On Common Ground: International Perspectives on the Community Land Trust*, 2020.

Bunce S., et al., *Critical Dialogues of Urban Governance, Development and Activism*, London: UCL Press, 2020.

Bunce S., et al., "Urban Community Land Trusts", *Toronto: Brussels Hoofdstedelijk Gewest*, 2013.

Bunce S., "Pursuing Urban Commons: Politics and Alliances in Community Land Trust Activism in East London", *Antipode*, Vol. 48, No. 1, 2016.

Campbell M. C., Salus D. A., "Community and Conservation Land Trusts as Unlikely Partners? The Case of Troy Gardens, Madison, Wisconsin", *Land Use Policy*, Vol. 20, No. 2, 2003.

Carroll B. W. , Jones R. J. E. , "The Road to Innovation, Convergence or Inertia: Devolution in Housing Policy in Canada", *Canadian Public Policy–Analyse de Politiqeues*, Vol. 26, No. 3, 2000.

Castelles M. , *The Rise of the Network Society*, New York: John Wiley & Sons, 2011.

Cecodhas Housing Europe and ICA Housing, "Profiles of a Movement: Cooperative Housing around the World", 2012.

Chaplin R. , Freeman A. , "Towards an Accurate Description of Affordability", *Urban Studies*, Vol. 36, No. 2, 1999.

Coatham V. , "Who Now Handles Social Housing Provision—The Role and Performance of Housing As sociations", *Urbani Izziv Urbanistični inštitut Republike Slovenije*, 1995.

Cole G. D. , *A Century of Co-operation*, London: George Allen & Unwin Ltd. , 1994.

Curtin J. F. , Bocarsly L. , "CLTs: A Growing Trend in Affordable Home Ownership", *Journal of Affordable Housing & Community Development Law*, Vol. 17, No. 4, April 2008.

Davis J. E. , et al. , *On Common Ground: International Perspectives on the Community Land Trust*, Madison, Wisconsin: Terra Nostra Press, 2020.

Davis J. E. , Stokes A. , *Land in Trust, Home that Last. A Performance Evaluation of the Champlain Housing Trust*, Burlington, VT: Champlain Housing Trust, 2009.

Davis J. E. , "Origins and Evolution of the Community Land Trust in the United States", *The Community Land Trust Reader*, Vol. 1, No. 4, 2010.

Davis J. E. , "Shared Equity Homeownership: The Changing Landscape of Resale–Restricted", *Owner–Occupied Housing*, Vol. 81, 2006.

Davis, Jacobus, *The City-CLT Partnership*, Cambridge, MA: Lincoln Institute of Land Policy, 2008.

Dear M. , Scott A. J. , *Urbanization and Urban Planning in Capitallist Society*, London: Routledge, 1981.

Deborah M. G. , et al. , "Meanings of Limited Equity Home Ownership in Community Land Trusts", *Housing Studies*, Vol. 35, No. 3, 2020.

Ehlenz M., "Community Land Trusts and Limited Equity Cooperatives: A Marriage of Affordable Homeownership Models?", *Lincoln Institute of Land Policy*, 2014.

Eibl B., "A Tale of Two Cities: The Divergence of Social Housing in Berlin and Vienna", America, B. A. dissertation, CMC, 2023.

Elmedni B., "The Mirage of Housing Affordability: An Analysis of Affordable Housing Plans in New York City", *SAGE Open*, Vol. 8, No. 4, 2018.

Friedmann J., Wolff G., "World City Formation: An Agenda for Research and Action", *Internationa Journal of Urban and Regional Research*, Vol. 6, No. 3, 1982.

Gan Q., Hil R. J., "Measuring Housing Affordability: Looking beyond the Median", *Journal of Housing Economics*, Vol. 18, No. 2, 2009.

Geddes P., *Cities in Evolution: An Introduction to the Town Planning Movement and to the Study of Civics*, London: General Books LLC, 2010.

Gittell R., Wilder M., "Community Development Corporations: Critical Factors That Influence Success", *Journal of Urban Affairs*, Vol. 21, No. 3, 1999.

Graham S., Healey P., "Relational Concepts of Space and Place: Issues for Planning Theory and Practice", *European Planning Studies*, Vol. 7, No. 5, 1999.

Haffner M., et al., "Rent Regulation: The Balance between Private Landlords and Tenants in Six European Countries", *European Journal of Housing Policy*, Vol. 8, No. 2, 2008.

Hall P. A., *Governing the Economy the Politics of State Intervention in Britain and France*, New York: Oxford University Press, 1987.

Hall P. A., "The Movement from Keynesianism to Monetarism Institutional Analysis and British Economic Policy in the 1970s", in Sven Steinmo, Kathleen Thelen, and Frank Longstreth (eds), *Structuring Politics Historical Institutionalism in Comparative Analysis*, New York: Cambridge University

Press, 1992.

Hall P. , *The World Cities*, London: Palgrave Macmillan, 1984.

Herbert G. J. , *People, Plans, and Policies*, New York: Columbia University Press, Russell Sage Foundation, 1991.

Heshkin A. , Leavitt J. , *The Hidden History of Housing Cooperatives*, Center for Cooperatives, University of California, 1995.

Hoekstra J. , Gentili M. , "Housing Policies by Young People, not for Young People. Experiences from a Cocreation Project in Amsterdam", *Frontiers in Sustainable Cities*, 2023.

Hulchanski D. J. , *The Three Cities within Toronto: Income Polarization among Toronto's Neighbourhoods*, 1970–2005, Cities Centre Press, University of Toronto, 2010.

Jonkman A. , "Patterns of Distributive Justice: Social Housing and the Search for Market Dynamism in Amsterdam", *Housing Studies*, Vol. 36, No. 7, August 2020.

Kadi J. , Musterd S. , "Housing for the Poor in a Neo-liberalising Just City: Still Affordable, But Increasingly Inaccessible", *Tijdschrift voor Economische en Social Egeografie*, Vol. 106, No. 3, 2015.

Karlinsky S. , *What it will Really Take to Create an Affordable Bay Area*, San Francisco Bay Area Planning and Urban Research Association, April, 2021.

Kemeny J. , "Forms of Tenure and Social Structure: A Comparison of Owning and Renting in Australia and Sweden", *British Journal of Sociology*, Vol. 29, No. 1, 1978.

Kitzmann R. , "Private Versus State-owned Housing in Berlin: Changing Provision of Low-income Households", *Cities*, Vol. 61, January 2017.

Knight R. V. , Gappert G. , *Cities in a Global Society*, Newbury Park, CA: Sage, 1989.

Kretzmann J. , McKnight J. , Building Communities from the Inside Out, Chicago: ACTA Publications, 1993.

Krigtnan Y. , "The Role of Community Development Corporations in

Affordable Housing", *Journal of Affordable Housing & Community Development Law*, Vol. 19, No. 2, 2010.

Kumar K. , "Utopian Thought and Communal Practice: Robert Owen and the Owenite Communities", *Theory and Society*, Vol. 19, No. 1, February 1990.

Kutty N. A. , "New Measure of Housing Affordability: Estimates and Analytical Results", *Housing Policy Debate*, Vol. 16, No. 1, 2004.

Marom N. , Carmon N. , "Affordable Housing Plans in London and New York: Between Marketplace and Social Mix", *Housing Studies*, Vol. 30, No. 7, 2015.

Marquardt S. , Glaser D. , "How Much State and How Much Market? Comparing Social Housing in Berlin and Vienna", *German Politics*, Vol. 32, No. 2.

Mathie A. , Cunningham G. , "Who is Driving Development? Reflections on the Transformative Potential of Asset Based Community Development", *Canadian Journal of Development Studies*, Vol. 26, No. 1, 2005.

Moore H. , Deborah P. , *Leading by Stepping Back: A Guide for City Officials on Building Neighborhood Capacity*, Chicago: ACTA Publications, 1999.

Musterd S. , "Public Housing for Whom? Experiences in an Era of Mature Neo-Liberalism: The Netherlands and Amsterdam", *Housing Studies*, Vol. 29, No. 4, 2014.

Ndubueze O. , "Measuring Housing Affordability: A Composite Approach", Paper Presented at the ENHR 2007 Conference, Rotterdam, June 25-28, 2007.

Ostanel, Elena, "Community-Based Responses to Exclusionary Processes of Neighbourhood Change in Parkdale, Toronto", *Critical Dialogues of Urban Governance, Development and Activism: London and Toronto*, Edited by Susannah Bunce et al. , UCL Press, 2020.

Ouwehand A. , Van Daalen G. , *Dutch Housing Associations: A Model for Social Housing*, Delft University Press, 2002.

O'Connor A. , *Swimming Against the Tide*: *A Brief History of Federal Policy in Poor Communities*, London: Routledge, 2013.

Park R. E. , "The City: Suggestions for the Investigation of Human Behavior in the City Environment", *American Journal of Sociology*, Vol. 20, No. 5, 1915.

Plettenburg S. G. J. , et al. , "Performance Agreements to Ensure Societal Legitimacy in the Social Housing Sector; an Embedded Case Study of Implementation in the Netherlands", *J Hous and the Built Environment*, Vol. 36, 2021.

Rasey K. P. , "The Role of Neighborhood-based Housing Nonprofits in the Ownership and Control of Housing in US Cities", *Contributions in Political Science*, Vol. 316, 1993.

Reid C. K. , "Achieving the American Dream? A Longitudinal Analysis of the Home Ownership Experiences of Low-income Households (CSD Working Paper 05-20)", St. Louis, MO: Washington University, Center for Social Development, 2005.

Rosen G. , Walks A. , "Castles in Toronto's Sky: Condoism as Urban Transformation", *Journal of Urban Affairs*, Vol. 85, No. 1, 2015.

Rosen M. , Sullivan W. , "From Urban Renewal and Displacement to Economic Inclusion: San Francisco Affordable Housing Policy 1978-2014", *Stanford Law & Policy Review*, Vol. 25, No. 1, 2014.

Salomon L. , Non-profit Organizations: The Lost Opportunity, in Palmer, John, and Isabel Sawhill (eds.), *The Reagan Record*, Cambridge: Ballinger, 1984.

Sassen S. , *The Global City*: *New York, London, Tokyo*, New Jersey: Princeton University Press, 1991.

Savini F. , et al. , "Amsterdam in the 21st Century: Geography, Housing, Apatial Development and Politics", *Cities*, Vol. 52, 2016.

Sazama G. W. , "Lessons from the History of Affordable Housing Cooperatives in the United States: A Case Study in American Affordable Housing Policy", *The American Journal of Economics and Sociology*, Vol. 59,

No. 4, 2000.

Schill M. H., et al., "The Condominium versus Cooperative Puzzle: An Empirical Analysis of Housing in New York City", *The Journal of Legal Studies*, Vol. 36, No. 2, 2007.

Schwartz A., "New York City and Subsidized Housing: Impacts and Lessons of the city's MYM5 Billion Capital Budget Housing Plan", *Housing Policy Debate*, Vol. 10, No. 4, 1999.

Schwartz A., "New York City's Affordable Housing Plans and the Limits of Local Initiative", *Cityscape*, 2019, Vol. 21, No. 3, 2019.

Silver H., "Privatization, Self-Help, and Public Housing Homeownership in America", in van Weesep, Jan, and Willem van Vliet (eds.), *Government and Housing*, Newbury Park, CA: Sage, 1990.

Singer, Russell J., "Understanding REITs, UPREITs, and down-REITs, and the tax and business decisions surrounding them", *Virginia Tax Review*, Vol. 16, No. 2, 1996.

Soederberg S., "The Rental Housing Question: Exploitation, Eviction and Erasures", *Geoforum*, Vol. 89, No. 2, 2018.

Sousa J., Quarter J., "The Convergence of Nonequity Housing Models in Canada: Changes to Housing Policy since 1990", *Housing Policy Debate*, Vol. 14, No. 4, 2003.

Sousa, J., Quarter, J., "Non-Market Housing Models in Ontario: A Stakeholder Analysis", *Canadian Journal of Urban Research*, Vol. 13, No. 2, 2004.

Spicer J. S., et al., "Oranges Are Not the Only Fruit: The Publicly Owned Variety of Community Land Trust", *Journal of Planning Education and Research*, 2022.

Stone M. E., "Shelter Poverty: New Ideas on Housing Affordability", *Journal of the American Planning Association*, Vol. 61, No. 2, 1995.

Storper M., et al., *The Rise and Fall of Urban Economies: Lessons from San Francisco and Los Angeles*, Stanford University Press, 2015.

Taylor P. J., "Specification of the World City Network", *Geographical*

Analysis, Vol. 33, No. 2, 2010.

Towey M. , "The Land Trust without Land: The Unusual Structure of the Chicago Community Land Trust", *Journal of Affordable Housing & Community Development Law*, Vol. 18, No. 3, 2009.

Van Der Veer J. , Schuiling D. , "The Amsterdam Housing Market and the Role of Housing Associations", *Journal of Housing and the Built Environment*, Vol. 20, No. 2, 2005.

Van Deursen H. , *The People's Housing: Woningcorporaties and the Dutch Social Housing System—Part 2: The Mechanics*, Joint Center for Housing Studies of Harvard University, August 17, 2023.

Van Dyk N. , "Financing Social Housing in Canada", *Housing Policy Debate*, Vol. 6, No. 4, 1995.

Van Gent W. P. C. , "Neoliberalization, Housing Institutions and Variegated Gentrification: How the "Third Wave" Broke in Amsterdam", *International Journal of Urban and Regional Research*, Vol. 37, No. 2, 2012.

Van Gent W. , Hochstenbach C. , "The Neo-liberal Politics and Socio-spatial Implications of Dutch Post-crisis Social Housing Policies", *International Journal of Housing Policy*, Vol. 20, No. 1, 2019.

Walks A. , "Canada's Housing Bubble Story: Mortgage Securitization, the State, and the Global Financial Crisis", *International Journal of Urban and Regional Research*, Vol. 38, No. 1, January 2014.

Whitehead C. , Scanlon K. J. , *Social housing in Europe*, London School of Economics and Political Science, 2007.

Williams R. , *Key Words*, Glasgow: Fontana, 1973.

Winters S. , Elsinga M. , "The Future of Flemish Social Housing", *Journal of Housing and the Built Environment*, Vol. 23, No. 3, September 2008.